NOVO MANUAL
DE MARKETING
POLÍTICO

CIP-BRASIL. CATALOGAÇÃO NA PUBLICAÇÃO
SINDICATO NACIONAL DOS EDITORES DE LIVROS, RJ

T64n
Torquato, Gaudêncio
　　Novo manual de marketing político: campanhas eleitorais; marketing de governantes e parlamentares; gestão de crises; marketing no Estado-Espetáculo; avanços e mudanças / Gaudêncio Torquato. - 1. ed. - São Paulo : Summus, 2014.
　　320 p. ; 24 cm.

　　Inclui bibliografia
　　ISBN 978-85-323-0957-0

　　1. Campanha eleitoral – Brasil. 2. Campanha eleitoral – Administração – Brasil. 3. Eleições – Brasil. I. Título.

14-11420　　　　　　　　　　　　　　　　　CDD: 324.70981
　　　　　　　　　　　　　　　　　　　　　CDU: 324(81)

www.summus.com.br

Compre em lugar de fotocopiar.
Cada real que você dá por um livro recompensa seus autores
e os convida a produzir mais sobre o tema;
incentiva seus editores a encomendar, traduzir e publicar
outras obras sobre o assunto;
e paga aos livreiros por estocar e levar até você livros
para a sua informação e o seu entretenimento.
Cada real que você dá pela fotocópia não autorizada de um livro
financia o crime e ajuda a matar a produção intelectual de seu país.

GAUDÊNCIO TORQUATO

NOVO MANUAL DE MARKETING POLÍTICO

- *Campanhas eleitorais*
- *Marketing de governantes e parlamentares*
- *Gestão de crises*
- *Marketing no Estado-Espetáculo*
- *Avanços e mudanças*

summus
editorial

NOVO MANUAL DE MARKETING POLÍTICO
Copyright © 2014 by Gaudêncio Torquato
Direitos desta edição reservados por Summus Editorial

Editora executiva: **Soraia Bini Cury**
Assistente editorial: **Michelle Neris**
Preparação de originais: **Rosali Figueiredo**
Capa: **Alberto Mateus**
Projeto gráfico e diagramação: **Crayon Editorial**

Summus Editorial
Departamento editorial
Rua Itapicuru, 613 – 7º andar
05006-000 – São Paulo – SP
Fone: (11) 3872-3322
Fax: (11) 3872-7476
http://www.summus.com.br
e-mail: summus@summus.com.br

Atendimento ao consumidor
Summus Editorial
Fone: (11) 3865-9890

Vendas por atacado
Fone: (11) 3873-8638
Fax: (11) 3873-7085
e-mail: vendas@summus.com.br

Impresso no Brasil

■ SUMÁRIO

INTRODUÇÃO 11

PARTE I
CURSO DE MARKETING POLÍTICO – NOÇÕES BÁSICAS 27

SISTEMA DE TROCA 28
Comunicação e marketing 29
Marketing e eleitor 31
Estímulos 33
Quatro impulsos básicos 34
Vetores do marketing político 36
Duas formas do marketing político 41
MARKETING ELEITORAL 43
Os cinco eixos: pesquisa, discurso, comunicação, articulação e mobilização . . 43
Fatores de influência 61
Posturas 65
Princípios e diretrizes 66
MARKETING PERMANENTE, DE SUSTENTAÇÃO 72
Conceito/identidade 73
Imagem 73
Ajustes 74
Monitoramento 74
Organização 75
Articulação institucional 75
Articulação política 76
Contato com as massas 76

Harmonização da linguagem 76
Prestação de contas à população. 76
Marketing do administrador/legislador 77
Estrutura de comunicação e marketing 77
GESTÃO DE CRISES POLÍTICAS E ELEITORAIS 78
Classificação 78
Efeitos sobre a imagem 79
A árvore da crise e como administrá-la 81
O guarda-chuva da imagem 90
Articulação/relacionamento com a mídia 91

PARTE II
CONDIÇÕES, VETORES E ATORES DAS CAMPANHAS 95

O POVO 96
PODER, COMUNICAÇÃO E IMAGEM 98
O VOTO: FATORES DE INFLUÊNCIA 101
AS MOTIVAÇÕES DO VOTO 103
O PERFIL POLÍTICO ADEQUADO 106
CUIDADOS COM O MARKETING VAZIO 108
A FORÇA MORAL NAS CAMPANHAS (I) 111
A FORÇA MORAL NAS CAMPANHAS (II) 114
CANDIDATO NÃO É SABONETE 116
DEZ CONCEITOS 119
DEZ PERFIS 121
OS MALABARISTAS DA POLÍTICA 123
A PROPAGANDA POLÍTICA 125
ÁGUA NO FEIJÃO, VITÓRIA NA ELEIÇÃO 127
BO + BA + CO + CA, A EQUAÇÃO-CHAVE 130
O MARKETING ELEITORAL 132
AS ARTIMANHAS DO MARKETING 135
A ARTE DE SIMULAR E DISSIMULAR 138
A PERSONA 141
TRUQUES E FIRULAS 143
O FINGIMENTO NA POLÍTICA 146
AS QUATRO FORÇAS DA CAMPANHA 149
A TIPOLOGIA DOS DISCURSOS 151
LIÇÕES DE CREDIBILIDADE 154
CAMPANHA NÃO É APENAS TV 157
O ATAQUE EM CAMPANHA 160

A FULANIZAÇÃO 162
"NÓS E EU" 165
A FORÇA DOS DEBATES 168
PRECE AOS CANDIDATOS 170
PARA GANHAR UMA ELEIÇÃO (I) 173
PARA GANHAR UMA ELEIÇÃO (II) 175
PARA GANHAR UMA ELEIÇÃO (III) 177
O PONTO DE QUEBRA 179
A REJEIÇÃO E OS CANDIDATOS 181
O ELEITOR E O MARKETING 184
O ELEITOR COMO CAIXA-PRETA 186
O ELEITOR NÃO COMPRA GATO POR LEBRE 189
O ELEITOR E O "MAIS OU MENOS" 192
O ELEITOR: INFIEL, PESSIMISTA E OTIMISTA 195
O VOTO DA MULHER 198
O VOTO FACULTATIVO 200
"PODERNITE" 203
A AURA DOS GOVERNANTES 205
O DESPERTAR DOS PREFEITOS 208
OS SETE PECADOS CAPITAIS 211
O CICLO DAS ADMINISTRAÇÕES 213
O BREVIÁRIO FRANCISCANO DOS POLÍTICOS 215

PARTE III
O ESTADO DA NAÇÃO . . . 219

O VOTO: DO CORAÇÃO PARA A CABEÇA 220
A ÉTICA NA POLÍTICA 223
A AMPLIAÇÃO DA RAZÃO 228
A AUTOGESTÃO 230
A CONQUISTA DA CIDADANIA 232
A MESMICE 234
A "HERANÇA MALDITA" 237
OS NOVOS TEMPOS 240
A ARTICULAÇÃO SOCIAL 243
O ESTADO DE VIOLÊNCIA 246
A AUTORIDADE E A ORDEM 249
NA TRILHA DE CALVINO 251
LIÇÕES DE PÁTRIA 254
A LUZ E AS TREVAS NA POLÍTICA 257

A MOLDURA DO AMANHÃ. 260

PARTE IV
PEQUENO ABECEDÁRIO DO MARKETING 263

CANDIDATOS (PERFIS, IDENTIDADE, ORGANIZAÇÃO) 264
Ambição desmesurada 264
Perfis eleitorais 264
Viabilidade na política 265
Fatores de influência 266
Conselhos aos partidos 266
Lições de política 1 – Pão e circo: como começou o mote? 267
Lições de política 2 – Maquiavel 268
Lições de política 3 – Classe média 268
Lições de política 4 – Napoleão e Sherman 269
Lições de política 5 – Estados Unidos 269
Riscos da mistificação 269
Modelos importados 270
Dez valores emergentes 270
Ousadia 270
ELEITORES 271
O eleitor procura o candidato ideal 271
Razões para votar 271
Perfis à mostra 272
ESTRATÉGIAS DE MARKETING 273
Axioma 273
Alerta: marketing – sistema meio 273
Quem ganha campanha? 273
O marketing capenga 274
Vertentes 274
Planejamento 275
Os cinco eixos 275
Municipalização *versus* nacionalização das campanhas 276
Atenção, profissionais do marketing 276
Curtas lições 277
Conselhos aos candidatos 277
Conselhos aos assessores 278
Parece mas não é 278
Identidade 1 – Sombra esgarçada 278
Identidade 2 – O tronco da árvore 279

Campanha negativa 1 279
Campanha negativa 2 279
Discurso 1 (estrutura) 280
Discurso 2 (formando a identidade) 280
Discurso 3 (formas) 281
Dez linguagens de campanha 281
Logomarca, slogan e música 282
Marketing mecatrônico 282
MOMENTO DA ELEIÇÃO (CAMPANHA "NA RUA") 283
Ciclos 283
Organograma 284
Administração das fases da campanha 284
Estratégias e táticas 285
Eixos de fixação 286
Para a cidade inteira 286
Mobilização e articulação 286
Defesa e ataque 286
O que é tática? 287
Táticas de guerra 287
Mais lições táticas 287
Pesquisas 288
E os índices? 288
Debates 288
Relações com a imprensa 288
Sinal de derrota 289
Canibalização 289
Segundo turno 290
Peru não morre de véspera 290
Quocientes eleitoral e partidário 290
PÓS-CAMPANHA 293
MARKETING POLÍTICO PARA AS INSTITUIÇÕES PÚBLICAS 295
O Poder Executivo 295
O Poder Legislativo 296
O Poder Judiciário 298
A democracia na sociedade digital 299

BIBLIOGRAFIA 300

■ INTRODUÇÃO

ESTE *MANUAL* É RESULTADO de minhas atividades na esfera acadêmica e no universo da política. Fiz um percurso sem interrupções na universidade e no mercado, atuando como professor, pesquisador, jornalista e consultor. Detalho a trajetória. Saindo da *Folha de S.Paulo*, no final da década de 1960, aceitei o convite de Manuel Chaparro para fundar a Proal, assessoria especializada em jornais de empresa. Esse foi o berço da comunicação organizacional no Brasil. Nela, procurei construir o primeiro arcabouço teórico do jornalismo empresarial brasileiro. Fizemos os *Cadernos Proal*, experiência pioneira no campo do jornalismo empresarial, transformados, em uma segunda fase, em *Cadernos de Comunicação*.

Por ocasião da II Convenção Nacional da Associação Brasileira de Comunicação Empresarial, Aberje (naquela época a entidade restringia-se ao eixo do jornalismo empresarial), em 1968, fiz a primeira incursão teórica no país a respeito da modalidade jornalística, por meio de um trabalho intitulado "Jornalismo empresarial: objetivos, métodos e técnica", o qual originou o primeiro *Caderno Proal*. Procurei sistematizar o conceito com base em definições e escopos para jornais, boletins e revistas empresariais. Dava-se nome a uma modalidade que viria abrigar os quadros que saíam da academia. De fato, o jornalismo empresarial foi a área que mais se expandiu nas décadas de 1970 e 1980.

A Universidade de São Paulo (USP) foi pioneira na criação da disciplina "Jornalismo Empresarial", sob minha responsabilidade. Estava lançada a semente de uma floresta que germinaria árvores frondosas, frutos diversificados e muita discórdia.

Grande polêmica instalou-se no mercado e na academia. Jornalistas eram acusados por profissionais de relações públicas de "invadir" territórios que consideravam seus, no caso, a produção de publicações de empresa. Até a área de assessoria de imprensa era motivo de disputa entre profissionais dos dois campos. Em 1973, apresentei a primeira tese de doutorado na América Latina no campo do jornalismo e da comunicação empresarial, desenvolvendo o escopo exposto no primeiro ensaio sobre o tema.

Vale lembrar que o mercado brasileiro começava a oferecer boas perspectivas. De um lado, as empresas sentiam necessidade de desenvolver publicamente a identidade, na tentativa de criar imagens compatíveis e adequadas ao surto de modernização. De outro, impunha-se a meta de integração interna, tradicionalmente perseguida pelos programas do setor de recursos humanos, mas não necessariamente com a eficiência que o mercado e a sobrevivência da empresa requeriam. Com base nessa dupla escala de necessidades desdobravam-se os esforços e, em consequência, as visões diferenciadas em torno das estruturas capazes de assumir com maior competência as missões corporativas de planejamento e execução das ações de comunicação.

O Brasil deixava um período autoritário. O medo ainda reinava nos ambientes internos, e as estruturas de recursos humanos controlavam os profissionais contratados. Vivia-se, portanto, sob o signo da comunicação vigiada.

Em meados dos anos 1970, o mercado de trabalho jornalístico dava sinais de saturação. A maior parte dos profissionais da imprensa respirava um clima de "jornalismo revolucionário", que atraía idealistas para as frentes de batalha contra "imperialistas" – no caso, o poder econômico e as estruturas empresariais. Nos espaços de formação de opinião, a discussão acirrava a dicotomia de um mundo de bons e maus, oprimidos e opressores, esquerda e direita. Nas camadas intelectuais, o discurso separava os "antiquados" e os "modernos", os "apocalípticos" e os "integrados", na perspectiva descrita por Umberto Eco para definir contingentes inseridos na moderna comunicação de massa e seus opostos.

Ser assessor da imprensa, na época, equivalia a ter estampado na testa o selo "vendido aos capitalistas". Diante dessa moldura, tive a ousadia de enfrentar o "paredão da moralidade", na verdade o conjunto de preconceitos contra o capital. Naquele momento, a clivagem ideológica ainda se regia por padrões antigos: pregava-se a luta de classes, apresentando-se as relações capital/trabalho como um jogo de soma zero; a vitória de um deveria empatar com a morte do outro. "Parceria" e "integração" eram verbetes abolidos das páginas da negociação coletiva. Os manuais de trabalhadores e empresários tinham alfabetos opostos. Era, portanto, um desafio inimaginável que alguém da área acadêmica optasse por um exercício reflexivo na área empresarial, sobretudo quando a reflexão abarcava o terreno da comunicação – e, pior, quando esta ocorria na esfera do maior centro de produção científica do país, um polo da excelência do pensamento, a USP.

Na Escola de Comunicações e Artes, ousei realizar meus trabalhos acadêmicos de doutorado e livre-docência orientados inicialmente para a sistematização do jornalismo e da comunicação empresarial e, em momento posterior, para a construção de modelos integrados de comunicação como definidores da eficiência (maximização dos meios, ferramentas e processos) e da eficácia (conceito da maximização de resultados) organizacionais (por exemplo: um jogador pode ter feito gols – eficácia –, mas não ter tido boa atuação em campo – eficiência). A partir daí, seguiu-se um longo percurso na área da formação de alunos (graduação) e de professores (pós-graduação) nas áreas afins da comunicação empresarial e da assessoria de imprensa. Disciplinas específicas passaram a ser criadas em outras universidades. Essa incursão gerou dissertações e teses acadêmicas. O mercado de trabalho passou a receber corpos funcionais mais preparados e alguns de seus integrantes galgaram postos elevados nas estruturas profissionais corporativas. A comunicação empresarial ganhava *status*.

COMUNICAÇÃO EMPRESARIAL

Um a um, os velhos preconceitos foram caindo e as disputas entre relações públicas e jornalistas refluíram, principalmente porque o corporativismo dos respectivos setores cedeu lugar ao fator competência. As empresas começaram a contratar profissionais pelo critério da qualidade profissional, não mais exigindo qualificações exclusivas das áreas da comunicação. Nas empresas, os modelos comunicacionais tornaram-se mais complexos com a emergência de subáreas no sistema de comunicação. Os setores de marketing, historicamente arredios, aproximaram-se da comunicação empresarial em função da necessidade de conceber e executar programas e projetos em parceria. Por fim, até os mais renitentes e resistentes "pensadores" contrários à atividade da comunicação empresarial foram obrigados a rever suas ideias. Alguns deles chegaram a ingressar em órgãos públicos para desenvolver os programas de comunicação empresarial que abominavam.

No final da década de 1970, no âmbito das organizações, percebia-se forte ênfase nos valores do associativismo e da solidariedade, modo de "esquentar" o clima interno. A comunicação como alavanca dos trabalhadores em torno da meta de dar o melhor de si à organização. Do ponto de vista externo, a propaganda continuava a lapidar a imagem institucional. Notava-se, ainda, sorrateira disputa entre as diversas áreas – recursos humanos, relações públicas, marketing, vendas e jornalismo – para comandar o sistema de comunicação. Os primeiros modelos corporativos começavam, então, a aparecer.

Em 1983, defendi minha tese de livre-docência, que esboçava um modelo sistêmico para abrigar as áreas da comunicação empresarial. Já não me conformava em tratar exclusivamente de jornalismo empresarial, um único dedo entre os dez abarcados pela comunicação. Vislumbrei essa hipótese e passei a desenvolvê-la na academia e no mercado. Na Corporação Bonfiglioli, que possuía 40 empresas, estabeleci um modelo sistêmico de comunicação, incorporando os nichos clássicos da comunicação social – jornalismo empresarial, assessoria de imprensa, relações públicas (eventos, endomarketing), propaganda (institucional e mercadológica), editoração (livros e folhetaria), sistema de pesquisas etc. Desenhava-se, assim, um dos primeiros modelos corporativos da comunicação em organizações complexas.

O PODER EXPRESSIVO

A base conceitual do trabalho se amparava na defesa do conceito de poder expressivo, que adicionei à tipologia de poderes adotada por Amitai Etzioni em suas análises sobre o poder nas organizações complexas. Em outras palavras, ao lado dos poderes remunerativo, normativo e coercitivo, procurei demonstrar que o poder da comunicação era fundamental para as metas do engajamento, participação e obtenção de eficácia. Abro um parêntese para explicar as bases dessa proposição. Se o poder é a capacidade de uma pessoa de influenciar outra para que esta compreenda e aceite as razões da primeira, isso ocorre, inicialmente, por força da argumentação. A relação de poder se estabelece em decorrência do ato comunicativo. O poder da comunicação se apresenta ainda no carisma, esse brilho extraordinário que os líderes exprimem e se faz presente na eficiência do discurso, na maneira de falar, na gesticulação, na apresentação pessoal. O carismático tem imensa capacidade de integrar e harmonizar os discursos *semântico* e *estético*. Detém, ainda, a condição de animar os ambientes, atrair a atenção e a simpatia de ouvintes e interlocutores.

Nas organizações, a comunicação é usada de diversas formas. Desenvolve-se, de um lado, um conjunto de comunicações técnicas, instrumentais, burocráticas e normativas. Em paralelo, ocorrem situações de comunicação expressiva, centrada nas capacidades e habilidades, nos comportamentos e nas posturas das fontes. A comunicação expressiva humaniza, suaviza, coopta, agrada, diverte, converte, impacta, sensibiliza. Quando o teor das comunicações instrumentais é muito denso, as organizações se transformam em ambientes ásperos e áridos. Já quando as comunicações expressivas se expandem nos fluxos da informalidade, as organizações dão vazão a climas alegres, cordiais, humanizados. A comunidade torna-se mais descontraída e solidária.

Essa comunicação expressiva é a alavanca de mobilização interna, voltada que está para as operações e atividades rotineiras, bem como para a animação dos ambientes internos. A comunicação se transforma em vitamina *homeostática*, promovendo o equilíbrio interno. O engajamento, a concordância, os níveis de motivação dependem desse sistema. Os fluxos de comunicação descendente e ascendente funcionam como veias abertas que fazem o sangue correr para os lados, para cima e para baixo. Se uma veia estiver entupida, o organismo morre. A comunicação é o sistema de desentupimento de veias. A imagem é útil para compreender os gargalos do sistema organizacional. Neste, tende-se a reter informação nos níveis intermediários, ou seja, os chefes, no âmbito da gerência, não gostam de passar informações para os subordinados, pois estariam compartilhando poder com eles. Prendem "a bola no meio do campo". E, assim, estrangulam processos. Um sistema de comunicação aberto funcionará como aríete para romper as dobraduras, os estrangulamentos.

Não se pode esquecer, ainda, que o poder também é exercido pelo boato, pelos rumores. Os boatos aparecem como forma de atemorização e ameaça. Correndo pela rede informal, podem desestabilizar climas internos e extrapolar para os limites externos, sensibilizando a opinião pública. É preciso identificar de que ponto partem e quem são seus beneficiários. Eis a razão pela qual é importante identificar o poder dos feudos. Na maioria das grandes companhias, desenvolve-se uma tendência para a criação de compartimentos fechados. Pessoas se enclausuram em pequenos grupos, defendendo privilégios. Os feudos são como tumores que precisam ser lancetados, sob pena de deixarem o tecido contaminado, doente, amortecido.

Destaca-se, ainda, a força do poder do *líder informal*, a pessoa que não detém cargos formais, não carrega o poder da estrutura, da hierarquia. Com ela, muitos vão se aconselhar. Essa pessoa precisa ser valorizada porque seu poder tem condições de melhorar os climas e equilibrar os ambientes, tornando-os mais saudáveis e agradáveis. O engajamento profissional deve muito à capacidade de convencimento e persuasão dos líderes informais. Esses foram alguns dos vetores de força analisados.

Procurei implantar no mercado o modelo apresentado na universidade, ao mesmo tempo que, na academia, ajustei as questões e abordagens usadas na experiência profissional. Ganhava curso, assim, a expressão "comunicação empresarial", fruto da tese de livre-docência sobre organização e comunicação.

COMUNICAÇÃO ESTRATÉGICA

Se na década de 1970 a comunicação chegava a um alto patamar nas organizações, na de 1980 investiu-se do conceito estratégico. A era da estratégia

INTRODUÇÃO

prima pela necessidade de a organização ser a primeira no mercado ou, no máximo, a segunda. O foco é o *posicionamento*. As grandes corporações e os modelos eram plasmados a partir da ideia de centralização das chamadas funções meio (planejamento, recursos humanos, comunicação) e descentralização das chamadas funções fim (fabricação, vendas e distribuição). A profissionalização se consolidava e os quadros do jornalismo das redações dos grandes jornais e das grandes revistas assumiam funções importantes nas corporações. O ingresso dos jornalistas nas empresas conferiu novo ritmo à comunicação empresarial e as universidades foram obrigadas a reforçar o conceito, dando vazão a cursos específicos.

O posicionamento mais elevado do profissional caracterizou a década de 1990. Na verdade, ele tem sido um eficaz intérprete dos efeitos da globalização, principalmente no que se refere ao foco do discurso e à estratégia para conferir nitidez à identidade e à imagem organizacionais. O comunicador passou a ser um leitor agudo da necessidade da empresa de interagir estrategicamente com o meio ambiente e competir em um mercado aberto a novos conceitos e novas demandas. A globalização propiciou, ainda, a abertura do universo da locução. Os discursos empresariais se tornaram intensos, passando a provocar mais ecos.

A mídia especializada, por sua vez, começou a exigir novos comportamentos e atitudes por parte das empresas. Não se aceitava a postura do encolhimento. A comunicação com os poderes ganhou intensidade porque as grandes decisões nacionais entraram na agenda das instituições políticas. Os *lobbies*, mesmo aguardando a tramitação de projeto de lei que prevê sua legalização, deram lugar a um novo nicho: articulação e assessoria política. O mercado da comunicação ensejava novas oportunidades para os consultores políticos. Nesse contexto, emergiu o perfil do diretor de relações institucionais, cuja atenção se volta para o Congresso Nacional, o Poder Executivo e o Poder Judiciário.

Ainda nos anos 1990, certos fenômenos se fizeram sentir de maneira intensa. Com a sociedade mais organizada, as entidades intermediárias tornaram-se fortes. O universo associativo ganhou força em função, ainda, do descrédito do setor político e da administração pública. Organizações não governamentais, disseminadas por todo o país, elegiam bancadas parlamentares como a dos religiosos, a dos advogados, a dos policiais, a dos ruralistas. As ONGs, abrindo espaços, fortaleceram-se no meio social ditando pautas para a mídia e expandindo influência ao lado dos poderes organizados.

As empresas também se modificaram, quebrando redomas. Os empresários deixaram as salas refrigeradas e pisaram no chão de fábrica, enquanto novas relações com o consumidor ganhavam densidade. Estavam em jogo a competitividade acirrada, a busca de qualidade, as novas relações com o consumidor e as estratégias de aproximação dos poderes. Na comunicação interna, as empresas dirigiam o foco para o clima organizacional. A pesquisa interna se fortaleceu. Antes de definir e adotar políticas de comunicação externa, a empresa decidiu examinar o grau da temperatura interna. A pesquisa passou, assim, a mapear expectativas, anseios, angústias, alegrias da comunidade e distúrbios gerados pela questão salarial, pelo ambiente físico da empresa, pelo tipo de cultura e pelo tipo de gestão.

A década de 1990 também foi fértil no campo da gestão. As multinacionais se refizeram, fabricando produtos por meio de uma reengenharia operacional, cujo princípio definidor consistia na junção de partes ou de componentes, fabricados em lugares distintos, reunidos e montados em um espaço centralizado, para formar um todo. Certos componentes, dependendo do setor fabril, eram e ainda são importados do exterior.

Outro desafio do final da década esteve relacionado aos efeitos da globalização. Respeitar ou não as especificidades regionais, preservar ou não as culturas locais, conservar ou não a identidade global da organização e, ainda, como compatibilizar tais conceitos? Esses eram alguns dos temas em ebulição.

Os trabalhos acadêmicos, nas décadas de 1980 e 1990, foram praticamente inspirados e guiados pela tônica jornalística, incluindo questões de forma e linguagem, tipologia da comunicação organizacional, abrangência temática etc. Infelizmente, grandes ausências ainda se fazem sentir. Muita coisa deixou de ser feita. Assim, lacunas se abriam, como as relativas a pesquisas sobre a necessidade de programas de reengenharia organizacional, bem como no que diz respeito à importância da comunicação para o equilíbrio dos ambientes internos. Seria conveniente investigar mais e melhor a

INTRODUÇÃO

ligação entre a cultura, o clima e a comunicação. Pouco se avaliam os níveis de recepção da comunicação. Sente-se necessidade de pesquisa sobre culturas internas, o que representam, como se desenvolvem e qual é a influência da comunicação no clima organizacional. Tais visões não receberam a devida atenção dos pesquisadores brasileiros. O campo ainda está aberto.

Do ponto de vista da comunicação externa, a exigência se deu em torno dos conceitos de transparência e visibilidade. A competitividade tornou-se aguda e a disputa para fazer uma comunicação mercadológica por meio da publicidade ganhou intensidade. Na sequência, assistimos ao desenvolvimento da comunicação política nas empresas. A sociedade organizada deve procurar fazer valer, por todos os meios e todas as maneiras, seus interesses e pontos de vista perante o Parlamento Nacional – o que é legítimo. Explico a seguir.

COMUNICAÇÃO POLÍTICA

As organizações começavam a descobrir a política. O termo "política", nesse caso, designa a inserção da organização na comunidade política. Com a expansão do universo da locução, da palavra e das ideias, administrações, governos e políticos foram compelidos a aperfeiçoar linguagens e abordagens com o fito de melhorar a imagem e a visibilidade. Organizações brasileiras de todos os tamanhos e segmentos, na esteira do crescimento do conceito de participação, desenvolveram um papel político mais significativo na sociedade, fazendo-se mais presentes no panteão da cidadania. Os empresários saíram das redomas, abrindo o pensamento à mídia, defendendo posições fortes em prol da modernização política e institucional, bem como discutindo a eficiência das políticas públicas. Iniciaram, desse modo, uma função de caráter político. Representantes dos setores produtivos, enfim, decidiram encarnar um papel político. A comunicação organizacional, portanto, banha-se de uma visão política.

Entenda-se que a empresa faz marketing político quando transporta seu pensamento para a sociedade com o intuito de fixar identidade, defender-se ou tomar uma posição. Ocorre que no Brasil o termo "política" foi muito contaminado, sendo quase sempre identificado com a velha política partidária. Será preciso, por isso, resgatar esse "novo-velho" sentido do político, conferindo-lhe o significado adequado.

COMUNICAÇÃO GOVERNAMENTAL

Os caminhos foram sendo ampliados. No final da década de 1980, a comunicação empresarial avançou na seara da comunicação governamental e do marketing político. Esse avanço se deu na esteira do fortalecimento de um novo espírito de cidadania, nascido de uma sociedade civil mais organizada e cada vez mais cônscia de seus direitos e deveres.

Em 1986, acompanhando o clima ambiental e a abertura do universo da locução (grandes reportagens de denúncia surgiram nessa época), fiz questão de atuar em mais um campo da comunicação especializada, na onda de novas motivações e de integração ao espírito do tempo. Escolhi o universo da comunicação governamental, até então desprovido de mapas conceituais e carente de formulações. Passei a elaborar planos diretores de comunicação para ministérios. Foi um período de novas descobertas. Durante a primeira fase do governo Sarney, criou-se uma Comissão de Comunicação Estratégica, composta por 25 nomes de expressão, para estabelecer diretrizes da comunicação governamental. As ideias brotavam, mas a execução de projetos deixava a desejar. O governo se perdia no cipoal de planos para recuperar o poder da moeda. Como secretário executivo da comissão, acabei sugerindo, depois de algum tempo, sua dissolução por constatar que não havia clima para praticar as sugestões oferecidas pelo colegiado. Primeiro, a administração deveria descobrir "o que" comunicar.

Esgotando essa experiência, com a proposição de estratégias para alguns ministérios e a formulação de um modelo centralizado de comunicação governamental para o Poder Executivo, chegou a vez do marketing político.

MARKETING POLÍTICO

O marketing político tem uma pré-história. Vejamos. No ano 64 a.C., Quinto Túlio Cícero enviava ao irmão, o grande tribuno e advogado Cícero – protagonista de episódios marcantes por ocasião do fim do sistema republicano e da implantação do Império Romano –, uma carta que considero o primeiro manual organizado de marketing eleitoral da história. Ali, Quinto Túlio orientava Cícero sobre comportamentos, atitudes, ações e programa de governo para o consulado, que era o pleito disputado, sem esquecer as abordagens psicológicas do discurso, como a lembrança sobre a esperança, esse valor tão marketizado no Brasil que tem se firmado como base para eleições vitoriosas: "Três são as coisas que levam os homens a se sentir cativados e dispostos a dar o apoio eleitoral: um favor, uma esperança ou a simpatia espontânea". E passava a discorrer sobre cada valor.

Recorro com frequência neste *Manual* ao crescente grau de organização social no Brasil, recomendando que candidatos se apoiem na estrutura da rede social. Novidade? Ora, Túlio já fizera isso antes, ao recomendar a "atenção para a cidade inteira, todas as associações, todos os distritos e bairros". Como ia dizendo, o que mudou foram os meios de divulgar e expandir um discurso, cujos vértices sempre apontaram para questões de princípio, valores (a esperança e a verdade são valores onipresentes), qualidades, posições entre o bem e o mal, enaltecimento de perfis, desigualdade social, enfim, promessa do néctar eterno. Jesus Cristo, por exemplo, abrindo o primeiro milênio, não apenas fazia perorações de intensa expressividade – como o Sermão da Montanha, peça magistral da oratória política – como criou uma metodologia para expandir seu ideário. Mateus, Marcos, Lucas e João foram exímios propagadores da fé com seus evangelhos, além do fabuloso Paulo, com suas densas epístolas; Tiago e Pedro estão entre os mais importantes disseminadores dos ideais cristãos. Tinham o DNA da comunicação política no sangue.

O ESTADO-ESPETÁCULO

Não se trata de dizer que tudo isso é marketing. Pretendo argumentar que, ao longo da história, a defesa de um ideal por líderes carismáticos, de qualquer fé e doutrina, sempre contou com ingredientes que, hoje, se vinculam necessariamente ao marketing político. São eles: o encantamento/mistificação das massas; as formas de expressão do discurso; o contato direto com as multidões; os aparatos litúrgicos dos eventos; a utilização de slogans, símbolos e música; a passividade de imensas plateias ante discursos prolongados e cansativos; o clima de dominação gerado pela pressão sobre a máquina psíquica dos cidadãos, cujo patrocínio, na contemporaneidade, vem desse Estado-Espetáculo que aí vemos (Schwartzenberg). Ele é o responsável pela carnavalização da política, pelo artificialismo dos discursos, pela construção de heróis de curta duração e até pela pseudorrepresentação social nos Parlamentos.

Hitler fez propaganda política usando instrumentos, métodos e processos para formar os reflexos condicionados e estabelecer sua estratégia de dominação das massas. A cruz gamada – multiplicada por todos os cantos – inspirava a ideia do trabalho produtivo. Ao som de tambores, reforçava o efeito das palavras. Palavras que preenchiam todas as lacunas e necessidades apontadas pelos quatro mecanismos natos que formam a estrutura dos seres biológicos: o impulso combativo (luta contra a morte, contra o perigo), o impulso alimentar (sem alimento não se vive), o impulso sexual (certeza de continuidade da espécie) e o impulso paternal (voltado para os valores dos grupos, como solidariedade, integração, amizade, carinho, amor etc.). Os dois primeiros impulsos amparam a conservação do indivíduo e os dois últimos são mecanismos de conservação da espécie.

Como se observa, os requisitos para a construção desse marketing partiam de uma doutrina, que se abria em programas, dos quais se extraíam slogans que, por sua vez, se afunilavam em um símbolo. A doutrina cristã tem a cruz. O comunismo, a foice e o martelo. No Brasil, não foi muito diferente, apesar de termos adicionado aos condimentos gerais usados pelas civilizações pitadas do caráter nacional, como a improvisação, a falta de compromisso, a negligência, o ufanismo, o tropicalismo, o personalismo (vota-se na pessoa e não no partido), a flexibilidade, a desconfiança, a falta de precisão, a cultura do mais ou menos, o catastrofismo, a impunidade, a protelação, o apadrinhamento, o messianismo, a cultura festiva/descontração.

A COMUNICAÇÃO POLÍTICA: DOS ANOS 1930 AOS NOSSOS DIAS

Getulio Vargas, no Estado autoritário, tinha o Departamento de Imprensa e Propaganda (DIP) chefiado pelo competente Lourival Batista. A imagem de Vargas como pai dos pobres, de perfil nacionalista, sem esquecer o inseparável charuto, está seguramente associada ao "marketing" da época – no caso, uma intensa bateria de propaganda e muita censura. Bater num lado só do bumbo da comunicação é a equação da eficácia dos ditadores. Dá certo enquanto o governo vai bem. Juscelino Kubitschek, por sua vez, era uma simpatia irradiante. Vestiu a camisa do desenvolvimento e seu slogan "50 anos em 5" foi um sucesso. Colou. E seu sorriso era a estampa de um país feliz. Jânio fazia marketing todo o tempo. Até quando não falava. Fora do país, com bilhetes que fazia chegar aos jornais, impunha manchetes. Era sinônimo de autoridade. Desde os tempos de candidato a vereador, quando se apresentava com o paletó cheio de caspas, comendo banana no palanque para mostrar ao povo que não dispunha de tempo nem para almoçar, Jânio tinha o dom de ditar padrões, criando estilo com seus *és* fechados. O símbolo de sua campanha presidencial – a vassoura – dizia tudo: limpar a sujeira do país, combater a corrupção. Jango não teve tempo de criar uma identidade, a não ser o perfil acuado ante as pressões.

Os governos militares, principalmente o de Médici, foram exímios na produção de uma simbologia de marketing. Segurança e desenvolvimento transformaram-se em focos centrais das estratégias mercadológicas, até se chegar ao conceito da "abertura lenta, segura e gradual" do governo Ernesto Geisel, quando as comportas da liberdade passaram a ser abertas. O governo Sarney criou uma Comissão de Alto Nível (da qual fui o secretário executivo), composta por 25 dos melhores profissionais de marketing e comunicação do país, e teve programas marketizados como o leite para os pobres, mas a altíssima inflação acabou corroendo qualquer resultado alcançado pelo marketing.

A era Collor foi a da exacerbação do marketing. Ele o usou bem antes de se eleger. Fez uma bela campanha de TV. E soube cristalizar o conceito de inovação e luta contra a velha política. Abusou do marketing. Fazia *cooper* todos os dias, com um bando de jornalistas correndo atrás. Virou piloto de supersônico. A imagem era a de um presidente jovial, vendendo exuberância, coragem, risco e avanço. Mas marketing nenhum segura as pontas de governos estraçalhados por denúncias.

Fernando Henrique foi o *schollar* do poder central. A chave do sucesso foi o Plano Real, tornando-se a moeda o ícone do marketing. Deu certo no primeiro mandato, não no segundo, quando se viu o marketing perder para o que chamo de "desgaste de material". Dois mandatos para um governante, quando não são plenos de êxito e mudanças, acabam cansando o eleitor – que inevitavelmente votará, a seguir, no candidato com propostas mais arrojadas.

E aí apareceu Lula com tudo que o brasileiro queria em termos de simbologia: pobre, esforçado, perdedor de várias batalhas, determinado, perseverante, o mais completo perfil impregnado de esperança. Lula ganharia de qualquer maneira. O marketing apenas ajudou o eleitorado a conhecê-lo mais de perto.

Nesse ponto, é oportuno lembrar o acervo de distorções por que tem passado o marketing no país desde Collor e, na campanha municipal de 2004, atinge o clímax. Primeiro, há de se destacar o que tenho chamado de mcdonaldização do marketing: aplicação rigorosa dos mesmos símbolos e dos mesmos discursos em campanhas eleitorais de estados diferentes. O símbolo do coração tem sido usado e abusado, além de um slogan multiplicado nas grandes, médias e até pequenas cidades: "Fulano fez, fulano fará". Pequenas variações, quando existem, apontam para a mesma referência: "Fulana fará melhor". É a pedagogia da fazeção. O eleitor, porém, está mais atento, é mais esclarecido e consciente e começa a participar ativamente do processo político. Portanto, uma vacina ética corre nas veias da sociedade, evitando a enganação das massas com promessas mirabolantes.

Resta aduzir que o marketing político abrirá um ciclo de depuração. Serão ajustados eixos e abordagens. A ênfase publicitária, hoje presente nas campanhas, é diminuída e cede espaço aos estrategistas, aos consultores de conteúdo, aos analistas do pensamento social. A dinâmica social brasileira passa a exigir uma democracia mais participativa. De outro lado, multiplicam-se os núcleos e os nichos de referência na sociedade. Ou seja, os poderes centrífugos (Executivo, Legislativo) já dividem força e mando com os poderes centrípetos (organizações sociais). Estratégias de marketing eleitoral e de marketing político permanente (suporte e estruturas de marketing para parlamentares e governos) haverão de contemplar a dinâmica social.

MINHA EXPERIÊNCIA

Em 1986, fiz as primeiras incursões teóricas e práticas no marketing político. Tratava-se de ampliar o leque da comunicação, buscando agregar a ela novos eixos – pesquisas de opinião, formação do discurso (identidade), articulação e mobilização das massas. Amparado na vivência de campanhas políticas para governo de alguns estados, a partir do Ceará, onde produzi a primeira peça de planejamento da campanha de Tasso Jereissati ao governo, passei a reunir conhecimentos nos dois campos especializados e lancei um terceiro livro, *Marketing político e governamental: um roteiro para campanhas políticas e estratégias de comunicação* (Summus, 1985). Percebi que se descortinava, no país, um imenso território: o marketing político eleitoral e o marketing político permanente, com foco no suporte a candidatos eleitos, tanto do Executivo quanto do Legislativo, nas três esferas da Federação.

O clima era convidativo. Os poderes executivos – prefeitos e governadores – abriam espaços para a instalação de estruturas de comunicação governamental, na perspectiva de ampliação de espaços de visibilidade, aperfeiçoamento da identidade e prestação de contas à comunidade política. A sensibilidade e o interesse eram movidos pela emergência do Estado-Espetáculo, que passou a exercer grande influência sobre os membros da comunidade política, representantes e representados. Nas três últimas décadas, coordenei campanhas políticas de candidatos em muitos estados, principalmente de majoritários (governadores, senadores e prefeitos).

Desde então, deixando a vanguarda e coordenação de campanhas, passei a atuar como consultor político, colaborando para o planejamento e a orientação do discurso de candidatos, interpretando pesquisas, fazendo *briefings* para criação publicitária, promovendo ajustes nas ferramentas usadas nos pleitos eleitorais de cunho proporcional e majoritário. A par de minhas atividades no universo privado, onde presto assessoria e consultoria a empresas e entidades.

Concluo esta Introdução com meu trabalho no território da análise política. *O Estado de S. Paulo*, o mais respeitado jornal brasileiro, me abriu a oportunidade de escrever, aos domingos, um artigo sobre política. Há cerca de duas décadas cumpro essa missão. Com alegria e orgulho. Alegria em ousar, toda semana, perseguir uma temática nacional, por abordagens múltiplas, seja trabalhando a vertente partidária ou os largos espaços de costumes, tradições, usos e práticas dos atores políticos – físicos e jurídicos. Orgulho ao verificar que uma parcela importante do pensamento nacional acompanha atentamente as reflexões.

O desafio é o de encontrar nichos ainda não trilhados, temáticas ainda não desenvolvidas. Ou mesmo achar aspectos diferentes para assuntos já avaliados. O Brasil, porém, é e continuará a ser um imenso laboratório de vivências. Como salientei no início deste texto, instiga-me a curiosidade. Move-me a vontade de buscar respostas para as grandes interrogações. Zaratustra, com sua luz, sopra em meus ouvidos: "Novos caminhos sigo, uma nova fala me empolga – como todos os criadores, cansei-me das velhas línguas. Não quer mais o meu espírito caminhar com solas gastas".

Este *Manual* procura amalgamar lições da academia com reflexões e roteiros práticos, produzidos ao longo de 30 anos de experiência nas áreas da comunicação e do marketing político (eleitoral e de sustentação).

GAUDÊNCIO TORQUATO
São Paulo, março de 2014

PARTE I

CURSO DE MARKETING POLÍTICO
NOÇÕES BÁSICAS

Conceitos, formas, processos, técnicas, métodos e conselhos para bom desempenho em campanha eleitoral e apoio aos eleitos

SISTEMA DE TROCA

> Marketing político não elege candidato.
> Bem aplicado, ajuda a eleger e a render aprovação.
> Mal aplicado, ajuda a derrotar.

O OBJETIVO DESTE CURSO é mostrar como um candidato, usando ações e ferramentas adequadas do marketing político, pode desenvolver uma campanha eleitoral que lhe possibilite chegar à vitória e/ou ter seu mandato (executivo ou parlamentar) bem avaliado e aprovado pelos eleitores. O marketing ajuda a atenuar os pontos fracos do perfil, a melhorar os pontos fortes e, claro, contribui para a vitória eleitoral ou para a renovação do mandato. Afinal, essa é a meta de todo planejamento de marketing político.

Mas para isso é preciso considerar as inúmeras variáveis do marketing político, entre elas a pluralidade de *vetores, eixos, processos, modos de operação* e *ferramentas de comunicação.* Não adianta utilizá-las de forma intuitiva ou improvisada, sem organização, pois os reflexos disso poderão ser desastrosos.

Assim, para compreender um pouco melhor as possibilidades do marketing em uma campanha política e, especialmente, em um processo eleitoral, é preciso observar de início os aspectos elementares do conceito geral de marketing.

De certa forma, todos os livros convergem sobre o conceito e colocam o *marketing como avaliação de oportunidades, satisfação de desejos e definição estratégica de atividades* que vão estimular uma *troca positiva entre produtores e consumidores.*

Decorrem desse enunciado as palavras-chave pertinentes a toda estratégia de marketing:

SISTEMA DE TROCA

- Satisfação de desejos.
- Avaliação de oportunidades.
- Estimulação de troca de informações entre quem produz e quem consome.

O conceito de marketing envolve, assim, todas as atividades destinadas a promover relações de troca entre um emissor e um receptor, um produtor e um comprador. Mas essa relação deve ocorrer no *momento certo*, por meio de *canais adequados* e também por intermédio de *mensagens apropriadas*, que consigam atingir o foco de interesses dos segmentos-alvo.

Sobressaem então outras noções indissociáveis ao marketing:

- A ideia da presença de um emissor de um lado e do receptor do outro. Ou seja, do produtor e do comprador.
- O momento certo.
- Canais adequados, que são as ferramentas da mídia.
- Mensagens apropriadas, certas, com foco nos segmentos-alvo.

Portanto, *o marketing nada mais é do que a possibilidade de um produtor de bens e serviços oferecer esses mesmos bens e serviços a um consumidor*. No marketing há sempre alguém que produz e vende, e sempre alguém que consome e compra.

Na resposta a esse processo de venda e compra, ou seja, no *feedback*, a recompensa se dá em dinheiro ou em informações. Por exemplo, informações do tipo "Eu não comprei o produto adequado, eu não fiquei satisfeito" não deixam de ser uma resposta à ação de marketing.

Quer dizer, o vendedor pode receber, além de dinheiro, uma carga informativa pelo produto que vendeu. Trata-se de um processo geral do marketing, o qual possibilita a interação entre produtores e vendedores por fluxos de comunicação que se estabelecem entre esses dois polos do sistema de vendas.

COMUNICAÇÃO E MARKETING

Vejamos, agora, esse modelo aplicado ao marketing das organizações, onde é comum haver uma boa diversidade de processos, de fluxos, e grande uso das ferramentas de comunicação. É possível extrair desse contexto parâmetros básicos que se aplicam ao marketing político.

Como já vimos no tópico anterior, no processo de marketing, quando ocorre uma relação de troca, o produtor oferece ao consumidor bens ou serviços. E recebe dinheiro ou um pedido de mais informações a respeito dos produtos. Processo semelhante acontece com a comunicação.

Nesta, em vez do produtor, há um *emissor* de informações que utiliza *canais* que transportam *mensagens* (em vez de bens e serviços) ao *público* (consumidor), chamado de segmento-alvo. O *feedback* que o emissor recebe do segmento-alvo é dado por meio de novas informações, sejam elas as de que a mensagem tenha sido bem recebida, aceita, internalizada e compreendida, ou de que tenha ficado incompreendida.

O ato de comunicação é cíclico, bipolar: o emissor transmite, por meio de canais, informações ao receptor; e este recebe a mensagem, realimentando o sistema por meio de *feedbacks*, completando-se dessa maneira o processo da comunicação. Urge frisar que tal processo constitui uma via de duas mãos. Se não houver resposta à mensagem transportada, teremos um processo unilateral de transmissão de informação.

Também no marketing político o mesmo modelo se desenvolve. Ao querer se comunicar com o eleitor (público), o candidato (emissor) apresenta ao eleitor as suas comunicações, ideias, seu programa, suas promessas, seus compromissos (programas e mensagens). O eleitor analisa, interpreta e assimila as comunicações do candidato, realimentando-o, no dia da eleição, com o voto (*feedback*).

Pelo menos essa é a resposta desejada pelo candidato; o voto representa um possível *feedback*. Se o eleitor ainda não conseguiu "comprar" a ideia do candidato, ou se não fechou posição, exigirá mais informações e mais conhecimento. É possível que queira saber outras coisas do candidato. De qualquer maneira, aqui se dá outro tipo de resposta, caracterizando um processo de interação informativa entre candidato e eleitor.

As ideias são transmitidas por meio da mídia – jornal, revista, material de propaganda, rádio, televisão e internet. E o eleitor, por sua vez, recebe tal programa de trabalho e vê o candidato exposto, podendo desenvolver simpatia por suas propostas e iniciar uma relação de empatia.

FIGURA 1 • A COMUNICAÇÃO NO MARKETING POLÍTICO

Muitas vezes a empatia se cria por meio da postura, da forma de apresentação do candidato. O eleitor pode achar o postulante simpático, bonito, inteligente, culto, e desenvolver com ele alguma sintonia. Mesmo que não decida de imediato em quem vai votar, poderá exigir mais informações do candidato. Com o tempo, esse processo vai se fechando e o eleitor acaba por se aproximar ou se distanciar daquele nome, conforme os acertos ou desacertos das estratégias do marketing da campanha.

MARKETING E ELEITOR

Analisemos um pouco mais o eleitor, uma caixa-preta, uma caixa de surpresas. Se a ideia é utilizar a estratégia do marketing e os recursos de comunicação para mobilizá-lo favoravelmente em direção a um candidato, o fato é que não se sabe qual será sua *reação diante dos estímulos* apresentados.

Também devem ser considerados elementos basilares do marketing, mais conhecidos como *vetores*, que dizem respeito à segmentação geográfica de determinado grupo de eleitores, ao seu perfil socioeconômico etc. Uma campanha bem planejada deve considerar todos os vetores do marketing, os quais ajudam a orientar melhor as estratégias.

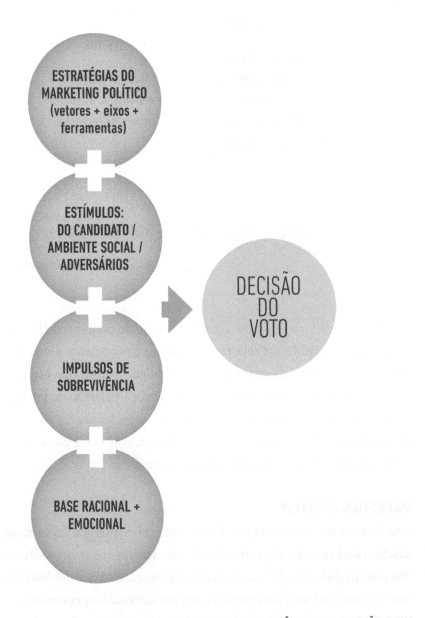

FIGURA 2 • **FATORES DE INFLUÊNCIA SOBRE A DECISÃO DO VOTO**

ESTÍMULOS

Que estímulos se apresentam ao eleitor? Em primeiro lugar, o *próprio candidato*. Este estimula o eleitor gerando simpatia ou antipatia, confiança ou desconfiança, crença ou descrença. O eleitor pode ficar atraído pela ideologia do candidato, por sua fisionomia, pela apresentação, pela fala, por gestos e atitudes.

O segundo tipo de estímulo que se apresenta ao eleitor é o *cenário* dentro do qual está o candidato: um palanque, a televisão, a passeata, carreata, o jornal, enfim, a ambientação geográfica e espacial que cerca o candidato. A proximidade é fundamental.

O terceiro grande estímulo para o eleitor é a *comunicação*. Ela funciona como estímulo na medida em que pode cativar o eleitor. Cada forma de comunicação, cada veículo de mídia, cada palanque apresenta estímulos diferenciados. Por exemplo, existem variações entre a chamada *comunicação estética* e a *comunicação semântica*, que provocam reações diferentes e abrangem, respectivamente, os aspectos visuais e o discurso programático, as ideias.

Outro estímulo pode ser dado pela *estrutura* e pelo *custo* da campanha. Esses fatores influenciam porque, dependendo dos recursos, uma campanha pode ter material de propaganda em profusão, com intensa mobilização, carros de som – enfim, poderá ser mais visível e interessante se o candidato dispuser de muitos recursos.

É importante considerar ainda dois estímulos: os *concorrentes* e as *causas sociais*. No primeiro caso, os concorrentes servirão a que o eleitor faça uma comparação, uma análise de diferenciação, medindo os defeitos, os pontos fortes e fracos, as falhas de um (candidato) em relação ao outro.

Quanto às causas sociais, urge registrar que a sociedade quer, na quadra em que vive o país, mais segurança, mais saúde, mais harmonia social. A violência assume proporções gigantescas. Nessa esteira, o candidato que desfraldar a bandeira do combate à violência poderá, em tese, angariar mais simpatia; portanto, *o eleitor é influenciado pelo discurso social, pela onda (ou sensibilidade) do momento, pelas demandas mais prementes da sociedade.*

QUATRO IMPULSOS BÁSICOS

O conjunto de estímulos transmitido pelo candidato é operado por todo um sistema perceptivo do eleitor, que os decodifica e interpreta, reagindo de acordo com a influência exercida por quatro *impulsos básicos: dois ligados à conservação do indivíduo e dois relacionados à preservação da espécie.* Alguns desses estímulos entram na caixa de ressonância e são processados de maneira mais positiva; outros, de forma negativa.

Como o marketing político consiste na troca contínua e planejada entre estímulos e *feedbacks*, as *comunicações*, os *programas*, os *compromissos*, as *promessas* e os *favores* constituirão o corpo central da mensagem, formarão o eixo da identidade do candidato e deverão reverberar positivamente em relação a esses quatro impulsos.

Por exemplo, um candidato pergunta: "Como é que consigo apresentar uma proposta que interesse a 'Joaquim das Couves', como tornar a minha proposta diferenciada em relação ao meu adversário?"

A resposta aponta para o psiquismo do eleitor, sua máquina mental, seu cérebro, que será influenciado pelos impulsos.

Os eleitores decidem primeiro de acordo com os mecanismos básicos de conservação da sua vida e da preservação da espécie.

Todo indivíduo reage a esses impulsos a partir dos principais, o combativo e o alimentar. O impulso combativo está na raiz da luta pela sobrevivência; as pessoas lutam contra os obstáculos, as intempéries, as dificuldades e até contra outras pessoas, em caso de ameaça à sua sobrevivência. Se o candidato apresentar um ideário voltado para garantir ao eleitor sobrevivência e segurança, com uma condição de vida melhor (mais dinheiro, uma casa boa, emprego etc.), ativará o *impulso combativo*. Ou seja, o eleitor tende a simpatizar com a proposta.

Basta observar que o discurso político comporta metáforas e simbolismos de guerra. "Eu vou ganhar, eu vou lutar, nós vamos à vitória, vamos derrotar" são termos da guerra na política. A psicologia mostra que essas metáforas estão relacionadas aos quatro grandes instintos do ser humano. No caso do instinto combativo, observe-se, por exemplo, que na pré-história os nossos ancestrais, com aqueles imensos bastões, atacavam ou se defendiam dos inimigos que queriam ocupar seu lugar. Defendiam-se ou atacavam para não morrer.

O segundo instinto, também ligado à conservação do indivíduo, é o *alimentar*. Para sobreviver, a pessoa defende o estômago procurando o alimento para se preservar. Esses dois instintos estão presentes no discurso político: provoca sucesso o discurso voltado para o estômago do eleitor, ao bolso, à saúde – sem saúde ele não vive, com dinheiro no bolso ele vive melhor, ele come.

Toda proposta que venha a induzir o eleitor no sentido de lhe garantir mais dinheiro e, consequentemente, geladeira cheia e estômago satisfeito será bem-sucedida. Arrumei uma equação para explicar o impulso: BO + BA + CO + CA: BOlso cheio (geladeira cheia), BArriga/estômago satisfeitos, COração agradecido, CAbeça propensa a votar no patrocinador dessa boa situação. Daí o sucesso das bolsas assistenciais do governo federal, como o Bolsa Família.

São aspectos fundamentais que o candidato não deve esquecer. O discurso para o eleitor tem de estar ligado fortemente ao instinto de sobrevivência do indivíduo, que cobre as questões de saúde, de alimentação e habitação. Ou seja, a tudo aquilo que diz respeito à melhoria das condições de vida dos cidadãos.

Esses dois impulsos se encaixam nos chamados *mecanismos de conservação do indivíduo*, que se somam aos dois impulsos voltados para a *preservação da espécie humana: o sexual e o paternal*.

O *instinto sexual* está na base do discurso sobre a família, os filhos, a relação entre o par. Já o *impulso paternal* trabalha com o sistema de valores, entre os quais a solidariedade, a fraternidade, a amizade, o carinho, o respeito, o amor. Esse acervo se encontra também presente na expressão religiosa; os padres e os pastores trabalham muito com o instinto paternal. As pessoas querem ver no candidato um defensor – "Aquele candidato é um pai pra mim, tem autoridade, vai nos ajudar muito, vai me dar casa, vai me dar saúde, vai me dar condições de uma vida melhor, é um pai".

Os quatro instintos estão por trás dos mecanismos de seleção e escolha dos seres humanos. E, evidentemente, também influenciam as escolhas eleitorais.

São fundamentos psicológicos. O discurso político se ampara nesses quatro grandes instintos. É imprescindível ajustá-lo ao clima da conjuntura, o desemprego, por exemplo. Há de se ter muita afinidade com as forças religiosas, místicas; o eleitorado tem veneração pelo eixo místico, respeitando-o. Candidatos de igrejas evangélicas costumam recitar salmos, do tipo: "O Senhor é o meu pastor e nada me faltará", "Se Deus está comigo, quem estará contra mim?"

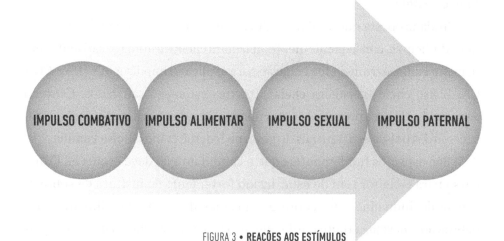

FIGURA 3 • **REAÇÕES AOS ESTÍMULOS**

Os impulsos elementares de conservação do indivíduo e preservação da espécie explicam como os cidadãos decidem por uma proposta A, B ou C. Em suma, uma proposta que ofereça melhores condições de vida aos cidadãos (envolvendo salário, emprego, saúde, educação, uma vida condigna à família, aconchego familiar) abarca os quatro impulsos (alguns com maior ou menor ênfase).

VETORES DO MARKETING POLÍTICO

Existem formas variadas de desenvolver uma proposta de marketing político. Mesmo que elabore um programa que atenda diretamente às expectativas do eleitor, o que já não é tarefa simples, o candidato corre, muitas vezes, o risco de não conseguir fazê-lo chegar ao eleitor.

Portanto, vamos expor os principais *vetores do marketing* (condicionantes) e estabelecer uma relação entre eles.

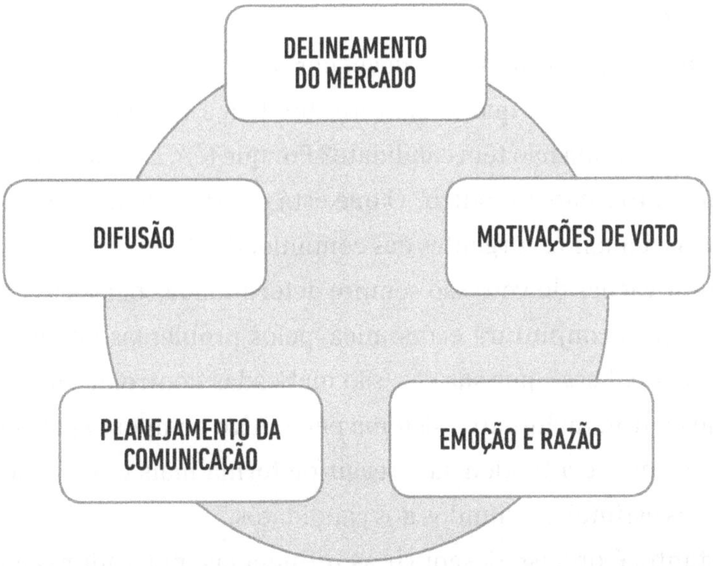

SISTEMA DE TROCA

FIGURA 4 • OS VETORES DO MARKETING

Delineamento de mercado

O que deve fazer um candidato quando decide concorrer? O primeiro passo é tentar *delinear o mercado*. Quer dizer, ele não pode entrar em uma floresta escura. É preciso descobrir os caminhos da floresta, onde estão as árvores, identificar o seu centro, saber como andar dentro dela. Na política, isso significa mapear os *segmentos eleitorais*, começando com o direcionamento das *classes sociais*, seguindo pelas categorias profissionais que poderão votar no candidato (como taxistas, caminhoneiros, agricultores, comerciantes, advogados, donas de casa, médicos, estudantes, empresários etc.).

Outro vetor é a *segmentação geográfica*. Que região poderá votar no candidato? Os bairros A, B, C, D ou E? Que tipos de cidades e de comunidades? Que região do estado? Qual é a divisão de voto entre capital e interior? Qual o segmento prioritário para começar a fazer os primeiros encaminhamentos da campanha? Que organizações da vida associativa poderão lhe dar apoio (sindicatos, federações, movimentos etc.)?

Motivação do voto

Em segundo lugar, o candidato deve, por meio de pesquisas, descobrir as *motivações do voto*. Por que os eleitores tendem a votar em A, B ou C? Por que dizem que ainda não têm candidato? Por que têm simpatia por determinado candidato e não por outro? O que está por trás da motivação do voto? Quais são as demandas urgentes das comunidades?

As motivações do voto são sempre determinadas pelas circunstâncias temporais, pela conjuntura econômica, pelos problemas do bairro, da região, do estado. Essas, por sua vez, são matizadas dentro da caixa de ressonância do eleitor, incluindo o sistema perceptivo composto pelos impulsos de sobrevivência e a tendência a reagir de forma mais emocional ou mais racional aos estímulos oriundos dos candidatos.

Portanto, é preciso descobrir as influências motivadoras e inovadoras que se apresentam durante a campanha. Por exemplo, a ocorrência de uma catástrofe numa região poderá determinar o voto, direcioná-lo para certo tipo de candidato, ou ainda comprometer a imagem do administrador, do prefeito.

Dessa maneira, torna-se essencial pesquisar a influência inovadora do momento, avaliar os fatores diretos e indiretos que motivam o voto. Pode ser que, em algumas regiões, os fatores preponderantes sejam o emprego, o remédio, o hospital, a ajuda em dinheiro, uma casa, um eletrodoméstico. Em regiões atrasadas, a velha política usa o assistencialismo paternalista e a oferta de objetos e *kits* (sacolas de alimentos, material de construção, dentaduras, óculos etc.).

O marketing político se apropria deste modelo simples e coloca de um lado candidatos e, do outro, eleitores. Qual é o significado do candidato? O seu perfil é um produto, com história, comunicações, ideias, promessas e, claro, também favores – no Brasil se trabalha com muito favor na política.

Alguns eleitores são conquistados graças a favores, benefícios (fatores diretos); outros, ao perfil do candidato ou ao campo das ideias (fator indireto de motivação do voto). O eleitor flagrado, fisgado pelo candidato, acabará dando seu voto. Em outros casos, o eleitor o rejeita. Deve existir um processo interativo entre candidato e eleitor. Para tanto, a comunicação é fundamental. Urge tornar próximos o candidato e o eleitor. Tal interação não se dá apenas por meio da comunicação, mas também pela articulação com a sociedade organizada, pela mobilização, por contato pessoal, mão na mão, cara a cara, enfim, pelo corpo a corpo do candidato.

Portanto, é preciso observar que o marketing político representa a possibilidade de um candidato, no momento certo, por intermédio de meios adequados, oferecer produtos, comunicações, ideias, seu perfil, sua história, promessas e favores a determinado alvo, o eleitor. Ao analisar todos esses produtos, o eleitor os processa internamente e retribui com o voto ou com a rejeição.

Emoção e razão

Por trás da motivação do voto, operam duas bases psicológicas: a *racional* e a *emocional*. Em determinados lugares e sob certas circunstâncias, a base emocional pode ser maior que a racional. Regiões carentes, situações de catástrofe e carência de serviços fundamentais formam a argamassa do discurso emotivo.

As margens sociais tendem a escolher candidatos sob influência da emoção, da simpatia, da amizade (portanto, *base emocional*). Nessa faixa, situam-se os candidatos com bastante visibilidade midiática, como cantores, compositores, esportistas, comunicadores de massa da TV e do rádio. Em virtude de sua profissão, cooptam o eleitor pelo coração.

Já a *base racional* influencia o voto de setores mais esclarecidos, classes médias, profissionais liberais. Nessa esfera, o voto atende a um processo de seleção racional. O eleitor acaba votando porque o candidato interpreta melhor seus sentimentos, suas propostas para a região, para o estado. Há uma comparação entre ideias e o eleitor acaba achando seu candidato melhor que o outro, encaixando-o no perfil que considera mais adequado.

Planejamento da comunicação

Com base nos resultados do levantamento do contexto ambiental, o candidato começa a formar sua identidade. O conteúdo do que quer transmitir pode ser expresso de forma verbal ou escrita, abrangendo relatos, posturas, comportamentos, histórico de vida e familiar, profissional, antecedentes políticos etc.

As mensagens do candidato devem abranger diferentes canais de difusão da informação, com linguagens adequadas a cada tipo de objetivo ou momento. É essencial saber que a comunicação comporta duas estratégias:

- *Marketing massivo*, que implica a adoção de estratégias de comunicação para atender a todos os públicos, indistintamente.
- *Marketing segmentado*, que enfoca públicos específicos, como profissionais liberais (economistas, médicos, engenheiros etc.), trabalhadores, donas de casa, taxistas, empresários etc.

Apesar de todas as características que fundamentam a cultura política no Brasil, identificamos uma tendência de expansão da racionalidade no processo eleitoral; o brasileiro preocupa-se em participar de maneira mais ativa do processo político e eleitoral. Isso significa um voto mais balizado, menos impulsivo.

As multidões do passado, as massas dispersas, amorfas, sem sentido e sem rumo antes comuns no país começam a se multiplicar e a se dividir em pequenos grupos que portam bandeiras programáticas. Nesse sentido, os candidatos devem olhar tanto para o marketing massivo, que atinge a todas as classes sociais (A, B, C, D e E) indistintamente, em especial por meio da TV ou do rádio, quanto para o marketing segmentado.

Este permite falar e atender aos segmentos racionais que ganham densidade. É o caso do marketing que se relaciona com determinadas categorias profissionais. Ocasionalmente, é mais importante trabalhar com o marketing segmentado em relação ao massivo, em função da extrema organicidade social no Brasil.

Esses dois tipos de marketing são usados de maneira simultânea, mas em algum momento da campanha o marketing segmentado tem o condão de agarrar com mais força o eleitor, pois a comunicação se faz de maneira mais direta e objetiva, atendendo a demandas de categorias profissionais.

Difusão

Não adianta definir a identidade do candidato, as propostas, as ações, sua comunicação e os materiais se esse pacote não chega aos eleitores. Esse é um dos entraves que identificamos em campanhas. Materiais ficam encalhados ou não seguem um fluxo natural de distribuição; às vezes, o próprio candidato ou assessores mais próximos acabam descumprindo agendas, deixando o eleitorado a ver navios. O eleitor sempre deve ter acesso aos canais e ao candidato. A difusão de material e o acesso ao candidato são aspectos fundamentais do planejamento de marketing.

DUAS FORMAS DO MARKETING POLÍTICO

Façamos, aqui, uma observação sobre as formas do marketing político. Ele opera em duas frentes:

- *Campanhas eleitorais majoritárias e proporcionais* (quatro em quatro anos, subdivididos em eleições para presidência da República, governo do estado, Senado e Câmara Federal; dois anos depois, pleito para prefeituras e câmaras de vereadores).
- *Marketing permanente* (estrutura de apoio aos eleitos).

Como o nome indica, a segunda forma dirige-se aos quadros do Legislativo e do Executivo que cumprem ou cumpriram mandatos. Obviamente, a campanha eleitoral de candidato que já venha de uma trajetória política anterior deve considerar outros condicionantes ou bagagens, que tanto podem ser positivas quanto negativas, por ocasião do planejamento de uma campanha.

Podemos chamar essa forma de marketing pós-eleitoral, partindo sua justificativa do princípio de que quadros do Executivo ou do Legislativo eleitos têm o dever de informar à sociedade o que fazem. E esta, por sua vez, tem o direito de saber o que os governantes e seus representantes estão realizando.

Faço, neste ponto, uma observação que atinge juízes e membros do Ministério Público (MP). Alguns, por despreparo, proíbem o uso da comunicação governamental. Os governantes têm o dever de informar sobre o que fazem. A propaganda governamental deve focar em feitos das administrações e não em perfis individuais. Nesse caso, compreende-se a ação de membros do MP ou da Magistratura.

Infelizmente, os limites entre propaganda governamental e propaganda política ainda são tênues.

É oportuno lembrar importante mecanismo em vigor no país, a Lei Federal nº 12.527, de 18 de novembro de 2011. Ela garante aos cidadãos o acesso a informações de todo e qualquer órgão público. O dispositivo pode se tornar aliado das administrações, caso estas considerem prioridade dar retorno satisfatório às demandas da população.

Vale antecipar uma advertência: no período eleitoral, fica proibida a comunicação governamental. Os governantes não podem mais inaugurar obras nem se apresentar em palanques oficiais para efeito de inaugurações. Fecha-se o ciclo da comunicação governamental e abre-se o ciclo da comunicação política.

MARKETING ELEITORAL

OS CINCO EIXOS: PESQUISA, DISCURSO, COMUNICAÇÃO, ARTICULAÇÃO E MOBILIZAÇÃO

AGORA VAMOS TRABALHAR COM os eixos ou variáveis principais do marketing político eleitoral, que se desdobram a partir dos vetores apresentados no capítulo anterior.

Como se faz uma campanha bem-feita? Como se organiza a campanha para obter pleno sucesso?

A resposta é simples: procurando tirar o máximo proveito dos cinco eixos que formam o marketing político eleitoral: pesquisa, discurso, comunicação, articulação e mobilização.

FIGURA 5 • EIXOS ESTRATÉGICOS DO MARKETING ELEITORAL

A figura acima aponta para a ligação entre os cinco eixos a partir da *pesquisa*, que procura mapear as expectativas e demandas das comunidades. As demandas e os apontamentos propiciarão a formação do discurso, que será desdobrado nas ações programáticas. Trata-se do repertório a ser comunicado aos eleitores. Esse transporte será efetuado por uma bateria de meios: folhetos, cartazes, anúncios, TV, rádio etc., que integram os subsistemas jornalísticos e publicitários. Além da comunicação, o candidato deve promover ampla ação de *articulação* com a sociedade organizada e com a sociedade política e, na sequência, a mobilização de massas e grupamentos.

Tudo isso parece muito simples, mas há fatores que podem determinar a maior ou menor eficácia do processo. Vejamos.

Pesquisa

Um dos objetivos das pesquisas é o delineamento da composição eleitoral. Descobrir como se compõe o eleitorado, que forças estão presentes nessa composição. Em seguida, o mapa das demandas sociais. O que os eleitores querem? Os resultados apontarão de pequenas a grandes coisas. As pequenas fazem parte da micropolítica. Trata-se da iluminação da rua, do transporte barato e fácil, de segurança, vigilância, limpeza. Já na frente da macropolítica estão as questões mais abrangentes: o sistema geral da educação no município, o emprego, transportes etc. São aspectos mais gerais, grandes obras etc.

Portanto, a pesquisa procura apurar e extrair o que se passa na cabeça do eleitor quanto às suas necessidades maiores e também às menores, mais rotineiras.

É preciso considerar que cada segmento social tem algumas demandas muito parecidas e outras bem diferentes. A classe A tem gosto e atitudes diferentes da classe B. Enfim, o importante é extrair das classes A, B, C, D e E o que se passa em seu sistema cognitivo, em seu pensamento. Observa-se o grau de importância desses segmentos como densidade eleitoral, ou seja, não adianta apenas homogeneizar, igualar todos os grupos. Cada classe social tem dimensão e peso diferenciados. Mas sabemos que as classes C, D e E são as que seguramente definem os rumos de uma campanha no final do processo, pois sua densidade eleitoral é maior.

Como dissemos, o eleitor é uma verdadeira caixa-preta. Embora seja difícil descobrir o que se passa em sua cabeça, é possível avaliar os mecanismos de cognição de pensamento, como ele decide, para onde vai, que estímulos são mais influentes. O próprio candidato representa um estímulo. Se aparece um candidato apressado, com cinco segundos de tempo de televisão, para vomitar coisas sem nexo e terminar com "Meu nome é fulano de tal", isso não entra na cachola do eleitor.

Uma exceção foi dada por um caso emblemático do Brasil pós-redemocratização, a partir dos anos 1980, envolvendo o médico e político Enéas Ferreira Carneiro, fundador do Partido da Reedificação da Ordem Nacional, o Prona (hoje extinto). Candidato polêmico por três vezes à presidência da República (1989, 1994 e 1998) e uma vez à prefeitura de São Paulo (2000), acabou eleito por votação recorde ao posto de deputado federal por São Paulo, em 2002, com mais de 1,57 milhão de votos (morreu em 2007, vitimado pelo câncer). Chamou a atenção pela extravagância de seu perfil: proferia um discurso pesado contra a corrupção em toda propaganda eleitoral de TV e rádio e a finalizava com um bordão – "Meu nome é Enéas!"

Existem perfis no Brasil que realmente se parecem mais com um logotipo ambulante, são ícones. O candidato chama a atenção pela maneira de se vestir, de se apresentar, de gesticular, pela fisionomia, pelo sorriso, pela carranca. Nesses casos, a primeira coisa que o eleitor percebe é a estética do candidato.

Entretanto, é preciso utilizar recursos de pesquisa que ofereçam um quadro claro ao candidato, parâmetros para que ele possa estabelecer sua estratégia, seu discurso. Entre outros elementos, a pesquisa deve mapear:

- *Cenário*: onde o candidato vai buscar votos; em que ambiente ele se apresenta, que motivações do voto vai encontrar? A moldura ambiental ajuda a definir o estilo, a identidade, os estímulos que servirão para atrair a atenção do eleitor.

- *Comunicação*: prospectar os canais que têm mais influência sobre o eleitor, aqueles que mexerão com seus sentimentos. Tanto a comunicação bem-feita quanto a malfeita chamam a atenção, atingindo com impacto a atenção do eleitorado ou não provocando nenhuma comoção;

- *Custos*: tentativa de projetar as despesas da campanha. Uma campanha sem recursos não produzirá materiais suficientes nem estrutura adequada para conferir densidade ao candidato.
- *Concorrentes*: mapeamento dos perfis adversários. Urge conhecer os próprios concorrentes e extrair de suas características posicionamentos para criar diferenciais no candidato.
- *Influências sociais*: radiografia dos grupos de referência, de lideranças, forças políticas e de sua influência sobre o eleitorado. Enfim, é preciso conhecer o ambiente e definir a estratégia de estímulos para o eleitor tomar decisões favoráveis à candidatura.

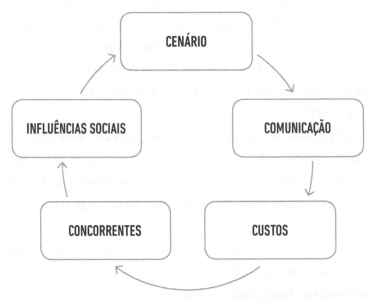

FIGURA 6 • ELEMENTOS A SER MAPEADOS PELAS PESQUISAS

Intenção prévia de voto

Existem pesquisas que procuram apurar as intenções de voto. Mas há um momento certo para se preocupar com esses indicadores. Embora importante, a intenção de voto é apenas uma radiografia do presente, ou seja, resume a situação do candidato em dado momento.

Se ele teve visibilidade acentuada nos últimos anos, se tem uma história de benefícios ao povo, sendo bastante conhecido, poderá ter elevado índice de intenção de voto já no início de uma campanha. Outros, mesmo com boas propostas, são desconhecidos e quase não aparecem nas taxas de intenção de voto.

Eis uma situação que pode ser revertida ao longo de uma campanha. O candidato desconhecido não precisa se preocupar com sua taxa no início do processo, podendo mostrar, ao longo do período eleitoral, a que veio e para o que virá. Se ele souber trabalhar de maneira efetiva com os eixos do marketing eleitoral, certamente terá um resultado positivo, tornando-se vitorioso. Há casos de candidatos que, no mês de junho, registravam menos de 10 pontos percentuais em uma campanha para prefeito de São Paulo, mas acabaram ganhando as eleições.

Motivação do voto

Conhecer a fundo tudo que possa motivar o voto de dado estrato social ou região é mais importante que radiografar a intenção expressa pelos eleitores em determinado momento. O que leva o eleitor a optar por A, B ou C? Qual é o sentimento de um eleitor em relação a determinados valores do momento? Descobrir o que se passa em sua cabeça contribui mais para uma definição de estratégia de campanha do que descobrir em quem ele vai votar no exato momento em que se apura a pesquisa de intenção de voto. Mesmo porque ele poderá mudar seu posicionamento.

Voto: razão ou emoção?

Como já dissemos antes, o mapeamento ou conhecimento prévio do ambiente eleitoral, via pesquisa, há de identificar de que forma a base emocional e a base racional poderão agir por detrás da motivação do voto.

Em algumas regiões, a base emotiva ainda é forte. Por exemplo, se as campanhas forem muito acirradas entre partidos e/ou adversários tradicionais, a emoção será intensa. Porém, às vezes o candidato que quebra a polarização chega à frente. A sociedade bem organizada costuma ficar saturada da querela entre adversários antigos. É preciso apurar muito bem quais são as bases emocionais e racionais de determinada comunidade.

Poderes sociais

A pesquisa também deve mapear o que definimos como poderes sociais. Que poderes influenciam o eleitor, independentemente dos poderes que um candidato carrega com seu discurso, sua legitimidade, seu perfil? Resposta: as entidades organizadas.

Já explicamos que as entidades organizadas no Brasil exercem grande influência no eleitor. Partem delas as lideranças tradicionais, as do campo empresarial e político, e as lideranças institucionais da cidade – o padre, o juiz, o promotor, enfim, o grande comerciante, o grande proprietário rural. A mídia local também costuma induzir o eleitor a escolher determinados caminhos, a selecionar certos perfis.

Adversários

Voltemos aqui à questão dos concorrentes. É preciso mapear os perfis de adversários. Às vezes, ou frequentemente, muitos candidatos ficam contemplando o próprio umbigo, esquecendo-se de olhar para os outros. Cuidado. Vejam como os outros estão se comportando, analisem os pontos fortes, as qualidades e os defeitos dos adversários.

A partir de si próprio, o candidato poderá fazer a análise: "Em que sou melhor? Em que sou pior? Quais são as minhas qualidades? Quais são os meus defeitos? Quais são as qualidades e os defeitos dos meus adversários?"

Deve-se colocar esse acervo em uma planilha e, em seguida, estudar como cada candidato poderá melhorar suas qualidades e atenuar seus defeitos. Depois, faz-se a comparação com os adversários. Essa é uma estratégia de marketing eficiente.

Na pesquisa comparativa, atenção especial deve ser dada aos valores encarnados pelos adversários. Por exemplo, se têm *prestígio* ou *respeito*. Os eleitores tendem a escolher pessoas respeitadas, com mais credibilidade. Outro aspecto a ser estudado é a *visibilidade* conquistada pelo adversário; se tem boa penetração diante do público e se demonstra bom conhecimento da realidade local.

Outro critério presente é o do aporte cultural e temático, regional e local. "O candidato A é mais preparado que o outro" e "O candidato B domina os temas da cidade (ou do estado) mais do que o outro" são comparações comuns entre eleitores.

Finalmente, estes tendem a selecionar perfis que tenham tido algum tipo de experiência anterior relevante. "Fulano é experiente, já passou pelo teste da administração pública em algum setor. Já beltrano é inexperiente" costuma ser o raciocínio corrente.

A experiência pode ter ocorrido na área empresarial, caso de uma liderança bem conhecida que resolva ingressar na vida pública. Assim como um advogado poderá sair de sua área de atuação e optar pela militância política. De qualquer forma, ambos (o empresário e o advogado) tiveram experiência prévia bem-sucedida, pelo menos aos olhos do público, em outra área antes de lançar sua candidatura. A experiência, portanto, não significa apenas uma boa passagem na vida pública, pode ser também na vida privada.

Evidentemente, a inexperiência torna-se um fator negativo para seu concorrente imediato. Claro que poderá haver contra-argumentação de parte do eleitorado, como: "Puxa, mas a pessoa tem de ter a oportunidade de começar!"

Tradição *versus* inovação

No comparativo entre os candidatos, vale um destaque especial a essa dicotomia, questão que somente uma pesquisa bem elaborada poderá ilustrar. Em algumas regiões ou praças, a velha tradição está cedendo lugar ao valor da inovação, da mudança; o eleitor começa a preferir perfis mais inovadores a tradicionais.

Às vezes, porém, o espírito inovador não funciona, dando com os burros n'água. Nem sempre o eleitor quer o inovador por medo de ele não acertar. Poderá optar por um perfil tradicional, o certo contra o incerto. Os eleitores vão buscar pessoas do passado que tenham feito boa administração e tiveram experiências interessantes. Inexiste regra fixa para isso, daí a necessidade da pesquisa.

Amigos

Esse é um dos fatores indiretos que ajudam a definir o voto. Amigos, familiares, colegas de trabalho, chefes etc. acabam convencendo seus interlocutores do dia a dia a votar no candidato de sua preferência.

Programa eleitoral obrigatório

A pesquisa também deve procurar aferir o gosto dos eleitores quanto ao programa eleitoral gratuito dos partidos. Em geral, nas cidades brasileiras com emissoras ou retransmissoras de televisão e rádio, a programação começa no mês de agosto. É preciso analisar a todo momento a qualidade da apresentação, das propostas, avaliar o formato do programa que está sendo veiculado e, evidentemente, analisar seus efeitos visuais, recursos de computação gráfica, cores; enfim, a movimentação. Nesse aspecto, a pesquisa é fundamental para analisar como responder a questões que vão se colocando ao longo da campanha, introduzidas inclusive como desfecho do próprio programa do candidato e de seus adversários.

Pesquisas qualitativas e quantitativas

Por fim, é preciso considerar as possibilidades oferecidas pelas pesquisas quantitativas e qualitativas. Estas não são excludentes; ao contrário, ambas devem ser utilizadas com propósitos e características distintos.

As quantitativas levam em consideração a estratificação social, buscando levantar opiniões e tendências das classes A, B, C, D e E, em uma amostra bastante representativa, volumosa. Em cidades pequenas e médias, essas pesquisas devem trabalhar com uma amostragem de 400 a 600 questionários; em cidades maiores, de mil questionários. Mas é preciso considerar as densidades eleitorais por região no corpo dessa pesquisa, ou seja, cruzar os resultados da estratificação social com uma amostra também diferenciada por região.

Já as pesquisas qualitativas trabalham com outra natureza de aferição, monitorando, a intervalos regulares, pequenos grupos de convidados e suas respectivas reações aos desdobramentos da campanha. Elas fornecem um *feedback* sobre o desempenho do candidato, a qualidade de suas propostas, a eficácia ou não dos programas eleitorais e sobre os acertos ou desacertos das estratégias de comunicação; aferem os perfis e valores representados pelos candidatos; fazem a comparação entre eles. Enfim, oferecem uma visão global da moldura eleitoral.

Discurso

O discurso, aqui, é tratado como um termo abrangente, não se restringindo às falas de palanque. Envolve todos os conteúdos a ser expressos pelo candidato, incluindo a *área semântica*, de substância expressiva, de ideias; e a *área estética*, que envolve a apresentação pessoal do candidato, seu modo de se expressar, de se vestir e de agir.

Ou seja, tudo que diz respeito à verbalização ou à apresentação do candidato relaciona-se ao discurso, expressão que incorpora de plano de governo, promessas e ações a gestos e modos de locução. O discurso objetiva impactar o sistema cognitivo do eleitor, sua base racional e emocional.

A base racional, que deve ser aferida por pesquisa, recebe informações e internaliza as mensagens geradas por programas, ideias, compromissos, sugestões e ações voltadas para as necessidades básicas do eleitor. Esses conteúdos, para maior eficácia, devem atender igualmente à esfera emotiva. Razão e emoção, inter-relacionadas, convergem para um discurso propositivo, capaz de criar um laço (*loop* comunicativo) com o eleitorado.

A par do balizamento a ser oferecido por prospecção de cenários, o discurso de um candidato implica adotar uma estrutura básica que seja interessante para todas as camadas. Em termos clássicos, o discurso político tem a imagem de uma pirâmide, em cuja base se assenta uma doutrina (capitalista, socialista, social-democrata, liberal-social, comunista etc.), com os resíduos conceituais e ideológicos.

Já o programa reúne os conceitos que formam o escopo da doutrina. São as propostas. Daí extrai-se o slogan, que contém *palavras-chave para designar a identidade do candidato*. Na sequência, produz-se um *símbolo, a expressão estética* da campanha. Portanto, o discurso abrange esses elementos essenciais.

O discurso final passa por alguns filtros, a saber:

- Resultados da pesquisa, nos quais se inserem o cenário eleitoral, a motivação do voto, as bases racional e emocional.
- Construção da identidade e da imagem, amálgama de ações, compromissos e ideias em sintonia com o clima ambiental.

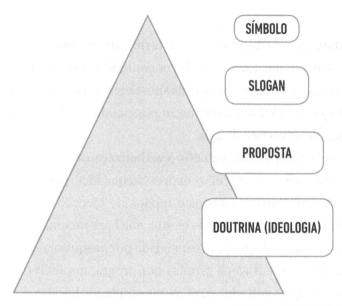

FIGURA 7 • COMPONENTES DO DISCURSO

O ponto de partida é a cultura regional. Cada região tem sua identidade cultural, econômica, social; o candidato precisa receber *inputs* sobre as regiões, atendendo à tendência crescente do voto distritalizado.

O ajustamento levará também em consideração o papel das lideranças regionais e municipais, os comandos institucionais (nas frentes do comércio, indústria, agricultura, serviços), além da influência dos líderes com maior credibilidade (padre, pastor, promotor, juiz, presidentes de sindicatos, federações, associações de bairro, clubes comunitários etc.).

Pactos de compromisso são sempre bem-vistos, merecendo destaque. Trata-se de alianças partidárias e acordos com entidades que agregam categorias profissionais (médicos, engenheiros, sindicalistas, moradores de bairros etc.). Em resumo, o discurso abriga compromissos assumidos com as regiões.

Ideias-chave, palavras-chave

Esse é um teste que também pode ser extraído do mapeamento do cenário. Que eixos devem sustentar a identidade do candidato? Qual é o seu vértice conceitual? Se ele tiver dez propostas diferentes, o eleitor não vai perceber qual é a mais importante. O candidato ficará parecido com um ou vários mosaicos coloridos; diante dessa multiplicidade cromática, como o eleitor poderá definir a cor mais importante? Daí a necessidade de definir uma tonalidade mais firme para criar uma identidade forte do candidato.

Significa valorizar uma ideia-chave ou uma palavra-chave para áreas como saúde, educação, segurança, emprego, iluminação pública etc. Não poderão ser muitas, não adianta escolher mil palavras. Quanto mais claros forem os conceitos, mais projeção eles ganharão e maior assimilação haverá entre os eleitores.

Slogan

Slogan é a maneira de o candidato fixar seu programa, seu pensamento no sistema cognitivo do eleitor. Consiste em frase simples, em uma expressão criativa, inteligente. A ideia é não padronizar nem usar chavões, lugares-comuns.

Deve-se evitar o que chamamos de mcdonaldização do marketing político, a tendência de homogeneizar as campanhas. Ao contrário do que pode acontecer com o hambúrguer, que tem o mesmo gosto em qualquer lugar, aqui ou na China, o marketing deve conter uma característica peculiar: ser coerente com as circunstâncias, os lugares, os perfis. Seus princípios, vetores e eixos hão de ser transportados para as culturas ambientais, evitando importação de modelos.

Caracterização visual

Um *padrão de cor* também deve compor o discurso. As cores chamam a atenção em campanha. Por isso, precisam ser bem escolhidas. Dou um exemplo de cor que não deu certo, o que ajudará a ilustrar a abordagem. Em campanha que coordenei no Norte do país, em Roraima, na região amazônica, a agência contratada, sediada em São Paulo, optou por uma criação muito bonita, porém ancorada na cor verde.

Ao chegarmos à região e apresentarmos a cor temática da campanha, percebemos, por meio de pesquisa, que o verde não era simpático às pessoas, ninguém apreciava tanto a escolha. Depois de quebrarmos a cabeça, caiu a ficha. O verde era pura mesmice, saturação no espaço amazônico. Ali, tudo é verde. Campanha com mais verde não trazia impacto, não chamava a atenção. Errávamos na escolha. Partimos, então, para o vermelho berrante, cor forte, que provocou choque, contraste com o verde. A cor também cobre a estética cromática dos partidos. Cada qual tem uma combinação de cores.

Mídia

A questão da mídia deve ser tratada com muita cautela, começando por um sistema de prevenção com foco em matérias negativas que possam abalar candidaturas e partidos. O Brasil vive uma quadra de muitos escândalos e denúncias envolvendo atores políticos e governos. Candidatos devem estar preparados para debater todos os tipos de assunto, inclusive aqueles que afetam diretamente sua imagem. Dependendo das regiões e cidades, os meios de comunicação podem exercer grande influência, exigindo dos candidatos contatos interpessoais com as direções e editorias dos veículos. O discurso específico às localidades é prioritário. Candidatos majoritários precisam de intenso preparo para participar de debates promovidos pelas principais cadeias de TV. Urge organizar um abrangente roteiro de perguntas e respostas, gerais e específicas, incluindo as chamadas "pegadinhas" ou "cascas de banana", que costumam flagrar o despreparo dos atores em momentos cruciais.

Embates

Um parêntese especial deve ser dado ao trato com os adversários. Ataques pessoais são inconvenientes. O embate com adversários deve ocorrer na esfera das ideias, dos programas e das ações, não no plano pessoal. Como veremos neste *Manual*, o bom senso constitui eixo do figurino psicológico e comportamental do candidato, que deve demonstrar segurança em torno de seus programas.

Comunicação

Ajustado o discurso, passamos ao planejamento da comunicação. Que canais podemos utilizar para transmitir as mensagens? Vejamos.

Material de propaganda

Em primeiro lugar, o material de propaganda, que deve estar pronto antes de começar a campanha para distribuição no dia de lançamento da candidatura, na convenção a ocorrer nos meses de maio ou junho.

Há canais que conferem maior visibilidade que outros. Um deles era o *outdoor*, hoje proibido pela legislação eleitoral. Tradicionalmente, as campanhas utilizam cartazes, cartazetes, santinhos e murais.

Cada canal tem sua função; o santinho é um veículo útil. Além de exibir a fotografia do candidato, ele pode apresentar no verso uma mensagem, compromissos de campanha, informações de utilidade pública (por exemplo, tipos e épocas de vacinas ou orientação para controle da concepção), calendário do ano ou do meio do ano, uma expressão religiosa, uma invocação. Termos religiosos, orações e ladainhas de santos padroeiros de regiões e municípios são bem-aceitos.

O planejamento de material de propaganda deve observar os padrões e a cultura local. As tiragens hão de levar em conta o formato e o manuseio dos materiais. Por exemplo, uma proporção adequada é o cálculo de cinco santinhos por eleitor. Trata-se de um impresso bastante consumido.

A legislação eleitoral impõe restrições e parâmetros à distribuição desses materiais, especialmente no próprio dia da eleição. Até o início de março de cada ano eleitoral, o Tribunal Superior Eleitoral (TSE) define diretrizes para as campanhas do período corrente, baseadas na Lei das Eleições (Lei Federal nº 9.504/1997). É fundamental que a assessoria do candidato tome conhecimento dessas diretrizes, consultando o site do TSE (http://www.tse. jus.br) e o próprio comitê de campanha do partido ou de sua coligação.

Agora, antes mesmo da oficialização dessas normas, o candidato deve ficar atento a proibições impostas pela legislação eleitoral a três tipos de propaganda antes muito comuns no Brasil: a distribuição de camisetas, chaveiros, bonés, canetas, brindes, cestas básicas ou quaisquer outros bens ou materiais que possam proporcionar vantagem ao eleitor (art. 39, § 6º); a utilização de *outdoors* (art. 39, § 8º), incluindo painel eletrônico ou similares (Resolução TSE nº 23.084, de 10.6.2009); e a realização de showmícios e o uso de trio elétrico em campanhas, exceto para sonorização de comícios (art. 39, § 7º).

Material jornalístico

Na comunicação, é importante trabalhar com os canais jornalísticos locais ou regionais (jornais, rádio, televisão, pequenas revistas etc.). A regra é a seguinte: quanto mais espaço conquistar nesses meios de comunicação, mais o candidato poderá estreitar o relacionamento com o eleitor. A assessoria de imprensa, quando bem-feita, abre espaços ao candidato. Em dado momento, será proibido aparecer na mídia jornalística, exigência da lei eleitoral. Porém, antes de começar a programação eleitoral, o candidato pode aparecer como fonte qualificada de comunicação, discorrendo sobre os problemas da cidade, escrevendo artigos, expondo seu ponto de vista, desenvolvendo conceitos em entrevistas. A meta é aproveitar os espaços que a mídia oferece.

Redes sociais

Com o fenômeno da internet, das redes sociais etc., também os recursos digitais passam a ser considerados estratégicos no planejamento de comunicação de uma campanha, respeitando-se sempre, é claro, os limites de prazo e o formato estabelecidos pela legislação.

Em primeiro lugar, é preciso ficar atento ao fato de que os grupos tradicionais de mídia migraram para versões eletrônicas em portais noticiosos e páginas em redes sociais, acessadas por computadores fixos, móveis ou mesmo de *tablets* e celulares. Novos grupos de mídia também emergiram nesse ambiente informacional e devem ser acompanhados ou monitorados pela assessoria de campanha.

Na atualidade, a internet já absorve boa fatia de verba publicitária, concorrendo com outros veículos, como jornais e revistas. Assim, os próprios grupos de mídia estão voltados para a grande atenção que o público concede aos meios digitais, tanto para entretenimento quanto para contatos pessoais e busca de informação.

Além disso, o público também passou a utilizar a rede para estabelecer uma relação direta com os canais de compartilhamento de informação, imagens, opiniões e produções próprias, como o Facebook, o YouTube e o Twitter. O candidato deve, assim, buscar sua inserção na web, um novo ambiente de sociabilização e difusão de informação que tem linguagem e dinâmicas próprias, muito diferenciadas da mídia convencional, chamada de analógica.

Linguagem

A regra básica da comunicação quanto à linguagem é: usar a expressão que o eleitor entende. Não adianta falar difícil para um cidadão que não vai compreender determinado repertório. Também não adianta querer ser populista, rebaixar a linguagem caso o candidato tenha alta bagagem intelectual. E jamais adotar termos chulos.

É fundamental explicar os fatos de maneira adequada, aberta, didática, adaptando a linguagem ao seu perfil pessoal, profissional e aos interesses do eleitor, sem populismo e extravagância. Cada tipo de veículo comporta códigos específicos.

Um bom parâmetro é a linguagem publicitária, de síntese, de apelo, conativa, usada nos materiais de propaganda. São textos concisos, objetivos, precisos, rápidos. Já os materiais jornalísticos podem conter um padrão de texto mais descritivo, detalhado, extenso e ainda assim objetivo, evitando a prolixidade.

Nos comícios, a linguagem deve ser expressiva, emotiva, entusiasmada. Há candidatos que se perdem por falar muito. Urge expressar o volume adequado, no momento e no tempo certos. Falas longas geram enfado no eleitor; já falar menos que o necessário pode sinalizar despreparo.

Contrainformação

O boato ganha a expressão coloquial: "Você soube disso, você soube daquilo?" Geralmente, o recado é de que o candidato está caindo nas pesquisas, desistindo, perdendo apoio. Na última semana de campanha, o candidato há de se preocupar em criar eventos de impacto, situação para ampliar a visibilidade e a possibilidade de ganhar mais votos. O chamado golpe psicológico, geralmente em torno de um caso impactante (uma denúncia, um grande encontro com as massas ou o anúncio de pesquisas de última hora que o coloquem na frente de outros), serve para alavancar candidaturas na reta final. Nas campanhas majoritárias – de prefeito, governador e senador –, é preciso manter uma rede de informação e *contrainformação* porque a boataria é muito comum. E o boato procura, quase sempre, derrubar a posição do candidato pelo estratagema das falsas pesquisas que aparecem em panfletos.

Distribuição e onipresença

Tratemos, agora, da questão da distribuição. Não adianta planejar e produzir materiais se eles não chegarem aos eleitores. Como vimos, esse é um dos principais problemas das campanhas. Às vezes, o material fica encalhado ou não obedece a um fluxo natural de distribuição. O eleitor deve ter acesso aos canais e ao candidato, e isso comporta eventos como comícios, passeatas, carreatas, contatos pessoais, porta a porta, mídias massiva e seletiva. Quando o candidato não se faz presente em determinado lugar, pode ser representado pelos auxiliares, cabos eleitorais que levam sua mensagem. O importante é garantir a presença do candidato nos lugares agendados. O sentimento de que o candidato é onipresente (de que está em toda parte) é vital para animar os eleitores.

Como no marketing há o que se chama de garantia de qualidade, no marketing político também deve existir a garantia da qualidade do voto. O candidato precisa corresponder às expectativas, dar satisfação ao eleitor. Periodicamente, apresentará sua ação política ou parlamentar no Executivo ou no Legislativo. A moldura social mostra um novo eleitor, uma nova sociedade, uma nova classe média que estão a exigir novas posturas e discursos. É a ampliação do espaço da cidadania. As pessoas querem participar mais ativamente do processo político, fiscalizando de perto seus representantes. A sociedade se afasta do político quando percebe que o processo de corrupção é muito forte. A descrença é grande. E, quando se avoluma, quem perde não é só o político, mas a própria instituição pública, pois o eleitor acaba desconfiando de toda a representação política.

Articulação

No processo de marketing, é fundamental a interação e maior aproximação entre candidatos e eleitores. Esse processo ocorre não apenas por meio da comunicação, mas também da articulação com a sociedade organizada, esforço que se faz por meio de linhas de apoio e criação de laços de simpatia. Usam-se os suportes do marketing segmentado, *verticalizado*, os quais reforçam os estímulos lançados pelo marketing massivo.

A segmentação se torna cada vez mais importante em uma sociedade organizada em torno de uma miríade de entidades: sindicatos, federações, clubes, associações de bairro, grêmios, núcleos diversos etc. Ou ainda por meio de grupamentos especializados: o industrial, o comercial, a dona de casa, médicos, engenheiros, advogados, dentistas, consultores, arquitetos, administradores, vendedores, empresários, taxistas, professores, líderes religiosos, jornalistas, artistas de televisão, militares, estudantes.

Enfim, o planejamento de marketing diferenciado objetiva estabelecer uma ligação do candidato com os públicos eleitorais especializados. Em vez de trabalhar com o conceito de classe social (A, B, C, D e E), buscam-se as categorias que formam opinião na sociedade. É interessante para o candidato se lançar com o apoio de um grupo profissional ou de um conjunto de profissionais liberais (via sindicato, associação, entre outros). Essa é a tarefa da articulação.

Entre as ações que podem ser desenvolvidas pela campanha dentro desse eixo, estão:

- Uma agenda especial para recepção e atendimento aos setores organizados – sindicatos, federações, associações, clubes, grupos com interesses comuns etc.
- Uma agenda especial para a área política.
- Um calendário de visitas aos órgãos e às lideranças expressivas da sociedade.
- Um calendário especial para os empreendedores de importantes nichos econômicos, como indústria, comércio e serviços.

Mobilização

Eventos de massa

O quinto eixo do marketing político é a mobilização. Responsável pela energia da campanha, ela comporta eventos, agenda, circulação do candidato pelos espaços regionais e junto às categorias de eleitores. Portanto, trata-se, agora, de mobilizar o eleitorado. Que tipo de evento se deve planejar? São os modelos voltados para o marketing massivo: passeatas; carreatas; caminhadas de rua, de porta a porta; além de eventos com grande número de eleitores, médias audiências e miniencontros com líderes comunitários – reuniões com cerca de 20 a 40 pessoas, na casa de uma liderança ou em bairros, onde o candidato possa expor seu programa de maneira didática e solicitar que esse discurso chegue ao conjunto da comunidade.

A frequência e a intensidade de pequenos eventos acabarão multiplicando a visibilidade e cobrindo bairros e regiões. Sugere-se atenção ao que recomenda a legislação eleitoral no tocante aos eventos massivos. Ela permite o uso de amplificadores e alto-falantes no horário entre 8h e 22h, mas proíbe, por exemplo, carreatas com trios elétricos ou a presença de músicos em comícios.

Há formatos e momentos certos para esses eventos. Carros de som devem tocar a música do candidato, com seu nome, um bom slogan, de fácil recordação, com a ideia básica sobre as propostas do candidato. Sobre os carros de som costuma-se colocar um telão de TV para que eleitores visualizem o candidato e suas ideias.

Carro de som em praças gera interação. Alguns candidatos filmam as pessoas, as quais aparecem nos monitores de TV. A interlocução com eleitores acaba sendo eficaz.

Reta final e dia D

As ações na reta final da campanha merecem estratégia diferenciada, pois esse é um momento em que todo esforço deve ser empreendido para atrair o voto de eleitores indecisos. Como fazer isso? Por meio de recursos para mobilização, comunicação, transmissão de novas informações, respondendo às dúvidas do eleitorado que ainda não decidiu o voto, além do arremate dos programas de ação. Aconselha-se um esforço final para conquistar, já quase na boca de urna, o voto de uma camada que, às vezes, chega a 10% do eleitorado.

Nas últimas semanas, é prudente que o candidato procure mais uma vez interpretar os sentimentos das bases, descobrindo os pesos relativos aos elementos motivadores de voto e escolhendo uma boa ideia para coroar o fechamento da campanha. O ideal é que ele seja ligado a um programa popular, objetivo, original e criativo.

Esse é o momento em que o grupo de colaboradores pode fazer diferença. Uma turma bem engajada e articulada que conquiste adesões espontâneas e até mesmo uma contribuição material ou em dinheiro (sempre dentro dos limites da legislação eleitoral). Uma sólida infraestrutura e uma boa equipe são indispensáveis ao fechamento da campanha e à conquista do maior número possível de indecisos.

Por fim, o dia D, dia da eleição. Trata-se do evento que culmina o esforço de meses. Daí a necessidade de um planejamento especial, com detalhes sobre mobilização, comunicação, esquema de votação do candidato, acompanhamento do processo eleitoral etc. Quais são as preocupações na reta final? Entre elas, a boca de urna. Apesar de proibida pela legislação eleitoral, o trabalho de abordagem direta das pessoas pelos cabos eleitorais e pelas equipes que fazem a distribuição do material é muito importante, principalmente em regiões de eleitorado influenciado pelas estruturas políticas. Os controles são severos. Mas todo esforço se faz necessário para coroar o processo eleitoral, conferindo grande visibilidade ao candidato, por meio da distribuição de santinhos. Como se sabe, não podem ser distribuídos materiais nas proximidades das seções eleitorais.

Nas campanhas majoritárias (de prefeito, governador e senador) é preciso manter uma rede de informação e contrainformação porque a boataria é muito comum, principalmente nos últimos dias. E o boato procura, frequentemente, derrubar a posição do candidato (sobretudo se exibe bons índices) pelo estratagema das falsas pesquisas que aparecem em panfletos, em especial às vésperas do pleito.

FATORES DE INFLUÊNCIA

O planejamento do marketing abriga, a par das questões abrangentes, as situações concernentes à micropolítica, os problemas regionais e locais, a cultura das cidades, as novas forças e lideranças das regiões, o potencial dos partidos, os pactos e alianças interpartidárias. Dessa análise desdobram-se novos eixos, decisões e escolhas que servem para definir estratégias e abrir o leque de possibilidades eleitorais.

Os eleitores exigem cada vez mais comprometimento com a realidade socioeconômica das regiões, donde se extrai a hipótese de um voto informal distritalizado, ou seja, mais identificado com o contexto local. Pouco adiantará fazer promessas mirabolantes. Os cidadãos desejam a melhoria da rua, do bairro, o desenvolvimento da região, o combate ao desemprego, mais postos de saúde, asfalto, escolas próximas, segurança dia e noite, transporte eficiente – enfim, o atendimento às necessidades básicas do cotidiano.

As pesquisas vêm demonstrando que quanto mais o candidato trabalhar com assuntos próximos à população mais será benquisto e aceito. Mas é preciso cuidado com temas polêmicos no campo da religião, da ética e do futebol. Despertam paixões e polêmica. Entre os assuntos que costumam gerar muitas controvérsias estão o aborto, a união civil entre pessoas do mesmo sexo, as manifestações violentas e a liberdade de circulação das pessoas.

A escolha do partido

O candidato deve examinar atentamente o quadro partidário. Precisa avaliar com muita cautela a que partido se unir um ano antes do pleito, caso não tenha filiação. Nem sempre uma grande votação é garantia de sucesso, pois se o partido for pequeno não terá coeficiente eleitoral para eleger deputados, por exemplo. Eventualmente, partidos pequenos alavancam candidatos quando apresentam perfis puxadores de votos, como foi o caso do dr. Enéas, presidente do Prona, que levou consigo mais quatro nomes para a Câmara Federal com sua votação de 1,5 milhão de votos.

Há um caso clássico de um candidato a deputado em São Paulo, Ricardo Nahat. Com boas propostas e obtendo quase 90 mil votos na campanha de 1994, não foi eleito porque não fez coligação com nenhum partido.

Portanto, é preciso examinar atentamente o quadro partidário, a imagem dos partidos na sociedade, as legendas mais benquistas e populares. É preciso analisar a tradição dos partidos, quais se identificam melhor com as causas sociais, obtendo seu potencial de voto.

Quando o candidato se inscreve em um partido, deve saber qual a votação necessária para se eleger em face do coeficiente eleitoral. Cada partido tem seu coeficiente para eleger candidatos. Somando os votos dos candidatos do partido aos votos dos candidatos do partido coligado, ter-se-á um coeficiente que é o somatório de X + Y. Esse coeficiente permitirá a um candidato se eleger com um número de votos menor que o de outro candidato de outro partido, mesmo que este tenha recebido votação mais expressiva.

Outro aspecto importante é verificar os nomes que encabeçarão a chapa majoritária da legenda escolhida. Para efeitos de ilustração, veja-se o caso de um candidato a vereador na chapa contrária a um prefeito muito popular. O prefeito vai puxar a chapa, fazendo a maioria da bancada. Uma chapa majoritária frequentemente carrega a chapa proporcional e impõe mais dificuldade aos adversários.

É aconselhável verificar muito bem quais são os candidatos com possibilidades eleitorais nas chapas majoritárias. Também se deve checar a chance de coligação com outro partido. Aconselha-se verificar o mapa da última eleição para analisar o desempenho dos partidos. E, por fim, analisar as imagens dos demais candidatos do mesmo partido e dos concorrentes das agremiações adversárias.

O foco no candidato

Os partidos encontram-se muito desgastados perante a opinião pública. Por isso, a comunicação deve estar centrada no candidato e não no partido, sem esquecer que a sigla é fundamental para efeito de composição eleitoral e alianças. Mas a imagem pessoal acaba prevalecendo sobre a partidária, situação que só mudará com a reforma política e o consequente adensamento dos partidos.

O formador de opinião

Passemos, agora, a uma apreciação sobre os segmentos eleitorais. A primeira consideração diz respeito às classes sociais: A, B, C, D e E. A estratégia é cercar os grupos eleitorais (segmentação por categorias profissionais) dentro de cada classe, verificando seu comportamento e suas perspectivas. Qual é a importância disso? Trata-se do esforço para localizar o voto e interpretar o sistema cognitivo dos conjuntos eleitorais. Por conseguinte, buscar as referências centrais nos grupamentos.

Essas referências expandirão o discurso para as margens. Trabalha-se com a teoria dos ciclos concêntricos, pela qual o discurso atinge primeiramente o meio da sociedade, a classe média, e, na sequência, espraia-se pelas margens, as classes D e E.

É como jogar uma pedrinha no meio da lagoa: a pedra faz círculos, marolas, até as margens. Da mesma forma, se o candidato conseguir atingir a classe média com seu discurso, esta, por meio de seus formadores de opinião (professores, funcionários públicos, comerciantes, profissionais liberais etc.), fará o discurso chegar às outras classes.

Valores

Discorramos, agora, sobre valores que engrandecem os perfis políticos e ajudam o candidato a atrair simpatia e decisão favorável do eleitor. Ressalta-se a ética. O candidato sério, decente e cumpridor de compromissos é bem-aceito e se encaixa no perfil desejado pelo eleitor. A desonestidade, a falta de idoneidade e de confiança afastam-no. Candidatos com um passado limpo e vida decente sempre terão vez no coração e na cabeça do eleitor.

Uma segunda categoria de valores é o discurso que mostre ação. O eleitor está descrente de verbos gastos, de uma locução extravagante. As posturas imobilistas afastam-no. O candidato que transmite impressão de incapacidade para realizar cai no descrédito. Em contrapartida, o conceito de empreendedor, pessoa ativa, dinâmica e corajosa encontra boa ressonância na sociedade. Outros conceitos que balizam o perfil aprovado pelo eleitor: autoridade, disciplina, assepsia política, equilíbrio, experiência, coragem, compromisso, despojamento, agilidade, dinamismo, credibilidade, coerência, transparência, proximidade do eleitor. Ressalte-se a ideia de transparência, de abertura e franqueza. Autonomia é outro valor importante. O candidato deve mostrar independência, a garantia de que pode efetivamente contribuir para resolver os problemas da população.

A sociedade está fiscalizando os atos do candidato. Por exemplo, se a campanha ocorre em uma região pobre, a utilização de propaganda exuberante e excessiva poderá agredir o eleitor. Muita gente vai perceber que as posses do candidato não permitem extravagâncias. E, de outro modo, é preciso cuidado com a fiscalização da própria mídia jornalística (jornal, rádio e televisão) que cobre os atos dos candidatos.

Muito cuidado com as denúncias. A mídia acaba descobrindo casos de corrupção. Os jornalistas estão atentos ao que se passa.

Conhecimento da realidade

É importante demonstrar conhecimento regional e local, além de domínio temático. Alguns candidatos ainda serão eleitos em troca de pequenos favores. Afinal, não se muda ou se renova a política da noite para o dia. Mas é irreversível a tendência de expansão do voto racional, com foco em candidatos experientes, sérios e comprometidos com o domínio das situações. Ganham cada vez mais terreno os perfis que demonstram condições efetivas de trabalhar os programas de suas administrações.

A ignorância de uns poderá levá-los à derrota. Cairão no poço do descrédito se disserem "Não sei" quando questionados sobre um problema fundamental. É preciso demonstrar conhecimento. Candidatos e assessorias devem se preparar, fazendo bem a lição de casa antes de a campanha começar. E que façam propostas viáveis, não mirabolantes.

POSTURAS

Além de valores como *ética, honestidade, idoneidade* e *transparência*, algumas posturas pertinentes ao estilo ou à vida pessoal do candidato devem compor seu perfil. A *cordialidade* é uma delas, pois representa um fator sempre muito importante para estabelecer interação entre candidato e eleitor. A antipatia e a arrogância estão provocando muita rejeição.

A *harmonia familiar* entra como elemento importante, indicativo de uma vida organizada e estável. Ao contrário, um candidato com vida pessoal desregrada passa a ideia de que fará o mesmo na área pública. Mas não dá para ajeitar a coisa da noite para o dia. O eleitor percebe quando depara com um perfil "fabricado". As mudanças de atitude precisam ser preparadas com antecedência e de maneira gradual.

A história do candidato, sua vida pública e privada, bem como os eventos de campanha, está na base do seu perfil e alicerçam sua *autoridade*, ou seja, a capacidade de demonstrar voz de comando, de dirigir a municipalidade, o governo de um estado ou de fazer uma eficiente representação no Legislativo.

O *equilíbrio* é outro valor fundamental, na medida em que proporciona ao eleitor segurança e confiança de que saberá conduzir os desafios e os conflitos de maneira moderada, evitando radicalismos, sem exacerbações nem fustigações.

PRINCÍPIOS E DIRETRIZES

Coerência

Queremos enfatizar agora a necessidade de operar uma fina sintonia entre o discurso do candidato e a imagem que ele projetará no eleitorado. Alguns princípios e diretrizes são aconselháveis.

A política e os políticos atingem o ápice do descrédito. E um dos primeiros fatores responsáveis por esse declínio é a ausência de coerência – que se multiplica na falta de compromissos, na manipulação e no embuste. Em nosso país, crescem a cada dia os exemplos de políticos flagrados recebendo propina e assessores com dinheiro na cueca.

Identidade e imagem = verdade

O candidato deve ter identidade forte, que configure um amálgama de sua história, de seus compromissos e de seu pensamento. A linguagem – tanto semântica (verbal) quanto estética (visual/gráfica) – expressa no discurso deve ser harmônica e traduzir a identidade. Em sentido figurado, podemos dizer que a identidade é o eixo da pessoa, e a imagem, a sombra que ela projeta.

Para compreender melhor o conceito, visualizemos a seguinte situação: ao meio-dia, exposta ao sol, uma pessoa tem a sombra sob os pés. Nesse caso, é como se imagem e identidade estivessem justapostas. Quando o sol vai declinando no horizonte, por volta das 17h, a sombra da pessoa se projeta lá adiante. Nesse caso, a imagem está bem distante do corpo, disforme, fragmentando a identidade. Quanto mais desce o sol, mais a imagem se afasta do corpo. Ou seja, ela fica muito distante da identidade.

No caso de um candidato, quando uma palavra está descolada da identidade (expressa pelo discurso e ações), ocorre uma descaracterização, uma distorção, algo que o eleitor percebe. Fica então muito visível a distância entre o que o candidato é e aquilo que pretende mostrar. Ocorre uma dissonância cognitiva, algo que não combina; por conseguinte, surgem dúvidas e desconfiança. Afinal, questiona o eleitor, qual é sua verdade?

Imaginem um candidato com imagem de sério, compenetrado, que na campanha começa a aparecer sorridente, improvisado e informal. O eleitor vai pensar: "Puxa, mas esse não é o candidato que eu conheço, que é sério e compenetrado". A imagem de descontração e informalidade, alegria e expansividade que o candidato quer projetar quebra sua identidade. Portanto, surge uma distorção, a qual, por sua vez, provoca uma dissonância, uma dúvida no processo de cognição do eleitor. É perigoso; por isso, recomendamos aos candidatos ajustar sua identidade, evitando ainda que a imagem seja muito teatralizada.

O chamado marketing da extravagância, mesmo que tenha servido para eleger alguns nomes, como o citado Enéas, só tem efeito em certas circunstâncias. O marketing precisa ajudar o candidato e potencializar, melhorar, e não descaracterizar sua identidade. Não se trata de deformar ou deturpar a verdade de um candidato, mas de fazer que sua imagem corresponda à realidade.

O discurso estético

No ajuste entre identidade e imagem projetada, emerge o chamado discurso estético. Ele diz respeito ao modo de se vestir, à maneira de falar – o candidato pode falar olhando para os olhos do eleitor, para o chão, para cima. No caso da televisão, por exemplo, aconselha-se que mire o olho do eleitor, focando o centro da câmera.

Já em um palanque ou compromisso direto com o público, falar expressando-se com as mãos, a boca, a sobrancelha e os olhos poderá causar efeitos de fácil assimilação, além de impacto. Discursar de maneira rígida, fria, sem gesticular, parecendo um boneco, não embala o eleitor. Os braços estimulam a aproximação, promovem contato. Mas é importante falar com naturalidade, demonstrando conhecimento dos problemas, apontando soluções, criando emoção, expressando sentimentos.

Quanto à maneira de se vestir, é preciso evitar o desleixo (roupa furada, suja etc.) e, de outro lado, o excesso de formalismo, especialmente em ambientes modestos, simples.

As cores são importantes. É aconselhável usar roupas que combinem com o visual da propaganda. Quem não sabe que o vermelho é do PT? Quando for para a televisão, o candidato deverá evitar camisas com listras e demais estampas que provoquem reverberação, manchas. Aconselha-se o uso de cores em tom pastel e de símbolos e ícones que ajudem a identificar a campanha.

A eficácia do discurso

O marketing costuma empregar um modelo bastante antigo, mas ainda eficaz, para obter a ressonância das mensagens nos indivíduos. É o acrônimo AIDA:

A = Atenção   I = Interesse   D = Desejo   A = Ação

O primeiro impacto de uma mensagem deve ser o de despertar a *atenção* do receptor, mobilizando *interesse*, *desejo* e, claro, uma *ação* propositiva em relação ao objeto que está sendo transacionado.

Na área do marketing político, as estratégias do discurso do candidato também devem considerar essas etapas. Vejamos.

- *Momento 1 – Atenção/impacto*: em uma campanha, o discurso do candidato (recheado por sua história, seu perfil e suas propostas) deve ser bem percebido. Assim, é necessário garantir uma base de visibilidade, por meio de diferentes recursos de linguagem (verbo + imagem) dos canais de comunicação.

- *Momento 2 – Interesse a partir da reação emotiva do eleitor*: a mensagem precisa ser capaz de despertar seu interesse, pois o discurso, mesmo que seja percebido, se não criar interesse, logo será esquecido. A "reação emotiva" diz respeito a tocar a mente e o coração das pessoas, mobilizando, entre outros, os impulsos básicos de sobrevivência que já abordamos neste *Manual*.

- *Momento 3 – Desejo de abraçar o discurso*: equivale a dizer que o discurso deve ser capaz de gerar o desejo de apreendê-lo, absorvê-lo e internalizá-lo (fazer entrar no sistema de cognição). Daí a necessidade, inclusive, da repetição do discurso – a redundância na política é outro fator importante. Repetir sempre é fazer que o eleitor grave a mensagem no sistema cognitivo. Isso lhe permite ser avaliado (de preferência, bem avaliado) e receber um grau elevado e positivo de diferenciação em comparação com o discurso do adversário.

- *Momento 4 – Atitude positiva com o candidato*: depois de receber o bom conceito, o discurso (com a identidade/as propostas do candidato) passa a despertar uma atitude positiva do eleitor, que tende a se engajar na campanha e a lhe dar seu voto.

Esses são os efeitos que devem balizar toda a edificação da linguagem verbal (escrita e falada) e visual (fotos, imagens de vídeo, ilustrações etc.) que resultará no discurso.

Por fim, o discurso pode ser enriquecido por histórias pessoais bem-sucedidas. Os indivíduos, de forma geral, gostam de conhecer trajetórias que deram certo, de pessoas que venceram pelo esforço pessoal, pelo altruísmo, pelo otimismo e pela confiança. Especialmente quando está no palanque, o candidato pode contar uma história em que aparecem símbolos e imagens do cotidiano local, nomes de pessoas do povo, fazendo analogias positivas, algo que funciona como apelo direto à multidão.

Como o discurso entra na mente

Vejamos, agora, como esses efeitos reverberam na estrutura cognitiva dos eleitores.

Em geral, as pessoas agem de três maneiras em relação ao que ouvem:

- Nivelam o discurso com o dos demais candidatos, colocando-o em certo nível de compreensão.
- Processam a interpretação de acordo com seu sistema de signos, seus impulsos, suas expectativas, ou seja, tudo que foi abordado nas seções anteriores deste *Manual*.
- Aguçam o que lhes chama mais a atenção.

Por exemplo, em uma conversa informal entre duas pessoas, aquela que fala é compreendida pelo interlocutor porque eles usam uma linguagem conhecida (não só a verbal como a gestual, a expressão facial, a carga de emoção na voz etc.). Por um processo de associação de ideias, o receptor nivela o discurso do interlocutor ao sistema de conhecimentos que ele domina. Ocorre assim um processo de compreensão/interpretação que se apoia no código comum da linguagem do emissor e do receptor.

Se o receptor gostou de algo que ouviu, acontece o seguinte fenômeno: sua atenção fica aguçada porque foi despertada por algo que o tocou mais de perto. Aguçada a atenção, a mensagem é *assimilada*. Então, ele passa a comprar a ideia. Ao contrário, se não gostar, ocorrerá o seguinte fenômeno: ruído, desvio ou esquecimento da mensagem.

Que conselho podemos dar para garantir a eficiência desse processo? *Escolher os pontos mais importantes, os aspectos básicos* que interessam ao eleitorado. Escolher os pontos mais *originais*. Quando se elege um aspecto original, criativo e interessante, cria-se maior atenção.

A dica é a de que a estratégia de marketing do candidato busque sempre a *criatividade* na apresentação de programas e ideias, repetindo alguns aspectos fundamentais (já falamos da *redundância*), mas surpreendendo com algo que repercuta fundo no coração e na mente do eleitor.

Ajustes do discurso

Quando descrevemos os vetores do marketing político e seus principais eixos, iniciamos, respectivamente, com o *mapeamento* e o uso de ferramentas de *pesquisa* como orientação ao desenvolvimento de uma estratégia de campanha.

Pois bem, o conhecimento do ambiente eleitoral deve ser continuamente atualizado por pesquisas providenciadas pelo *staff* de campanha. Isso porque, não apenas os novos acontecimentos podem interferir na decisão do eleitor, como a própria estratégia do candidato pode se revelar ineficaz em alguns pontos.

A pesquisa deve procurar avaliar o ambiente depois de iniciada a campanha, observando, por exemplo, se a proposta e o discurso do candidato estão sendo bem-aceitos. O candidato prepara de maneira eficiente seu discurso, começa a pronunciá-lo e acha que está indo bem. Mas é importante monitorar o discurso. Em alguns momentos, é necessário ajustá--lo, limpando os pontos falhos, aparando as arestas, mantendo os pontos considerados positivos.

MARKETING PERMANENTE, DE SUSTENTAÇÃO

ATÉ AQUI FORAM APRESENTADOS conceitos e reflexões que ajudam candidatos e suas equipes a programar uma campanha eleitoral. Nesta parte, nossa atenção se volta para o que o marketing costuma definir como *garantia de qualidade* ou "pós-venda".

Também no marketing político deve existir a preocupação de que o resultado conquistado pelo candidato proporcione satisfação contínua ao cidadão. Ou seja, o marketing político trabalha também com a chamada *garantia da qualidade do voto*. O candidato precisa corresponder às expectativas, dar satisfação ao eleitor – tema que abordaremos agora de maneira sumária.

Um candidato eleito precisa apresentar periodicamente a sua ação política (no Parlamento ou no Executivo) em consonância com a imagem que "vendeu" ao cidadão. Como já acentuamos antes, a atual conjuntura social mostra a emergência de um novo eleitor no Brasil, de uma classe média que começa a exigir novos discursos e posturas. Observa-se a consolidação dos espaços da cidadania.

Do presidente da República ao vereador, todos devem manter um compromisso com o voto recebido. Todos devem fazer um planejamento de marketing capaz de expressar a veracidade de seus compromissos.

Observe-se o caso de cargos executivos, como o de governador e prefeito, que carecem do marketing político para ampliar as pontes de interlocução com a comunidade, prestar contas periodicamente, criar vínculos e simpatia, abrir fluxos de acesso e *identificar pontos de estrangulamento nas estruturas burocráticas.* O Brasil precisa de um choque de gestão em toda a malha da administração pública. Essa é uma das prioridades absolutas de nossos governantes.

Já os parlamentares carecem de um sistema de marketing que preserve a aproximação e a interlocução com suas comunidades, suas bases eleitorais, processo fundamental para ancorar sua identidade e ampliar os espaços políticos.

Assim, apresentamos a seguir 12 passos para uma estratégia de marketing de sustentação. Certos conceitos – já bastante discutidos neste *Manual* – serão relembrados, como a questão da identidade e dos discursos semântico e estético, mas ganharão nova roupagem.

CONCEITO/IDENTIDADE

A administração pública trabalha com vários programas, ideias e realizações. Isso pode resultar numa verdadeira colcha de retalhos sob o aspecto da imagem dos governos. A identidade de uma autoridade executiva acaba canibalizada ou distorcida por essa multiplicidade de ângulos.

As administrações não sabem transmitir o essencial de seus programas; ficam retidas no varejo com atividades rotineiras, que dividem a atenção com as ações ou conquistas prioritárias. O resultado aparece na imagem de uma gestão amorfa, sem marca própria. Selecionar as áreas e os programas prioritários do Executivo e associá-las a conceitos-chave, palavras de comando e ideias-síntese servirá para orientar um programa de comunicação do governo. Ou seja, trata-se de selecionar os programas mais importantes e simbólicos da administração e torná-los carros-chefe da imagem governativa.

Essa noção de prioridades e conceitos-chave pode ser aplicada também ao marketing parlamentar.

IMAGEM

O estabelecimento dessa plataforma se completa com a adoção de uma proposta de identidade visual única para todo mandato/administração. No caso desta última, isso deve balizar todas as inserções na mídia, em folhetos ou cartilhas destinados à população, em veículos oficiais, placas ou canteiros de obras etc.

O programa de identidade visual representa uma roupagem, uma vestimenta para a administração, devendo conter os conceitos de modernidade, agilidade, eficiência, tecnologia, ética, seriedade, harmonia e beleza plástica.

AJUSTES

É muito comum as pessoas questionarem a possibilidade ou não de corrigir, alterar ou mesmo formar um conceito no meio de uma gestão ou de um mandato.

Sim, é possível, mas os custos serão mais elevados. Quem começa antes tem mais tempo de desenvolver, testar e aperfeiçoar as ideias centrais. Quem começa depois terá de usar uma artilharia mais pesada de comunicação; a ofensiva terá de ser maior para conseguir internalizar, em menos tempo, as realizações feitas em prol da população. Nesse aspecto, é fundamental que gestores e legisladores tenham em mente que os mandatos políticos conhecem um ciclo de vida muito próprio, contendo de cinco a seis fases. Da compreensão dessas etapas depende uma estratégia bem afinada de marketing político. São elas:

1. O início do mandato do administrador ou parlamentar (primeiros seis meses).
2. O ajuste da identidade (segunda metade do primeiro ano).
3. A fase de crescimento (em geral, no segundo ano).
4. A fase de consolidação e maturidade (terceiro ano).
5. O clímax/auge (no último ano, fase política).
6. O declínio (ocorre com aqueles mandatos que não conseguiram, até seu final, imprimir um conceito, marca ou diferencial). Antes de findar o ciclo, a administração entra no fosso da má avaliação.

MONITORAMENTO

Marketing sem pesquisa é improvisação – antes de uma campanha eleitoral, durante ela ou ao longo do percurso de uma gestão ou mandato. Muito já falamos sobre a necessidade de conferir os anseios, aspirações, demandas e expectativas da população.

Existem administrações que percebem, com o tempo, que aquilo que lhes era prioritário não reverbera da mesma forma na sociedade, ou, até mesmo, que está indo na contramão dos desejos do povo. Uma boa ferramenta para as gestões públicas é a pesquisa qualitativa, adequada para aprofundar os temas trabalhados pelo governo.

ORGANIZAÇÃO

Há um erro muito comum entre as assessorias governamentais e de parlamentares: em geral, elas consideram como alvo da comunicação pública tão somente os veículos massivos, de âmbito nacional ou estadual, como jornais, rádio, televisão e, agora, principais portais da internet.

No entanto, é preciso considerar veículos regionais e locais; canais de comunicação de entidades de classe, profissionais e de trabalhadores (que definimos como marketing seletivo); e a criação de mídia própria, com jornais, boletins, periódicos, inserções na internet, murais, vídeos e até mesmo os materiais da comunicação administrativa, como correspondências e relatórios, nos quais se pode inserir a logotipia visual da administração.

O uso correto dessa malha amplia os espaços de visibilidade de um mandato executivo ou legislativo.

ARTICULAÇÃO INSTITUCIONAL

Outro braço importante do marketing de permanência está na articulação institucional, seja com forças sociais organizadas, seja com entidades. As formas de expressão e mobilização de grupos organizados, sindicatos, associações, federações e organizações não governamentais têm avançado politicamente. Eles constituem importantes formadores de opinião; muitos têm veículos próprios de comunicação ou espaços na grande mídia e devem fazer parte da agenda governamental ou legislativa.

ARTICULAÇÃO POLÍTICA

Também as áreas políticas institucionalizadas devem fazer parte da agenda de contatos e do cronograma de atividades do administrador público. Este encontra na articulação política a possibilidade de ganhar mais celeridade e fluidez nos processos que dependem do Legislativo. O parlamentar, por sua vez, deve estreitar os laços com lideranças e outras esferas da instituição política para ampliar apoios e círculos de amizade.

CONTATO COM AS MASSAS

O contato com as massas fornece ao administrador público o alimento energizador de seu organismo político. Isso representa uma estratégia de visibilidade direta, mediante um contato físico, presencial. Por meio dessa atenção ao cidadão, o gestor provoca uma reação emotiva carregada de simpatia, empatia, confiança, credibilidade, engajamento e solidariedade, valores que integram a maquinaria psíquica das multidões.

HARMONIZAÇÃO DA LINGUAGEM

Esse é um dos maiores desafios das administrações públicas no Brasil. Há ciúmes e vaidades nas equipes, conflitos de ideias, feudalização de espaços etc. Sem a imposição da padronização de uma identidade a toda gestão, sobram espaços para a criação de versões e mal-entendidos.

Os administradores precisam encontrar um ponto de referência comum, harmonizando linguagens e pontos de vista e evitando a fragmentação da imagem do governo.

PRESTAÇÃO DE CONTAS À POPULAÇÃO

Pesa sobre as administrações brasileiras o vício da falta de clareza e transparência no trato com os bens e processos públicos. Os reflexos acabam gerando uma nuvem generalizada de suspeição sobre todos, especialmente porque chovem denúncias de favoritismos em torno da gestão da máquina e do dinheiro do Estado.

Os homens públicos devem garantir o compromisso de resolver a distorção, implantando um programa de prestação de contas periódica à população. Também devem garantir o cumprimento da lei federal de acesso à informação.

MARKETING DO ADMINISTRADOR/LEGISLADOR

É difícil e muitas vezes impossível mudar o comportamento e a identidade de uma pessoa. Mas é viável ajustar sua identidade, corrigindo posturas e discursos, buscando novas ênfases e propostas. Governantes e parlamentares devem se submeter, assim como os próprios assessores, a programas de reciclagem para se alimentar de informações, ideias, parâmetros e aprofundar o conhecimento das áreas econômica, administrativa e política. Devem conhecer outras experiências e buscar permanentemente a criatividade e a inovação.

ESTRUTURA DE COMUNICAÇÃO E MARKETING

É fundamental que o programa de marketing e comunicação seja desenvolvido em uma estrutura adequada, com recursos e meios necessários para a operação. Não adianta almejar sucesso de marketing com suporte precário.

> *Marketing não é jogo de palavras, não é utopia nem abstração. É pesquisa, discurso, comunicação, articulação e mobilização social. Não é apenas comunicação ou promoção. É um dever dos governantes prestar contas dos seus compromissos e obrigações e um direito dos cidadãos saber se o discurso dos governos corresponde à verdade.*

GESTÃO DE CRISES POLÍTICAS E ELEITORAIS

CRISE É DESEQUILÍBRIO DE um sistema. A palavra indica certo grau de desordem. Na acepção grega, o termo comporta planos diversos: conjuntura perigosa, momento decisivo, sentença, escolha, justiça, castigo, pena.

Trata-se de um dos termos mais recorrentes para significar que "as coisas estão fora do prumo". Situação que pode atingir uma campanha eleitoral em pleno andamento, assim como a um mandato parlamentar ou a determinado governo.

Mas, se nos aproximarmos do que a expressão "crise" comporta no ideograma japonês, observamos, além do perigo, a abertura de um vasto campo de oportunidades. Ou seja, um sistema em crise pode aproveitar o momento que o envolve para se expandir, evoluir, inovar, melhorar, abrir alternativas, aperfeiçoar.

Eis a composição em japonês para o termo "crise": KIKI. São dois ideogramas, o primeiro representando o perigo, o sinal de alerta; o segundo, as oportunidades, a melhoria, as chances, a solução.

CLASSIFICAÇÃO

O vasto território das crises no âmbito político e institucional abriga uma cadeia de elementos e situações inusitados ou extraordinários, que assim podem ser descritos:

- Denúncias ou flagrantes de corrupção, desvios.

GESTÃO DE CRISES POLÍTICAS E ELEITORAIS

FIGURA 8 • IDEOGRAMA JAPONÊS PARA A PALAVRA "CRISE"

- Falhas gritantes na prestação dos serviços públicos.
- Greves em áreas vitais: rede hospitalar, coleta de lixo, abastecimento de água.
- Conflitos de rua provocados por mobilizações de massa, greves.
- Impactos produzidos na vida social por atos criminosos (sequestros, sabotagens, assassinato de pessoas em escolas, estádios etc.).
- Desastres naturais cujas consequências sejam agravadas por erros de gestão pública.

EFEITOS SOBRE A IMAGEM

Gradações de impacto

Os efeitos das crises na imagem do gestor público, do parlamentar ou até mesmo do candidato podem ser escalonados em cinco diferentes graus:

TABELA 1 • GRADAÇÕES DE IMPACTO NA IMAGEM

CONSEQUÊNCIAS	IMPACTO SOBRE A IMAGEM/PESO
Muito graves/muito relevantes	5
Graves/relevantes	4
De intensidade média	3
Suaves	2
Muito suaves	1

Tipos de patrimônio atingido

Os impactos atingem os dois patrimônios constitutivos da imagem de uma instituição ou autoridade: o tangível (bens físicos, materiais, recursos financeiros, tecnológicos etc.) e o intangível. No campo político-institucional, vale destacar principalmente os danos incidentes sobre o patrimônio intangível, composto pela identidade, pela imagem e pela marca dos mandatos e administrações.

O patrimônio intangível resulta de longos anos de investimento na construção de uma identidade e no conceito de uma gestão, tendo por isso valor incalculável. Esse patrimônio junta aspectos da história de um agrupamento/nome, seus processos, condutas e práticas; enfim, conhecimento. No caso das organizações privadas, o valor do patrimônio intangível de algumas marcas supera o valor tangível (medido pelos bens).

Dimensões do impacto

Um agrupamento político, partidário, um nome ou mesmo uma organização privada alcançam, depois de anos de trabalho e atuação, um posicionamento diante dos diversos públicos com os quais mantêm relações, que pode ser avaliado sob o prisma de valores conquistados: fama, prestígio, seriedade, reputação e respeitabilidade, entre outros. Esse rol valorativo é, por sua vez, fruto dos investimentos realizados nas seguintes frentes de identidade (conceito) e imagem:

Dimensão conceitual: percepções positivas de valores e princípios pelos públicos-alvo a respeito dos agrupamentos/nomes.

Dimensão funcional: nesse caso, as percepções ocorrem no campo dos serviços concretamente oferecidos pelas gestões ou mandatos vinculados a dado agrupamento/nome. Exemplo: a adoção de um novo programa na área da saúde que seja historicamente identificado com determinada bandeira partidária ou com um candidato/nome específico.

Dimensão emocional: trata-se do composto emotivo que os agrupamentos/nomes conseguem formar nos sistemas cognitivos do público-alvo, em função de fatores como proximidade dos eleitores, experiência de gestão ou mandato parlamentar, respeitabilidade, seriedade, boa política de comunicação etc.

A ÁRVORE DA CRISE E COMO ADMINISTRÁ-LA

Tentemos visualizar a crise na forma de uma árvore, conforme a imagem a seguir – que incorpora diferentes esferas da vida social, como as organizações públicas e privadas, o mercado e o âmbito político-institucional.

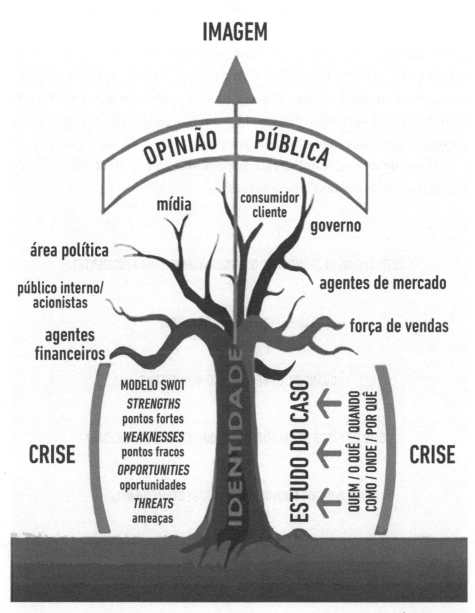

FIGURA 9 • A ÁRVORE DA CRISE

O tronco da árvore é a *identidade*, o conceito das organizações, agrupamentos ou nomes. Essa identidade, como já se explicou, é fruto da história, dos processos, dos serviços efetivamente prestados, da tecnologia, da tradição, dos produtos fabricados.

Os resíduos de conhecimento arquivados pelo sistema cognitivo dos diversos públicos geram a *imagem*, e estes formam a cadeia da *opinião pública*.

Estudo do caso

A administração da crise começa com o *estudo do caso* – que, no desenho, está ao lado direito do tronco. O propósito é o de mostrar que, dependendo do tratamento a ser dado, o fato gerador da crise poderá afetar diretamente o tronco da árvore, ou seja, macular sua identidade.

O estudo do caso implica buscar respostas claras, objetivas, diretas e circunstanciadas a estas cinco questões:

QUEM SÃO OS RESPONSÁVEIS DIRETOS/INDIRETOS PELO INCIDENTE?

O QUE EFETIVAMENTE OCORREU?

QUANDO E ONDE O EVENTO ACONTECEU?

COMO OS FATOS SE DESENROLAM E QUAIS FORAM AS CAUSAS?

QUE INDÍCIOS PROVOCARAM O INCIDENTE/ACIDENTE?

FIGURA 10 • **ROTEIRO BÁSICO PARA O ESTUDO DO CASO**

Modelo SWOT

Ao lado esquerdo do tronco, estão as questões da análise SWOT:

- *Strengths* – Pontos fortes/forças.
- *Weaknesses* – Pontos fracos/fraquezas.
- *Opportunities* – Oportunidades.
- *Threats* – Ameaças.

Sugere-se que se faça uma densa planilha com a descrição de elementos/fatos/hipóteses para os quatro eixos da análise.

Ciclos

A planilha a seguir servirá de roteiro para a gestão dos *cinco ciclos que balizam a crise*:

- *Emergência/aparecimento*: os fatos/indícios começam a ser anunciados.
- *Crescimento*: os fatos são pulverizados pela mídia.
- *Consolidação*: o incidente passa a ser horizontalizado/formação da opinião pública.
- *Clímax*: a crise chega ao ápice com bombardeio frenético da mídia.
- *Declínio*: os fatos entram em declínio nas frentes de visibilidade.

Públicos-alvo

Os galhos da árvore são o hábitat dos públicos-alvo. Na interface com o contexto político-institucional, destacamos os seguintes públicos-alvo:

- Cidadãos/eleitores (consumidores/clientes) – afetados diretamente pela crise.
- Organizações privadas (acionistas, agentes financeiros etc.) – também podem ser afetadas pela crise, na medida em que esse tipo de incidente muitas vezes leva à interrupção parcial ou total de suas atividades e tem impacto nos custos e no faturamento.

- Governo e suas estruturas – agências governamentais, ministérios, sistemas de controle/vigilância, autoridades nas instâncias federal, estadual e municipal etc.
- Mídia – a mídia é o supridor do oxigênio da opinião pública, bombeando os pulmões dos segmentos sociais.
- Esfera política – a esfera política age sob pressão da opinião pública, e as crises costumam ingressar no espaço do Parlamento.

Cada público deverá receber tratamento de acordo com seu porte, sua identidade e suas relações com os demais entes que enfrentam crises.

Caracterização do cenário e administração da crise

Há muitos interesses envolvidos em uma crise. Interesses que levam em conta o jogo de vantagens/desvantagens de uns e outros com o desdobramento dos fatos.

Nesse sentido, apresentamos um roteiro para identificar as posições que grupos/pessoas/concorrentes/consumidores/governos assumem diante das crises. Entre os aspectos e segmentos a ser trabalhados estão:

- Pessoas e grupos de interesse.
- Análise dos interesses explícitos de determinados grupos para tirar proveito de uma crise.
- Análise dos interesses subjacentes (escondidos) de grupos para tirar proveito de uma crise.
- Forças de pressão/contrapressão internas e externas. As primeiras advêm de setores que concorrem com as instituições e/ou autoridades com as crises. Já as externas provêm de núcleos da sociedade organizada (movimentos ligados à moradia, ao transporte, aos sem-terra, à defesa do consumidor, de preservação/conservação ambiental etc.) despertados pela mídia.
- Identificação dos argumentos das forças de pressão: é preciso detalhar os aspectos/pontos/abordagens críticas e verificar a coerência/densidade dos argumentos em face de dispositivos técnicos e legais.

Definição da postura (estratégias de ação)

- *Defesa* – Apresentação de contra-argumentos aos pontos levantados pelas forças de pressão.
- *Ataque* – Esgotadas as possibilidades de interlocução ou de respostas midiáticas, administradores, gestores e governantes poderão acionar os mecanismos da Justiça para solicitar reposição de conceitos, programas e ações que foram alvo de bateria de denúncias (falsas).
- *Busca de consenso/equilíbrio* – Sempre que possível, sugere-se a procura de harmonia nas relações entre os atores envolvidos nos acontecimentos.
- *Estática* – Deixar os fatos/informações fluírem sem dar satisfação às pressões e críticas. Alternativa que pode ser interessante em certos casos.

Definição do posicionamento do discurso

Nesse ponto, a recomendação aponta para três eixos:

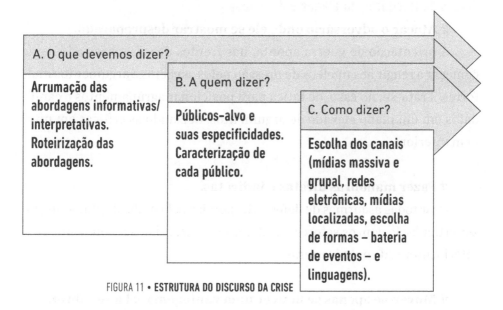

FIGURA 11 • ESTRUTURA DO DISCURSO DA CRISE

Princípios, táticas e estratégias

Cada crise tem sua especificidade, seus elementos determinantes e componentes. Daí a necessidade de uma análise profunda sobre os fatos. Mas alguns princípios usados em conflitos/guerras podem ser pinçados. O roteiro apresentado nas subseções a seguir, baseado na leitura de Sun Tzu (*A arte da guerra*), serve de baliza ou pano de fundo para as estratégias de gestão das crises. As orientações servem apenas como ligeira referência, pois foram adaptadas aos fatos geradores das crises.

Plano da meta

 # Lutar e vencer todas as batalhas não é a glória suprema; a glória suprema consiste em quebrar a resistência do inimigo sem lutar.

O conselho dos senhores da guerra é tentar romper as linhas inimigas sem lutar. Transportando o princípio para o palco das crises, o conselho sugere evitar fortes barulhos, buscar a via do diálogo, expor argumentos que possam amenizar as críticas. Ou seja, evitar os enfrentamentos, se essa meta for possível.

Planos do território, do ataque e da defesa

 # Atacar o adversário onde ele se mostrar despreparado.

A orientação de guerra aponta, nas frentes de crise, para a ideia de começar a reagir aos núcleos de pressão pelos aspectos e argumentos mais fortes. Trata-se, no caso, de tática para posicionar agrupamentos e candidatos em um plano elevado de argumentos, deixando as críticas em nível bem inferior.

 # Fazer manobras diretas e indiretas.

Usar todas as formas de defesa. Responder pela mídia diretamente, fazer articulação com os setores envolvidos na crise, dialogar com parceiros/interlocutores de outras esferas.

 # Mover-se apenas se houver uma vantagem real a ser obtida.

Quando o ator em crise se movimenta de maneira proativa, tomando a iniciativa de mostrar todos os lados da questão, e busca diálogo com representantes dos públicos-alvo, pode aliviar o tom crítico e diminuir o grau de pressão. Ou seja, a proatividade, em certos casos, gera vantagem.

Não demorar em posições perigosamente isoladas.

Evitar estática. Deixar de responder ou responder de maneira muito lenta a determinado teor crítico passa a impressão de reconhecimento de culpa.

Não acampar em região difícil.

Não passar muito tempo fustigando os grupos de pressão com as mesmas respostas. Se o terreno temático é muito arenoso, procurar sair dele. Evitar entrar em polêmicas que redundem em prejuízo na perspectiva do discurso.

Cruzar o riacho no ponto mais propício.

Estudar o mapa descritivo das denúncias e das críticas e escolher o aspecto que propicie a melhor e mais completa (e convincente) resposta.

Tornar-se o "inimigo"; ver-se com os olhos do "inimigo".

Os comunicadores/articuladores e administradores das crises devem fazer o exercício de se colocar na posição dos grupos críticos. Seria interessante, por exemplo, que se postassem na posição dos jornalistas.

Há estradas que não devem ser percorridas e cidades que não devem ser sitiadas.

Existem assuntos que não precisam ser debatidos exaustivamente. Algumas abordagens devem ser evitadas, sob pena de fornecer mais munição à artilharia midiática.

Há exércitos que não podem ser atacados e posições que não podem ser discutidas.

Usar o bom senso e escolher os alvos para respostas. Estas devem evitar debates, dissensos, pontos polêmicos. Os batalhões midiáticos, sempre dispostos a abrir o verbo crítico, precisam ser esclarecidos e não combatidos, sob pena de deflagrarem campanhas denunciatórias.

Plano da mensagem

Simplificar a mensagem.

Produzir textos simples de informação, explicação, argumentação, interpretação. Textos que respondam aos quesitos: clareza, objetividade, concisão, precisão.

Entender que, nas crises, "menos é mais".

Quanto mais conciso o argumento, quanto menor a polêmica, mais rápida poderá ser a equação dos problemas. Ao contrário, o detalhamento excessivo de abordagens contribui para a impressão de ruídos e balbúrdia.

Afiar a mensagem para que ela corte a mente.

A mensagem deve conter um ponto forte, muito forte, cortante, que funcione como chamariz, com apelo direto/emotivo. No plano da linguagem, o conselho aponta para o uso de palavras de fácil compreensão (denotação) e intenso envolvimento (conotação).

Livrar a mensagem de ambiguidades para fazer perdurar a impressão nos públicos-alvo.

Há uma tendência, nos ambientes de crise, de reunir aspectos conceituais, técnicos, alguns de difícil compreensão. Imaginam alguns articuladores que a mensagem que faz curvas é oportuna por desviar a atenção dos leitores/eleitores. Errado. Mensagens com dribles e firulas provocam um efeito bumerangue. Voltam-se contra as fontes inspiradoras. Evitar, portanto, ruídos e curvas nas mensagens.

Planos tático e comportamental

Princípios para orientar administradores de crises, fontes, porta-vozes e interlocutores:

- Convocar a mídia e mostrar disposição para esclarecer os fatos.
- Caso haja dúvidas a respeito dos fatos, procurar, previamente, preencher todas as lacunas com informações, dados e abordagens adequadas.

- Evitar a postura do avestruz.
- Não temer entrar na arena de guerra (enfrentar a crise com coragem, sem medo).
- Evitar dizer: "Não tenho nada a declarar".
- Evitar formação de redes informais – teia de boatos.
- Expressar as ideias com calma e segurança.
- Ser objetivo e conciso.
- Procurar o máximo de compreensão.
- Não tentar ser brincalhão, galhofeiro.
- Evitar sofismas.
- Evitar trapacear os ouvintes com informações fantasiosas.
- Não deixar denúncias sem resposta.
- Não transmitir a imagem de arrogante.
- Não procurar exagerar na tentativa de atenuar os fatos. Apresentar justificativa plausível; a tática de engodo será percebida.

Mais algumas lembranças/recomendações/sugestões:

- Prevenir é melhor que remediar.
- A verdade sempre aparece.
- Se um grupo dispõe de um sólido sistema de valores, as chuvas da tempestade não causam danos irreparáveis.
- Os valores são permanentes.
- As chuvas de tempestade são fortes, porém passageiras.
- Estabelecer estreita articulação com editores, jornalistas especializados, cabeça da mídia.
- Constituir boa articulação com autoridades.
- Estabelecer articulação com setores, entidades, ONGs – representantes dos públicos atingidos.
- Ações internas – endomarketing.
- Envolver diretores e chefias.
- Homogeneizar a linguagem.
- Preparar cartilha com perguntas e respostas.

- Organizar um grupo para analisar, acompanhar e administrar a crise.
- Treinar porta-vozes.
- Preparar materiais – notas, sugestões de pauta, roteiros etc.
- Produzir anúncio – preciso e conciso – para veiculação publicitária (se for o caso – avaliar impactos).
- Contratar assessoria especializada em comunicação/administração de crise.

O GUARDA-CHUVA DA IMAGEM

As crises são administradas com maior eficácia em agrupamentos, autoridades e/ou candidaturas que, ao longo do tempo, pratiquem uma boa política de comunicação. Aqueles que decidem investir em comunicação apenas porque foram obrigados, por circunstâncias temporais, pagam muito mais alto o preço do desleixo.

Em tempos de turbulência e grande descrédito das instituições, a imagem construída ao longo dos anos, funciona como um pêndulo. Entidades ou nomes com boa comunicação têm imagens positivas. A recíproca é verdadeira.

E o que é uma boa comunicação?

Trata-se de um esforço para planejar e executar um conjunto de técnicas, processos, formas e métodos que visem à proteção da identidade/imagem.

A compreensão dessa tarefa conduz o formulador ao campo ocupado por algumas leis da comunicação. Esse conjunto de leis funciona como um guarda-chuva da imagem.

A hipótese é: *as leis da comunicação, usadas de maneira intensa e sinérgica, funcionam como teias de proteção à imagem de agrupamentos/nomes ligados a gestões de governos, de organizações públicas e privadas e de mandatos, aliviando os impactos de eventuais crises.*

As leis são as seguintes:

- LEI DA VISIBILIDADE – Quanto mais visível um agrupamento ou nome, maior a probabilidade de atrair a atenção de consumidores e outros públicos-alvo. Em consequência, firma-se o entendimento: entidades/nomes mais visíveis conquistam mais espaços de simpatia, respeito e credibilidade na opinião pública.

- LEI DA PERSPECTIVA TEMPORAL/ESPACIAL – A imagem é um composto que se projeta no espaço e no tempo. Os ciclos da vida de um agrupamento/nome devem respirar o clima do momento, incorporando os valores e costumes da época. Dessa forma, o agrupamento desenvolve sua imagem na perspectiva de integração ao espírito do tempo, princípio transcendental para a conquista dos públicos-alvo.

- LEI DA REDUNDÂNCIA – Quanto maior a presença de um agrupamento/nome diante de seus públicos-alvo, maior a possibilidade de ser lembrados e, consequentemente, mais estreitos os laços com seus focos. Essa hipótese se corporifica por meio da redundância (repetição) de suas mensagens/valores/princípios nas campanhas midiáticas (publicitárias e jornalísticas).

- LEI DA COERÊNCIA – A coerência é um valor que produz unidade no conceito e na imagem. O valor da coerência se apresenta na defesa contínua e consistente de posições e pontos de vista que, ao longo do tempo, servem como diferencial de imagem, corroborando o conceito do agrupamento/nome.

- LEI DA CREDIBILIDADE/FORTALEZA – A credibilidade é uma das principais metas ao alcance das estratégias de fixação da imagem. Trata-se do posicionamento do conceito no sistema cognitivo dos receptores, significando a crença nos padrões, nas práticas, nos gestos e nas atitudes de um agrupamento/nome e a conquista de confiança nos produtos fabricados.

ARTICULAÇÃO/RELACIONAMENTO COM A MÍDIA

A eficácia da administração de crise implica um programa de relacionamento com os meios de comunicação e com os jornalistas, particularmente com os quadros que cobrem as áreas temáticas e seus respectivos editores.

A política de relacionamento com a mídia deve abrigar princípios e compromissos, entre os quais, selecionamos os seguintes:

- Evitar a simples cooptação – O fato jornalístico obedece a um conjunto de elementos componentes e determinantes que justificam e amparam as tarefas dos profissionais de imprensa. Entre eles estão a significação social, a raridade, a surpresa, a relevância, a proximidade, a proeminência, as consequências, os conflitos, a exclusividade, aspectos relacionados aos dramas e às comédias humanas. Portanto, os fatos jornalísticos pressupõem uma base, justificam-se. E não será com argumentação frouxa, objetivando cooptação do jornalista, que se conseguirá atenuar os fatos captados e diminuir o impacto de matérias.

- Oferecer um bom produto, uma boa informação – Os jornalistas procuram boas informações. Na esteira de uma crise, poderá haver informação substantiva, densa e nova. A oferta de escopos informativos, em resposta, poderá servir de base para uma efetiva e positiva relação com os meios de comunicação e seus profissionais.

- Ser solícito, evitar esconderijos – "Quem não deve não teme." O ditado serve de baliza aos comunicadores. Fazer-se presente, evitar fugir ao assédio jornalístico, atender aos pedidos são conselhos oportunos. É evidente que abusos devem ser evitados, principalmente quando repórteres, inconformados com as respostas, tentam insistir com questões que possam ser consideradas "impertinentes". Mesmo nesses momentos urge ser cauteloso, evitando mensagens irritadiças e nervosas.

- O uso do *off* – O delineamento de cenários em *off* (com exposição de informações que não podem ser veiculadas) pode ser interessante particularmente nas crises de caráter político ou que envolvam atores da cena institucional (poderes Executivo, Legislativo e Judiciário). Em determinados casos, informações em *off* ajudam o profissional a estabelecer uma moldura mais justa e adequada, promovendo uma composição mais acertada e fiel aos acontecimentos.

- Distinguir informações, versões, boatos e "plantações" – Conferir o grau de acerto e erro das informações divulgadas, a fim de dar as melhores e mais adequadas respostas. Versões e boatos driblam os fatos e as "plantações" expressam pontos de vista e abordagens interesseiras de setores e grupos.

- Mostrar novos ângulos de um tema – Sempre que possível, deve-se apresentar uma nova angulação para determinados fatos. Esse novo posicionamento poderá mudar os eixos temáticos que são tratados de maneira espetacular por alguns veículos. É importante procurar elogiar os textos bem elaborados e de abordagem imparcial.
- Buscar sempre a correção da informação errada – O comunicador tem o dever e o direito de buscar repor a verdade diante de fatos veiculados com erros e vieses. Precisa, ainda, cultivar a confiança dos repórteres que cobrem o setor e só apelar para editores e/ou diretores em uma última instância. Leia-se: após tentativa de resgatar os fatos verdadeiros, inclusive por carta/documento escrito, e se não conseguir publicação da resposta.

Os próximos capítulos examinam fenômenos apontados na parte inicial deste *Manual* próprios do marketing político (eleitoral e permanente) e, ainda, procuram radiografar nossa herança cultural na área, pano de fundo dos embates eleitorais. Os aspectos centrais do processo político-eleitoral são analisados à luz das mudanças que se processam na sociedade. A ideia que se extrai, ao final, é a de que se impõe ao país um novo regramento para o marketing político: mais focado nas demandas, no clamor das ruas, nas reformas essenciais, e menos na espetacularização da política.

PARTE II

CONDIÇÕES, VETORES E ATORES DAS CAMPANHAS

∎ O POVO

O POVO NÃO É uma ficção. E nem mesmo se presta a ser massa de manobra, como ainda assim o classifica uma categoria de políticos ultrapassados que pensa em se perpetuar no poder com uma mala de dinheiro na mão, uma promessa na boca e a enganação do aperto de mãos. Há, é claro, milhões de deserdados que abrigam sua sobrevivência debaixo do manto cooptador dos feudos eleitorais. A fome destes, porém, nem sempre constitui passaporte para a escalada do clanismo, que faz repartir, periodicamente, os eleitores em blocos amorfos, como se fossem gado tocado por vaqueiro. A fome também cria revolta. Todo discurso com foco no estômago atrai atenção, pois mexe com o segundo instinto humano, o nutritivo. Como já vimos, o primeiro é o instinto combativo, a luta do indivíduo para sobreviver às intempéries.

A reflexão é oportuna pela necessidade de sinalizar, desde já, um alerta aos políticos. Estes estão desprestigiados porque não cumprem promessas, fazem os mesmos discursos, não se reciclam, não sabem ler as mudanças que ocorrem na sociedade e, sobretudo, porque continuam fazendo da política uma escada para fechar negócios e ampliar oportunidades. Há exceções, claro. E o pior é que os políticos são bons em diagnóstico, mas péssimos em soluções. Até conseguem pintar o quadro social com a dureza da realidade do país. Mas não são capazes de sentir o que externam.

A moldura social nestes tempos de verdade aponta para um cidadão com direitos espoliados, desconfiado, amargurado, arredio, pronto para desferir um palavrão na cara do político. De tanto ser enganado, acostumou-

-se com as táticas aproximativas deste. Os apertos de mão já não fazem efeito, as batidinhas nas costas não mais entusiasmam e as promessas entram por um ouvido e saem por outro. Apesar da qualidade, da ética ou da prioridade das pautas da mídia massiva, frequentemente niveladas por baixo, algo de positivo ela tem produzido. A capilaridade social no país, por exemplo, hoje é um fato. Uma denúncia, um escândalo, um caso qualquer chega aos confins e bate nos ouvidos e corações periféricos com a força com que chegam aos redutos centrais. Certa homogeneidade sociocultural passa a ocorrer, para infelicidade de políticos e felicidade geral dos cidadãos.

Dessa forma, fica-se sabendo, por exemplo, que a corrupção persiste, que os casos estapafúrdios continuam a explodir, respingando sobretudo nas classes que têm poder de decisão e veto. Ou seja, os políticos acabam sendo identificados como integrantes da deterioração que toma conta do país: jogos de poder, barganhas, benesses, corrupção desenfreada, nepotismo, fisiologismo, grupismo, empreguismo – enfim, o clima de terra devastada. A capilaridade informativa está mudando a concepção de interesses do cidadão. Suas decisões começam a ser mais racionais e menos emocionais.

Nesse jogo de comparações, emergem as questões: com que cara um político, candidato ou não, aparecerá para suas bases a fim de pedir alguma coisa? Com que cara candidatos se apresentam em suas bases? Como os maiores salários vão se apresentar diante dos menores salários do país? Nem mesmo um teatro de absurdo poderá explicar a lógica de uma situação como essa. Haverá, nas regiões miseráveis do país, alguém com coragem de dizer que fez, que faz, que realizou tudo que prometeu e, por isso mesmo, pede o apoio de seu eleitorado para continuar na política? Muitos candidatos se apresentarão dessa forma. Mas não será surpresa se a resposta for o desprezo. A leitura ambiental mostra que a população brasileira passa por um grande processo de mudanças.

Só não vê quem estiver ofuscado pelos áulicos, pelos anéis edulcorados que cercam governadores "hereditários", prefeitos autossuficientes, deputados cheios de confiança e de dinheiro, vereadores donos da verdade e políticos que imitam os três macaquinhos – não ouvem, não veem e não falam.

O bom disso tudo é que os olhos do povo começam a enxergar tudo, até as entranhas do poder.

PODER, COMUNICAÇÃO E IMAGEM

O PODER TEM SIDO o conceito-chave em torno do qual gravitam outros conceitos organizacionais. Rotinas, processos, programas, políticas, modelos, estruturas, símbolos e ritos trazem no cerne uma parcela ponderável daquilo que se conceitua como poder.

Como as organizações e os políticos lidam com a questão do poder? As organizações usam o poder para obter consentimento. Tal uso depende fundamentalmente das características organizacionais – especificidade, tamanho e porte, complexidade, recursos, capital, eficácia e produtividade. O consentimento refere-se basicamente a uma relação em que um indivíduo se comporta de acordo com a diretriz apoiada pelo poder de outro indivíduo. Também se refere à orientação do subordinado em face do poder empregado.

Nas organizações, três tipos de poder são usados para obter a meta do consentimento: o poder normativo, definido como o conjunto de regras, princípios e diretrizes distribuídos e manipulados por meio de recompensas simbólicas e privações; o poder remunerativo, alicerçado sobre recursos materiais e recompensas por meio de salários, gratificações, comissões e contribuições; e o poder coercitivo, entendido como a aplicação ou ameaça de sanções físicas, restrição de movimentos e controle pela força. O discurso político se ancora no poder normativo. Infelizmente, nos últimos tempos, tem sido forte a influência do poder remunerativo, a ponto de se dizer abertamente: quem não tem arsenal (monetário) não deveria enfrentar a guerra eleitoral. Uma triste observação.

PODER, COMUNICAÇÃO E IMAGEM

A comunicação também exerce um formidável poder – tanto que é conhecida como o "quarto poder". Por meio da comunicação, uma pessoa convence, persuade, atrai, muda ideias, influi, gera atitudes, desperta sentimentos, provoca expectativas e induz comportamento. Por meio da comunicação, uma organização estabelece uma tipologia de consentimento, formando congruência, equalização, homogeneização de ideias, integração de propósitos. Assim, a comunicação é uma ferramenta importante de eficácia e produtividade. Daí minha opção por inserir, em minha tese de livre-docência, a comunicação como um dos poderes do sistema organizacional.

A comunicação, como conceito, abriga uma vasta área multidisciplinar. Está praticamente presente em todas as formas de interação social. Trata-se de um conceito que se liga a influência, poder, consentimento, cooperação, participação, imitação, liderança e solidariedade. O poder da comunicação pode ser designado de expressivo. Ele é capaz de alterar estados de comportamento e, dependendo de como é utilizado, poderá ser decisivo para o tipo de participação do funcionário e para a eficácia global dos programas empresariais. O poder expressivo viabiliza concordância em torno de metas e objetivos, valores e normas, meios, políticas e práticas, grau de participação e obrigações de desempenho.

Muitos problemas organizacionais têm origem na questão de comunicação. Relacionamento entre setores, retenção de informação por parte de determinados grupos, constrangimento entre áreas, rotinas emperradas, fluxo informativo saturado pelo grande volume de mensagens, dificuldade para fazer chegar uma mensagem até o destinatário final, incompreensão de mensagens, incapacidade de uma mensagem subir aos níveis superiores, relacionamento lateral entre grupos hierárquicos de mesmo nível, pouca visibilidade de canais, pouco acesso das pessoas aos canais de comunicação, indefinição de fontes de comunicação, boatos e excesso de tecnicismo constituem, entre outras, posições acentuadamente relacionadas ao eixo da comunicação.

Um terceiro importante conceito de ampla significação para as empresas modernas é o de imagem, que, na verdade, resulta do desenvolvimento do conceito de comunicação. Por imagem deve-se entender aquilo que a empresa deseja projetar. Diferencia-se, portanto, da identidade. Identidade é o caráter, o conceito básico, a personalidade da organização, de um político ou de um candidato. A imagem é a extensão (a sombra) dessa Identidade.

Quando entre identidade e imagem há enorme distância, ocorre um profundo processo de desgaste. Trata-se do que se conhece como dissonância. Nesse caso, desvios e distorções acabam embaralhando as ideias básicas, os valores e os propósitos que se pretende agregar à imagem desejada. Identidade e imagem são conceitos centrais no marketing político.

Nos próximos capítulos, muitas dessas questões serão descritas de forma simples e direta. Trata-se de sequência temática que objetiva apontar situações rotineiras e de fácil identificação por todos aqueles que trabalham em organizações ou com a política. A maneira como a situação é relatada permite examinar aspectos diferenciados e encontrar saídas para os problemas detectados. Essa é, aliás, a proposta básica de todos os textos deste pequeno manual do novo marketing político.

O VOTO: FATORES DE INFLUÊNCIA

HÁ ALGUMAS QUESTÕES QUE os candidatos a cargos majoritários e proporcionais devem procurar entender. Uma delas é a mais recorrente, por ser a que mais se relaciona ao sucesso/insucesso das campanhas eleitorais. Eis a pergunta: "O que faz um eleitor preferir um candidato a outro?" Não há uma resposta fechada para isso. Mas alguns elementos podem ser alinhados – e por meio de sua combinação pode-se chegar perto de uma resposta razoável. Dependendo do candidato e da região, certos fatores pesam mais que outros.

O primeiro apelo é o do bolso. Relaciona-se à luta pela sobrevivência e à necessidade de garantir o alimento. É um dos impulsos básicos do ser humano, que age principalmente em épocas de contenção, crise e desemprego. Quaisquer propostas para garantir o sustento de pessoas e famílias, quando feitas de maneira crível e objetiva, laçam o interesse das pessoas. Um bom emprego ou a perspectiva de melhorar de vida simbolizam o eixo desse discurso.

O segundo fator de interesse liga-se à região, ao município, ao bairro, à rua. Trata-se do fator proximidade, que, nos últimos tempos, tem despertado a intenção dos eleitores. O voto está ficando cada vez mais distritalizado, regionalizado. As pessoas querem ver melhoramentos nos espaços que as abrigam. Esses são fatores de natureza racional.

O terceiro elemento está voltado para a proximidade psicológica entre eleitor e candidato. Trata-se, no caso, do conhecimento que o eleitor conserva a respeito do candidato, aí incluídos os contatos, a aproximação, a tradição familiar, o grau de intimidade. É como se o eleitor estivesse votando em alguém da família. Outro tipo de apelo, parecido com o anterior, relaciona-se às indicações feitas pelo grupo de referência do eleitor – familiares, vizinhos, amigos e companheiros de trabalho. O grupo funciona como guarda-chuva do candidato.

Outro conjunto diz respeito ao próprio candidato, a começar por sua história pessoal e profissional. Se ele tiver coisas a mostrar, como ficha limpa e passado decente, ganha boa sinalização. A experiência é importante, principalmente em campanhas majoritárias. Mas nada disso funciona se o candidato não tiver visibilidade nem apresentar um programa que seja simpático ao sistema de signos, interesses e vontades do eleitorado. Há de se montar um bom esquema de aparecimento na mídia e criar fatos que possam originar interesse público. Aspectos pessoais – forma de se vestir, falar, gesticular – também chamam a atenção. A estética deve ser adequada às culturas regionais, não cabendo, no caso, exageros. Certos cuidados precisam ser tomados para que os perfis não provoquem imagens artificiais.

Por último, o sopro do vento. O que é isso? A onda das circunstâncias. Os bons candidatos sempre recebem uma ajudazinha do clima psicológico dos ciclos, composto pelos ventos que sopram a seu favor e projetam-no como a pessoa que melhor cristaliza os sentimentos gerais e mais empatia provoca nos diversos grupos sociais. Esse sopro aparece geralmente para oxigenar o poluído ar das campanhas. É mais ou menos assim: candidatos estão se devorando pela mídia, cada um atirando mais forte. De repente, aparece um candidato com discurso mais atraente, integrador e positivo, forte e objetivo. Mesmo que comece por baixo, no início da campanha, esse candidato tem condições de crescer, paulatinamente, até ser considerado o perfil diferenciado na mesmice de uma campanha.

Combinar esses elementos é uma química complexa. Mas o caldo dos fatores de motivação do voto é uma ótima vitamina para candidatos anêmicos.

AS MOTIVAÇÕES DO VOTO

PERGUNTA QUE TODO CANDIDATO faz e não sabe a resposta: "Que motivações influenciam o voto e quais são os perfis de maior aceitação pelo eleitorado?"

Afinal, não se pode esquecer que um monumental sistema emissor de informações e opinião multiplicou, nos últimos anos, vasos comunicantes por espaços sociais e geográficos, esboçando perfis políticos, plasmando mitos, induzindo pensamentos, comportamentos e decisões, alimentando polêmicas, construindo, enfim, uma base de valores para formar a opinião pública nacional. Na medida em que uma parcela apreciável da população se tem decepcionado com muitos "produtos" vendidos, por perceber que, em alguns casos, comprou gato por lebre, a desconfiança se instala na mente do eleitor, gerando nos profissionais experientes na arte de influenciar as decisões coletivas esforço extraordinário para repor a credibilidade dos atores políticos. Pesquisas qualitativas que apuram a percepção social sobre a realidade surpreendem quando mostram que a taxa de racionalidade se expande em todas as classes sociais.

Mudança tem sido o valor a inspirar os discursos nas últimas campanhas políticas. Mudar significa alterar, romper situações tradicionais, avançar. Mexendo com o sistema de percepção social a respeito da realidade e proporcionando um cenário projetivo sobre o amanhã, a mudança traduz a promessa de melhoria de vida, de bem-estar, de maior taxa de felicidade pessoal e grupal. Trata-se, portanto, de fator que sempre desencadeia o sentimento de adesão pela recompensa que traz. Seu reverso é a continuidade das coisas. Quando determinado perfil identificado com mudança não concretiza esse "sonho", o discurso antigo acaba se transformando em bumerangue, ou seja, volta-se contra o autor.

Prometer mudança pode significar cair na mesmice. De tão usado, mudar tornou-se um verbo roto, que os eleitores jogarão na lata de lixo. Não valerá nem mesmo o velho slogan "Vote em quem você conhece". Há político que, de tão conhecido, tem uma rejeição nas alturas. É inegável que a visibilidade de muitos tem funcionado como fator negativo. A lupa crítica está sendo movimentada por uma miríade de pequenas entidades que se espalham por ajuntamentos populacionais de todas as classes, sendo este, aliás, um dos mais promissores movimentos da dinâmica social no país. Os poderes centrais, nessa moldura, estão dividindo espaço com forças centrípetas da periferia, particularmente nos grandes centros urbanos.

Realização tem sido outro valor "vendido" na composição do perfil de candidatos. Campanhas eleitorais cujo vértice é o eixo clonado da fazeção (fulano fez, fulano faz) espalharam pelo país a ideia de que alguns prometem e outros realizam. Experiência administrativa, feitos da vida política, ações administrativas e projetos considerados positivos e benéficos constituem o estofo de discursos eficazes, na medida em que a comunidade nacional, vacinada contra excessos verborrágicos, quer ver as coisas acontecerem. Os planos devem sair do papel para a realidade das ruas. Nesse ponto, a inflexão em torno do "rouba mas faz" – cuja história começa nos tempos do governador Ademar de Barros, de São Paulo, com capítulos contemporâneos escritos por perfis da velha política – já não provoca tanta adesão. A roubalheira que tem sido objeto de denúncias intensas e constantes da mídia, na vertente de escândalos perpetrados por políticos, assessores e amigos dos mandatários, está contribuindo para a pulverização de uma vacina ética na sociedade. Por isso, o sucesso de uma campanha balizada pelo matiz da "ação" dependerá do "fazedor". Passado limpo, vida decente, eis um refrão que poderá funcionar como exorcismo contra perfis sujos.

Como se pode depreender, as motivações para a decisão de voto abrigarão componentes de verificação e comprovação de promessas e propostas. Significa que os candidatos encontrarão pela frente um sistema racional mais denso do que em campanhas anteriores. As ideias expostas deverão passar pelo teste da viabilidade política e econômica. Não adiantará apenas expressar "quês", mas o "como", ou seja, os modos que orientarão a implantação dos programas. Além disso, o eleitor quer ver projetos simples, objetivos, que tragam melhoria imediata para seu cotidiano.

Se a administração em curso realizou bons projetos e desenvolve ações de resultados aplaudidos pela comunidade, por que mudar? Esse será mais um elemento que estará no centro de atenção dos conjuntos eleitorais. Costuma-se, no Brasil, procurar apagar a imagem de administrações anteriores, mesmo aquelas comprovadamente eficazes e bem-sucedidas. O personalismo na política tem sido incapaz de redistribuir méritos. Ninguém quer ser coadjuvante no palco da política. Esse costume acaba aumentando brutalmente o custo Brasil, pela irresponsabilidade de mandatários que desmontam obras e projetos de antecessores, contribuindo para a multiplicação de esqueletos e "elefantes brancos" em todos os espaços da geografia nacional.

O sentido da autoridade é apreciado pela população. E a razão para a ênfase nesse valor é o pano de fundo da improvisação administrativa, da barbárie imposta pela violência e pela agressão à propriedade e da tibieza de mandatários que, sem pulso, deixam a situação correr ao sabor das circunstâncias. Respira-se um ar de desorganização, que se reflete na precariedade dos serviços públicos e no descumprimento das leis. Uma voz de autoridade virá preencher lacunas, impor ordem nas coisas e estabelecer limites entre o certo e o errado, o lícito e o ilícito.

É claro que perfis carismáticos serão sempre muito bem acolhidos, mas eles têm sido carcomidos pelos padrões de uma política imbuída de interesses negociais e empreendedorismo aventureiro.

Portanto, repetir discursos desmoralizados de campanhas anteriores, mais que cair no vazio, é dar com os burros n'água.

O PERFIL POLÍTICO ADEQUADO

O PERFIL DE EXCELÊNCIA é aquele que mantém sintonia fina com a população. Não precisa ser necessariamente um despachante ou um assistente social distribuindo benefícios. Há de entender como se forma a opinião pública, quais são as principais demandas sociais, que ideia a população faz dos políticos e, sobretudo, que mudanças exige nos comportamentos, posturas e ações dos homens públicos. Como pode descobrir tudo isso? De algumas formas: lendo e interpretando as informações sobre as regiões, fazendo contatos diretos com os eleitores, participando do debate político nas casas representativas ou, ainda, interpretando os resultados de pesquisas.

Que conceito o eleitor faz hoje de um bom político? Da combinação das formas antes mencionadas, alguns são bastante evidentes. O valor da *autoridade* é seguramente um deles. O brasileiro sente-se atraído pela figura do pai, que expressa autoridade, respeito, domínio do ambiente doméstico. O homem providencial capaz de suprir as necessidades da família. Mas não se deve confundir autoridade com autoritarismo porque este abriga outros componentes, como a arbitrariedade, o castigo imerecido, a brutalidade. O *equilíbrio* se faz necessário porque está associado à harmonia do perfil, à serenidade, valor que, por sua vez, traduz sentimento de justiça. Esses dois valores somam-se, conferindo ao político *confiabilidade* e *respeitabilidade*, sendo essa a base fundamental para a consolidação de uma imagem forte.

Os desafios da administração pública e as demandas crescentes da sociedade exigem *conhecimento* e *experiência* dos políticos, ferramentas necessárias para encontrar soluções rápidas, factíveis e justas. O eleitor desconfia de aventureiros e ignorantes por considerá-los "aposta cega", "um tiro no escuro". O preparo, ideias bem-postas, densas e compreensíveis podem compor a boa imagem política. Melhor ainda se as ideias e os programas de um político forem preliminarmente patrocinados por grupos sociais consolidados. A sociedade brasileira está bem organizada e representada por entidades, algumas muito fortes. O bom político ainda é aquele que sabe fazer *articulação*, a eficaz intermediação e interação com as entidades organizadas.

Se permanecer sempre nos gabinetes e escritórios, corre o risco de não sentir o "cheiro das massas". Distancia-se e se desequilibra, pois os pés de um político devem, todo tempo, caminhar nas trilhas seguras de seu eleitorado. Por isso, a *proximidade* com o povo é um conselho a ser respeitado. E o que as pesquisas indicam como valores negativos? *Indecisão* é um deles, por estar associado à ideia de político fraco, temeroso, tíbio. O brasileiro continua também desconfiado dos estilos rompantes, impetuosos, viradores de mesa. É claro que mudanças são desejáveis, contanto que sejam gradativas, sem grandes sustos (os mais velhos recordam o confisco na era Collor).

Quem está ligado a coisas suspeitas, malhas de corrupção e casos mal explicados e negativos é também visto com desconfiança. O mensalão, por exemplo, está fixado em uma parcela forte da opinião pública. Um político de imagem borrada leva muito tempo para se limpar. A população está mais atenta aos fatos da política, distinguindo os espaços do bem e do mal, do bom e do mau político. E é claro que políticos que não têm ideias nem programas – conhecimento de causa, como se diz no vulgo – voam baixo com suas pernas curtas. Alguns não passarão da primeira viagem. Há, porém, um valor-conceito que expressa o esqueleto vertebral do político: é a *identidade*, que abrange sua história, suas ideias, sua coerência, seus sentimentos e sua maneira de ser. Se a identidade é forte e positiva, o político será sempre associado às boas lembranças de seus eleitores e admiradores. Uma imagem, porém, não nasce e cresce da noite para o dia.

CUIDADOS COM O MARKETING VAZIO

PERGUNTARAM CERTA VEZ A Demóstenes – o grande orador que desenvolveu a arte do discurso colocando pedras na boca e gritando para as ondas do mar – qual era a maior virtude do orador. Ele respondeu: ação. E depois dessa qual a maior virtude? Ele voltou a dizer: ação. Diante de mais duas insistentes indagações, não titubeou em repetir a palavra. Demóstenes sabia que o discurso, com o tempo, caía no vazio. A ação permanecia na história – e na memória dos homens. Outra história se deu com Temístocles, ateniense altivo, sério, conhecido por suas qualidades como estadista. Convidado numa festa a tocar cítara, recusou dizendo: "Não sei tocar música, mas posso fazer de uma pequena vila uma grande cidade". Eis aqui dois conselhos a candidatos. O primeiro é privilegiar a ação e não o discurso. O segundo é fixar-se apenas naquilo que se domina, evitando entrar por searas desconhecidas.

O discurso eleitoreiro no país está saturado. As campanhas têm sido tomadas pelo marketing do simulacro, da dissimulação. As massas eleitorais, envolvidas emocionalmente, começam a rejeitar o espetáculo de promessas, algumas razoáveis, outras mirabolantes. A reprodução da realidade tem sido transmitida, convenhamos, com técnica que beira à perfeição. Mínimos detalhes são colocados em peças e produtos publicitários. Os adereços, cuidadosamente embalados plasticamente por recursos de computação gráfica, penetram na cachola do eleitor, criando associações positivas, exprimindo simbolismos próprios, ativando mecanismos e automatismos das esferas do

CUIDADOS COM O MARKETING VAZIO

consciente e do inconsciente coletivo. Reflexos condicionados se multiplicam, criando identificação e projeção entre perfis e massas eleitorais. Com base na descoberta feita por pesquisas qualitativas e quantitativas sobre anseios e expectativas das populações, fabricam-se excitações.

E o que se consegue com todo esse aparato de construção ficcional? Uma hiper-realidade colorida que, nos últimos tempos, tem-se desmanchado com o simples sopro da comparação entre a autenticidade da fala e a falsidade da promessa. A mentira passa a cobrir as verdades de milhares de perfis espalhados pelo território. A maquiagem que esconde rugas de candidatos, os efeitos cosméticos que douram a pílula para fazer adormecer as massas continuam a entrar pelo ralo das desesperanças, desfazendo imagens poéticas, rompendo gabinetes onde figuras renomadas da política, da intelectualidade, das artes e dos negócios se reúnem.

Esse marketing assemelhado a pastel de feira (muito vento e mínima substância) consegue ainda, depois de anos de continuidade e felicidade de profissionais inescrupulosos, contribuir para a autoconfiança do povo? Infelizmente, sim. Mas pouco a pouco começa a ser desmistificado. As crenças, as esperanças, a energia, a criatividade e capacidade de improvisação de nossa gente não podem ser desmanteladas pelos mecanismos de simulação da política. Por isso, propostas eleitoreiras devem passar pelo crivo de um eleitor mais desconfiado, menos disposto a fechar posição com candidatos frívolos e a aceitar conversa fiada. O país está mudando. A violência se impregna de tal forma no corpo social que já não é sentida com intensidade. Barbáries e assassinatos em quantidade, de tão corriqueiros, não causam mais sensação. Em muitos lugares, o ambiente é de devastação. O campo continua sob tensão entre MST e fazendeiros. Nas cidades, os sem-teto começam a ocupar tetos.

O que um candidato pode dizer para não cair na malha do descrédito geral? Apresentar ações viáveis, com as quais se comprometerá, colocando nesse compromisso o passado de honestidade, a experiência de uma vida profissional de resultados, o presente de transparente decência. É muito? Pode ser. Mas é a base que pode conferir a um candidato condições para alçar voo. A arte de desenvolver simulacros, objeto de trabalho do marketing, certamente continuará a ter feitores e simpatizantes. Mas é bom apostar no olhar mais conferente e atento de um eleitor crítico. Candidatos com propostas concretas na esfera da micropolítica ou aqueles que habitam os campos das entidades intermediárias da sociedade política terão oportunidades melhores.

Não adianta prometer agir em campos desconhecidos. Programas, projetos e ações, para ganhar confiabilidade, hão de corresponder ao perfil expresso pelo candidato. Ninguém consegue, diz a sagrada Escritura, acrescentar um palmo a mais no formato do corpo humano.

A FORÇA MORAL NAS CAMPANHAS (I)

A FORÇA MORAL É a arma mais poderosa de uma campanha, principalmente nestes tempos de denúncias, mensalões, prisões de políticos e transparência dos atos na vida pública. Trata-se de um contraponto ao estado de degradação que corrói uma parcela razoável de nossos quadros políticos, de uma força que funciona como ímã, atraindo a atenção e a adesão dos eleitores. Os candidatos se esforçam para dizer que a possuem. Ocorre que a força moral não é um conceito sobre o qual se possam cantar loas. Quem a carrega não precisa discorrer sobre ela. Será reconhecido por isso. Gandhi, pobre e despojado, era um ícone de força moral. Arrastou multidões. Como a simplicidade, a força moral é a virtude dos sábios e a sabedoria dos santos. Quem tem esse tipo de força neste país? Poucos.

Quem detém um conceito de moral é aquele cuja vida sai pura depois de um simples ensaio de observação. Não é levado a processo de investigação. É quem coloca o ideal da coletividade acima dos interesses personalistas de grupos e pessoas. Em uma sociedade acentuadamente corporativista como a nossa, esse escopo é difícil de conquistar. Candidatos cada vez mais tendem a assumir posições das demandas setorizadas de grupos, provocando um reducionismo no ideário social que acaba inviabilizando políticas mais globais.

Os detentores de força moral são aqueles que fazem da política uma missão, dentro da qual, com sacrifício próprio, se submetem a passar quatro, oito, 12 ou mais anos servindo ao povo. Não há como sofismar. Para a grande maioria de candidatos, os gastos de uma campanha política são absurdamente maiores do que ganhará se eleita para exercer um mandato de quatro anos. Logo, as regras do jogo precisam ser esclarecidas. E as alternativas são estas: as campanhas são patrocinadas por terceiros, cidadãos afortunados que se postam ao lado das causas sociais; candidatos fazem o sacrifício de pagar de seu bolso quantias que jamais serão ressarcidas e, dessa forma, oferecem uma contribuição cívica e um exemplo de amor pátrio, tendo como alternativa mais plausível procurar, ao longo do mandato, recuperar o gasto com altos juros e correção monetária superfaturada.

E é por isso mesmo que a política pouco atrai a cidadania moral. A moralidade, como se pode deduzir, se instala em espíritos cívicos desprovidos de ganância, distantes da arrogância e do utilitarismo imediatista que nivela quase todos os viventes de um mundo muito estruturado no apego aos bens materiais. Cidadãos de espírito moral abrigam valores como modéstia, humildade, misericórdia, senso de justiça, fidelidade a princípios, generosidade, amor ao próximo, tolerância e coragem de ser honesto e autêntico em ambientes corrompidos, sujeitos a pressões e contrapressões, invadidos pela ligeireza das circunstâncias. Conseguem ser homens de palavra, coerentes, com marca registrada no cartório do caráter. Sabem medir as palavras, ocupando-se de temas relevantes. São pessoas substantivas. O comportamento de uma pessoa com força moral é como um verso, no qual todas as sílabas são medidas.

Quem chegou a esta altura do texto conhece, por acaso, alguém com esses atributos? Há pessoas com tal perfil, mas poucas, muito poucas, no mundo da política. Por isso, quando identificadas, elas devem ser conduzidas à missão na esfera pública. É fácil reconhecê-las. Basta olhar para seu passado, sua origem, examinar seu pensamento, seu legado. Basta analisar como se comportam, o que dizem, como falam. Há candidatos que falam muito e dizem pouco. Quase nada se extrai de seu discurso. Alguns chegam ao exagero de querer transformar erros crassos em acerto ou em mais uma firula de marketing. São notados pelos dribles que dão na linguagem ou pela maneira como transformam o choro em riso ou vice-versa. Mas há quem fale coisas certas, no momento adequado, para atender às demandas legítimas e justas. Há pessoas que entendem a política como missão, não como negócio.

A FORÇA MORAL NAS CAMPANHAS (I)

O candidato com força moral não é levado a adulterar as coisas. A demagogia não imanta seu discurso. Não se faz de santo nem de sábio: ele é o que é. Não se agarra ao populismo, forma muito usada para não contradizer o sentimento popular e, assim, evitar o afastamento das forças sociais. Não promete escadas para chegar aos céus. Como sabemos, a experiência brasileira revela que esse estilo complacente rende frutos imediatos, mas com alto custo futuro.

O candidato moral luta contra os modismos. É capaz de reconhecer erros – não como desculpa para ganhar eleição ou como forma de exorcizar os pecados, mas como um ato de profunda convicção. Elege a retidão como inspiração de vida. Confúcio disse: "Se um homem consegue dirigir com retidão sua vida, as tarefas de governo não devem ser um problema para ele. Se ele não consegue dirigir sua vida com retidão, como pode dirigir outras pessoas com o espírito de correção? Quando, por cem anos, o país for dirigido por homens de força moral, a crueldade poderá ser vencida e o homicídio, eliminado".

Por fim, o político de força moral é sincero com seu sonho. Embala-se na utopia da transformação e, sobretudo, na crença de que qualquer avanço no caminho do progresso só será possível por meio da efetiva incorporação do povo no processo de controle e decisão das ações públicas.

A FORÇA MORAL NAS CAMPANHAS (II)

A POLÍTICA É UM processo que envolve atores principais e coadjuvantes. A moralização política não depende, portanto, apenas do aperfeiçoamento dos padrões e comportamentos dos atores principais, os políticos. Exige também a melhoria dos padrões dos coadjuvantes, os eleitores. Constata-se que, a cada eleição, o brasileiro dá mostras de aperfeiçoamento em seus critérios e valores. Torna-se um eleitor mais racional e menos emotivo, mais preocupado na escolha de seus candidatos e menos comprometido com a política de clientela.

Assim como há candidatos com força moral, há milhares de brasileiros de padrão moral elevado. O que os distingue? Primeiramente, a autonomia de decisão. Trata-se de um cidadão que se inspira no conceito de autogestão técnica, pelo qual determina seus fins e propósitos e seleciona os meios, as ferramentas e as pessoas para alcançá-los. Esse eleitor moral não se contamina com benesses, privilégios e pequenos favores concedidos pela velha política.

O eleitor de perfil moral, ademais, vota em função dos compromissos assumidos por um candidato. Não se encanta com a cosmética ou com o palavrório. Sabe distinguir promessas mirabolantes de projetos factíveis. Está atento às contradições do candidato, não se deixa envolver pelas firulas da televisão ou pelos efeitos estéticos da propaganda. Quer dizer, sua maquinaria psíquica não se deixa abater pela pressão da propaganda. É claro que ele não precisa se afastar da campanha. Ao contrário, se escolheu um candidato moral, tem todo o direito de lutar por ele, cooptar eleitores, argumentar, fazer pressão.

O eleitor moral tem o direito e até o dever de investir tempo e energia para escolher candidatos de força moral. E o que esse tipo de eleitor mais racional pode exigir de seus candidatos? Compromissos. Compromissos com o seu bairro, a sua região, o seu município. Políticas sociais que sejam adequadas e programas que possam ser implantados. Valores que mereçam o reconhecimento, como a transparência na administração, a coragem de não ser populista, a determinação de inovar, a força para não se deixar abater pela pressão de grupos interesseiros. Um eleitor de força moral não pode silenciar diante das injustiças, da malandragem, da corrupção, da inércia dos governantes, da inação administrativa.

Seu dever é denunciar as coisas erradas pelos meios que tem à disposição. Silenciar diante do erro e do ilícito é renunciar à sua condição de cidadão. Haverá retaliações por parte dos denunciados? Quem não deve, diz o ditado, não teme. E somente aqueles que se arriscam a ir longe, escreveu T. S. Elliot, saberão até onde podem chegar. O Brasil está avançando no caminho da modernidade institucional e política. Mas poderia correr um pouco mais. Para tanto, seria necessário que seus cidadãos de caráter ilibado dessem passos mais largos, abrissem frentes de indignação e inaugurassem espaços de dignidade por todos os lados.

Saint-Just, um dos jacobinos da Revolução Francesa executado após a queda de Robespierre, expressou desilusão ao dizer que "todas as artes produziram maravilhas, exceto a arte de governar, que só produziu monstros". A mesma amargura pegou o coração do segundo presidente dos Estados Unidos, John Adams, que nos legou a seguinte leitura: "Todas as ciências progrediram, menos a de governar, que não avançou – hoje é praticada apenas um pouco melhor do que há quatro mil anos". A opinião até pode ser exagerada, mas aponta a contaminação dos governantes pelo vírus do poder. Contaminação que poderia ser menos forte caso os eleitores de força moral injetassem nas veias da administração seu sangue oxigenado pela ética, pelos bons costumes e pela grandeza de espírito.

CANDIDATO NÃO É SABONETE

UMA CAMPANHA POLÍTICA É uma guerra de cinco batalhas. A primeira é a da viabilização dos nomes dos candidatos antes da convenção partidária, a garantia do candidato de que seu nome constará da chapa. Depois, vem a batalha do crescimento, travada na campanha de rua. Na primeira quinzena de agosto, inicia-se o terceiro estágio, com o embate da programação eleitoral gratuita na televisão e no rádio. O quarto desafio é consolidar a candidatura, em setembro, e a quinta frente de luta é chegar ao dia da eleição no clímax, quando alcança o maior índice de intenção de voto. É a semana da eleição.

Para cada fase, são necessários munição, volume de comunicação, recursos para mobilização e articulação das bases. Todas essas armas precisam ser adquiridas; quem tem mais recursos evidentemente terá mais chance de ser bem-sucedido. Às vezes, só a munição não garante a vitória, sendo preciso unir habilidade, tática e estratégia. Pobre ganha campanha? Sim, quando tem o apoio de entidades, movimentos sociais, ou quando possui uma grande folha de serviços prestados à comunidade.

Para sair na frente, o primeiro passo é conhecer o perfil dos eleitores. Em tempos aéticos de corrupção escancarada, cassação de parlamentares e processos contra homens públicos, a sociedade brasileira não aceita mais promessas vagas, obras faraônicas, mensagens inflamadas e ações de marketing enganadoras. O momento é favorável a candidatos que direcionem o foco de seu discurso para os problemas do povo, fixando-se no "Brasil real" e abandonando propostas grandiloquentes, substituindo-as por propostas simples, viáveis e próximas do dia a dia das pessoas.

A desconfiança generalizada torna-se, então, a grande responsável pelo paradigma político que se vislumbra. A sociedade brasileira começa a analisar o processo de maneira mais atenta e racional. O voto sai do coração e sobe à cabeça. É o fim do sistema clientelista, que se apoia em empreguismo e doação de favores. O eleitor quer um candidato honesto e com experiência administrativa, mas banhado pelo conceito da assepsia, da higienização política. O ideário da inovação e da renovação ganha espaço em meio a nomes carimbados do quadro nacional.

Percebe-se, por meio de pesquisas qualitativas, que o eleitor também quer votar em pessoas que transmitam a ideia de bons controladores do orçamento municipal. Nesse aspecto, as candidatas passam boa impressão – a mulher sempre controlou o orçamento doméstico e transmite maior confiança.

Nesse contexto, surge um novo conceito de marketing político. Se o eleitor está cada vez mais desconfiado e de olhos abertos, urge a necessidade de discursos pontuais e substantivos. Chega ao fim o denominado "candidato sabonete", apresentado como um verdadeiro produto para o consumo de massa, cuja imagem era construída por intermédio de efeitos cosméticos e publicitários.

O bom candidato, hoje, apoia-se nas expectativas da sociedade. Os grandes veículos de comunicação eleitoral – televisão, rádio e *outdoor* –, sozinhos, não ganham campanhas. Para ganhá-las, exigem-se propostas condizentes com os novos anseios do povo.

Por último, vale indicar as ferramentas mais importantes para essa campanha. Os filmes de propaganda eleitoral de 30 segundos, permitidos desde as últimas eleições na programação dos candidatos, funcionam como anúncios de produtos. É mais fácil para o eleitor assistir a eles, pois a mensagem é rápida, inteligente e suave para o telespectador. O candidato consegue transmitir de maneira mais palatável o seu programa e o seu ideário. Outros veículos são importantes.

A influência da internet tende a crescer, mas ela não constitui ferramenta decisiva. Os candidatos deverão receber muitas visitas nos sites, mas nada substitui o contato pessoal do candidato com seu eleitorado. Diante da crise social, da desconfiança e da descrença, as pessoas sentem necessidade de ver seus candidatos de perto. Os políticos devem sair às ruas e andar pelas casas e pelos bairros. Mais importante que os grandes comícios são os pequenos encontros, como cafés da manhã, visitas, mutirões e carreatas.

A campanha é, sempre, um exercício de reaprendizagem para velhos políticos e uma oportunidade de ouro para candidatos iniciantes colocarem seu ideário. É o maior teste da democracia brasileira. Lembremos mais uma vez: candidato não é sabonete.

■ DEZ CONCEITOS

INTERPRETANDO OS RESULTADOS DE pesquisas qualitativas, a tempestade de denúncias que assola o país há anos e escândalos envolvendo parlamentares e governantes, aqui estão dez conceitos centrais para embasamento do discurso de candidatos. O atributo recorrente é o da honestidade, mas, como se trata de um valor cada vez mais escasso, outros começam a frequentar a planilha das vontades sociais.

1. *Organização e controle* – Valor muito ligado à mulher. A ascensão das mulheres e seu favoritismo em algumas capitais têm relação com esse valor. Elas passam a fazer contraponto à cultura mais descontrolada do homem.

2. *Autoridade* – A desorganização institucional, a violência desmesurada, a deterioração de valores e a falta de cumprimento de leis provocam indignação. Os cidadãos exigem ordenamento, disciplina, atendimento a seus direitos fundamentais. Essas demandas convergem para o perfil da autoridade, que se faz presente, por exemplo, na figura do pai protetor da família.

3. *Experiência bem-sucedida* – Para se contrapor ao improviso, ao imprevisível e ao inusitado, as pessoas passam a exigir experiência, estilo bem-sucedido, exemplo de empresário de sucesso.

4. *Assepsia* – Há espaço para novatos, principalmente perfis com posturas não comprometidas com a velha política. Não é o caso de *outsiders*

aventureiros. Perfis novos, com discursos claros e objetivos, atraem a atenção de eleitores.

5. *Equilíbrio e bom senso* – São valores que transmitem segurança. Pessoas destemperadas, cheias de ódio diminuem seu cacife. Amedrontam.

6. *Despojamento* – A bondade e a caridade dos missionários, com seu desapego às coisas materiais, chegam no momento certo para suprir carências dos programas sociais (no pano de fundo, o papa Francisco).

7. *Objetividade, clareza* – Nada de embromação, enrolação, promessas mirabolantes, fura-filas. O povo quer ver coisas factíveis, simples, que digam respeito ao seu cotidiano. Por isso, cresce de importância a linguagem eficiente do vendedor.

8. *Jovialidade* – A velharia começa a ser aposentada pela mesmice do discurso. O eleitorado quer ser atraído pela jovialidade do candidato, mas uma jovialidade não extravagante. Os jovens estão nas ruas e nos rolezinhos dando seu recado.

9. *Coragem* – Os novos desafios e demandas exigem posturas corajosas, fortes, determinadas, arrojadas, capazes de vencer as intempéries. Os preguiçosos começam a ser arquivados.

10. *Brilho carismático* – O carisma é um dom escasso, mas quem tem brilho carismático aumentará seu cacife. A população, nestes tempos de descrença na política, aumenta sua fé, procurando na mística religiosa recompensa para as mazelas da vida. A aura do iluminado, a eloquência do pregador e a bondade do crente passam a ser vistos como valores em ascensão. Mas é preciso ter cuidado com os falsos profetas.

A soma de alguns desses conceitos e valores poderá proporcionar a certos candidatos férias no paraíso.

▌DEZ PERFIS

DE DOIS EM DOIS anos, o país assiste ao desfile de grandes, médios e pequenos modelos políticos. O desfile começa com as cortinas da propaganda eleitoral, mas os figurinos são desenhados pela extensa rede de consultores de marketing, publicitários, assessores de imprensa e demais cultores do teatro político. O clima de campanha é adornado por uma legislação própria, uma comunicação com forte viés publicitário, um eleitor mais racional e grandes dificuldades para obter recursos financeiros.

Entre os principais modelos, pelo menos dez são previsíveis. A começar pelo perfil *tradicional*, caracterizado nos candidatos históricos, velhos conhecidos dos eleitores. Seu discurso é um apanhado de promessas, compromissos e ideias vagas. Por manterem grande visibilidade, seu programa de governo acaba sendo a própria pessoa. Os eleitores votam, portanto, no personagem e não em ideias.

Já o *obreiro* fixa sua identidade sobre um programa de obras, geralmente coisas bem visíveis como pavimentação, escolas, iluminação, abertura de avenidas, pontes e estradas. Esse perfil se amolda a municípios maiores, com categorias eleitorais mais variadas. O candidato de "obras" gosta de adicionar à sua identidade política o lado da fazeção.

Mas esse perfil não deve ser confundido com o modelo *técnico*, que é o candidato disposto a imantar sua imagem com o véu de um tecnicismo asséptico, bem afastado da política tradicional. Sua meta tem como lema o princípio da diferenciação. Quer ser diferente dos outros e combate o fisiologismo, a falta de ética, o mandonismo e a visão conservadora. Portanto, pretende ser um contraponto ao perfil do velho-renovado, o candidato *conservador travestido de avançado*. Ou seja, trata-se do velho recauchutado. Incorpora ideias novas para esconder a cultura antiga.

Há, também, o *novo-envelhecido*, o *jovem coronelzinho* entronizado pela herança paternal. Pensa como os pais, sendo pior que eles na medida em que deixa de ser autêntico. É um tipo muito em moda na política brasileira.

Bem-sucedidos são os perfis dos *experientes* que acumularam histórias e casos de sucesso, seja na administração pública, seja na vida profissional-empresarial privada. Reúnem as qualidades dos técnicos, a política voltada para resultados, as coisas boas dos obreiristas e as características dos inovadores. O desfile certamente exibirá o figurino do *continuísta*, candidato que centrará seu programa de governo no substantivo da continuidade. Dirá à exaustão que levará em frente a obra de seu antecessor, principalmente se tal obra for bem recebida pela comunidade. Trata-se de candidatos patrocinados por estruturas situacionistas. Contarão com aportes maiores de recursos.

Não se pode deixar de lado a figura dos *emotivos-chorões*, azeitados pela manteiga da mais refinada demagogia. Nesse grupo, entram os chamados *comunicadores populares*, que usam a mídia para montar cadeias de emoção, sensacionalismo e encantamento. São tipos argutos e maquiavélicos, bem-sucedidos na arte de mistificar as massas por meio da propaganda. Abusam das repetições para chegar ao coração do eleitor mais ignorante. Não se deve confundi-los com os *carismáticos*, um tipo muito raro entre nós. Os carismáticos têm um dom nato, sabem se comunicar sem atuações artificiais, geram empatia, exibem um brilho pessoal, lideram e impõem respeito. E, por último, há os fora de estrada, os candidatos *zebra*. Lutam contra tudo e contra todos.

Querem marcar presença mais que ganhar eleição. Pela tipologia, podemos concluir quais são os mais necessários e os mais perniciosos à administração pública do país – e até identificar em que tipo de cidade e região eles se apresentarão.

OS MALABARISTAS DA POLÍTICA

O LONGO E INTENSO convívio com o poder tem um poderoso efeito narcotizante. Transforma seres mortais, pessoas simples e humildes, gente com histórias iguais à de seus semelhantes, em pequenos deuses de um Olimpo cada vez mais povoado. A que se deve esse tipo de distorção? À armadilha do falso retrato, da autocontemplação, que prende os homens públicos na moldura de Narciso, aquele que foi condenado pelos deuses a se apaixonar pela própria imagem. Como conta a lenda, ele caiu de amores pela imagem quando se contemplava nas águas transparentes de uma fonte. Obcecado pelo reflexo, Narciso não mais se afastava da fonte, definhando ali até a morte.

O Brasil está recheado de narcisistas, pessoas fascinadas pelo próprio brilho – brilho esse ilusório, porque muitas perderam o poder, mas não o orgulho. Que tipo de mal os narcisistas cometem contra si mesmos e contra a sociedade? O maior dos males é o da inação, o da inércia, o da perda do sentido de realidade. Presos no simulacro do poder, exibem um prestígio falso, que frequentemente conduz ao ócio. Aliás, *praestigium*, do latim, significa nada mais nada menos que artifício, ilusão, malabarismo. Os malabaristas da política promovem a mistificação das massas, fazendo-as crer que o discurso é a ação, o verbo é a obra, a palavra é sinônimo de verdade.

A cultura oral é uma das tradições mais ricas de nosso país. Basta fazer uma pequena viagem pela monumental obra do grande Luís da Câmara Cascudo, potiguar boêmio, bonachão e denso que produziu a mais fecunda e abrangente obra sobre a cultura popular brasileira. A tradição de oralidade penetrou profundamente nas veias, na cabeça e no coração da representação política, a ponto de se atribuir, por muito tempo, a grandeza dos homens públicos não aos projetos e feitos empreendidos, mas ao domínio do verbo no palanque ou na tribuna parlamentar.

Duas historinhas, muito conhecidas, mostram os dois polos do discurso tradicional da política. A primeira é a do baiano embevecido com a retórica complicada, cheia de palavras difíceis, de seu candidato em comício numa pequena cidade interiorana. Não se cansou de bater palmas, concluindo categórico: "Não entendi nada do que o homem falou, mas falou bonito; vai levar meu voto". A segunda historinha é a do candidato a deputado que, arrebatado, enérgico, espumando de civismo, discorria sobre o sentido da liberdade. Argumentava que um povo livre sabe escolher seus caminhos, seus governantes, eleger seus deputados. Para entusiasmar a multidão, levou um passarinho numa gaiola, que deveria ser solto no clímax do discurso.

No momento certo, tirou a ave da gaiola e, segurando-a na mão direita, jogou o verbo: "A liberdade é o sonho do homem, o desejo de construir seu espaço, sua vida, com orgulho, sem subserviência, sem opressão; Deus (citar Deus é sempre bom) nos deu a liberdade para fazermos dela o instrumento de nossa dignidade; quero que todos vocês, hoje, aqui e agora, comprometam-se com o ideal do homem livre. Para simbolizar esse compromisso, vamos aplaudir esse passarinho, que vai ganhar o céu da liberdade". Ao abrir a mão, viu que esmagara o passarinho. A frustração por ter matado o bichinho acabou com a euforia e as vaias substituíram os aplausos. Foi um desastre. É sempre assim quando não se controla a emoção. Em se tratando do discurso político, a emoção costuma matar a razão. O eleitor já não é engabelado por esse tipo.

Juntando-se, então, o narcisista e o demagogo, o verborrágico e o reizinho cheio de empáfia, tem-se a receita de um perfil que ainda teima em se apresentar às massas nacionais. É o encontro do ruim com o pior, de Narciso com Justo Veríssimo, canhestro personagem de Chico Anísio. E, quando isso ocorre, a política volta a ser aquilo que Paul Valéry mais temia: "A arte de impedir que as pessoas cuidem do que lhes diz respeito". Nestes tempos de grande influência da mídia, é bom ter cuidado porque a espetacularização da política pode significar a ruína dos atores.

A PROPAGANDA POLÍTICA

Os comportamentos, ações e reações dos seres humanos se prendem, segundo estudos da antropologia e da fisiologia, a quatro mecanismos básicos, também chamados impulsos ou instintos, dois relativos à conservação do indivíduo (impulsos combativo e alimentar) e dois inerentes à conservação da espécie (impulsos sexual e paternal). A política é, por excelência, o palco para o desempenho dos dois primeiros impulsos, na medida em que se trata de uma luta entre pessoas que expressam valores e conceitos, representando situações positivas e negativas, posições ambivalentes entre o bem e o mal, o bom e o ruim. Na linguagem que remonta a nossos ancestrais, os instintos apontam para duas grandes categorias que emolduram o ser humano: a sobrevivência e a morte.

Os programas de candidatos, codificados em vocábulos e símbolos, sua própria aparência e maneira de falar geram uma quantidade enorme de impressões que a ciência da linguagem chama de engramas, que por sua vez formam reflexos condicionados que orientam as decisões dos eleitores. O funcionamento da maquinaria psíquica das pessoas depende de um complexo conjunto de fatores, entre os quais o interesse despertado pelas mensagens e as condições físicas, culturais e psicológicas de cada um. Mas os indutores da decisão estão sempre relacionados aos valores que um candidato representa: *segurança, equilíbrio, paz, dinheiro no bolso, bem-estar, discurso contra a fome e o perigo, contra o desconhecido, despertando esperanças e certezas.*

Nesse ponto, aparece a importância da propaganda política. É a propaganda que atinge as camadas do consciente e do inconsciente do eleitor, sensibilizando a primeira para criar associações positivas entre as promessas do candidato e as necessidades básicas do eleitorado e atraindo a segunda por meio de apelo a lembranças apagadas e recalcadas e, ainda, de imagens inatas, hereditárias, ancestrais – os chamados arquétipos. Nesse exercício de apelação aos instintos, a propaganda se vale de algumas alavancas psíquicas, cujo objetivo é o de encurtar o processo de decisão do eleitor, detonando fatores de pressão.

O eixo-mor de candidatos do PT é a continuidade do ciclo petista e avanços nas áreas sociais. A alavanca de adesão é a da associação da mudança com maior igualdade na distribuição de renda, a melhoria de vida das classes mais pobres, o que significa alterações fortes na política econômica. Além de incorporar a promessa de estabilidade econômica e crescimento. Em outras palavras, promete mais desenvolvimento, dinheiro no bolso (BO + BA + CO + CA = BOlso, BArriga, COração, CAbeça), mais progresso e, consequentemente, bem-estar. O eixo-mor das oposições é mudança e melhoria de programas.

O medo será sempre usado como divisor de águas da campanha. O contraponto é a segurança, que significa sobrevivência, vitória da pessoa contra o inimigo e contra a natureza. O medo é sinônimo de perigo, de incerteza, de caos, de derrota. Esses significados povoam o psiquismo dos eleitores.

ÁGUA NO FEIJÃO, VITÓRIA NA ELEIÇÃO

RECEOSO DE RECEBER RESPOSTA atravessada, o repórter perguntou a Getulio Vargas, na saída do Palácio do Catete, no Rio de Janeiro: "Presidente, o que é preciso para vencer uma eleição?" A resposta desconcertou o interlocutor: "Muita coisa. Boa memória, por exemplo. Política é como água no feijão. O que não presta flutua. O que é bom repousa no fundo". Nem bem a campanha presidencial deste ano chega às ruas e a água no feijão já começa a mostrar os restos imprestáveis e as sementes boas que efetivamente serão cozinhadas no fundo do caldeirão eleitoral.

Para começar, entre o refugo que flutua há meias verdades, versões fantasiosas e pequenos mitos sobre fatores que determinarão a vitória e a derrota dos candidatos da situação e da oposição em outubro. Entre os elementos que calam fundo na mente e no coração dos eleitores, o feijão que alimenta estômagos é um deles. Principalmente quando cultivado na roça de uma economia saudável. Para quem tem boa memória, basta lembrar que Fernando Henrique foi guindado à presidência, em 1994, pelo trator do Plano Real, que abriu o caminho da economia estável. Em 1992, Bill Clinton ganhou a presidência dos Estados Unidos porque ofereceu ao país soluções econômicas mais adequadas do que seu adversário, George W. Bush (o pai). Barack Obama venceu duas eleições, sendo a primeira ancorada no eixo das mudanças. Prometia força à classe média, geladeira sempre cheia. Na segunda eleição, acenou com medidas para sair da crise econômica.

Se o feijão é um rebotalho, o cidadão rejeita. Por que candidatos governistas perdem eleições? Certos fatores devem ser levados em conta. O que tem ligação com a sobrevivência é preponderante. Quando o bolso – e o estômago – começa a se esvaziar, a inflação estoura e o desemprego se expande, não há quem segure a peteca. Por isso, a transferência de votos não é uma equação simples. É como o transplante de um órgão humano. Deve haver compatibilidade entre doador e receptor. Se o receptor incorporar elementos (atitudes, gestos, expressões, estética) que causem ruído no sistema cognitivo do eleitor, perde força perante este. O poder de transferência esbarra no enquadramento comparativo dos perfis. Sob essa régua, valores como experiência, confiabilidade, preparo, dignidade, história pessoal e política são medidos.

Aspecto considerável é o chamado desgaste de material, cansaço do modelo. Governos mais longos entram em declínio mais cedo ou mais tarde. Se não houver inovação, dois mandatos consecutivos são suficientes para exaurir um modelo. O lulo-petismo continuará? Trata-se de grande interrogação. Bolso cheio, barriga satisfeita, coração agradecido e a cabeça do eleitor podem esticar a era petista. Parcelas razoáveis gostariam de dar férias a discursos trovejantes e refrãos surrados. Mas o voto das margens é decisivo.

Em suma, o eleitor quer feijão no fundo da panela. A sociedade, como um todo, anseia pelo Produto Nacional Bruto da Felicidade. Tudo com o exame do bolso. O Brasil de hoje tem este retrato: o desemprego diminuiu, os pobres entraram no mercado de consumo, a classe média ganhou incentivos para adquirir bens. A economia, portanto, passou a ser o portão principal para entrar no Palácio do Planalto. Mas não é a única via de acesso. Vale lembrar que o sistema econômico não constitui um ente apartado do ambiente. A teia social é um conglomerado de sistemas e subsistemas, permeados por segurança/insegurança, serviços públicos eficientes/ineficientes, estruturas adequadas/inadequadas de saúde etc. Estômagos cheios procuram checar outros compartimentos. Mente e corpo carecem de harmonia. Nessa hora, a lupa é focada em outras mazelas sociais, fruto da inércia do Estado. Conclusão: o cenário eleitoral é e será sempre uma paisagem mutante. O eleitor não compra mais gato por lebre. O tempo faz a história. Cada mês, cada semana e cada dia tecem circunstâncias, criam demandas, geram medidas no momento em que ocorrem.

Quando menos se espera, algo abrupto e imprevisto acontece no mundo da política. Os polos se invertem.

BO + BA + CO + CA, A EQUAÇÃO-CHAVE

COMO SE FAZ CENÁRIO em campanha eleitoral? Examinando os sentimentos do povo. Portanto, há resposta para a pergunta: "É possível projetar a viabilidade política dos contendores e evitar erros de calculo político?" Sim. Quem garante é Carlos Matus, o papa do planejamento estratégico situacional, que empregou sua bagagem como ministro da Economia de Salvador Allende, no Chile (1965-1970). Tudo depende de saber jogar, pois "um jogador, mesmo tendo boas cartas em um jogo de baralho, pode não saber jogar e perder o jogo para outro que recebeu cartas inferiores, mas tem melhor estratégia de jogo".

Planejar uma estratégia implica administrar um conjunto de variáveis, algumas complexas, outras imponderáveis. Mesmo assim, é possível alinhar fatores centrais com forte influência no próximo embate presidencial. Como é sabido, o fator econômico é o primeiro a ser considerado na análise de viabilidade. Foi ele que propiciou os mandatos de Fernando Henrique, de Lula e da atual administração sob o bastão da primeira mulher a comandar o país. O Plano Real, que trouxe a estabilidade econômica, permitiu ao governo petista alongar os braços sociais e com eles implantar o mais abrangente programa de distribuição de renda e inserção social do mundo contemporâneo. O cinturão econômico é ciclicamente usado pelos governos para afrouxar ou apertar a barriga do eleitor. O xis da questão resume-se na equação: BO + BA + CO + CA. Bolso (BO) suprido enche a geladeira, satisfaz a barriga (BA), massageia o coração (CO) e induz a cabeça (CA) dos bem alimentados a recompensar os patrocinadores do pão sobre a mesa. A recompensa será dada pelo voto.

A segunda ordem de fatores está nas frentes dos serviços públicos, que costumam afetar diretamente a população: demandas e deficiências nas áreas da saúde e educação e insegurança pública, que gera indignação social. Os serviços públicos no país exibem fortes traços de corrosão, não chegando, porém, a provocar mobilização diante do cobertor protecionista estendido pela administração federal.

A terceira vertente é a da política e das articulações partidárias, visando a ganhos de espaços na mídia eleitoral, à criação de novos partidos e à reordenação de forças congressuais. Pedras começam a se movimentar no tabuleiro. Se a economia descarrilar, será viável a hipótese de favorecimento de candidatos de oposição. Há, ainda, o fator novidadeiro. Nele se abrigam perfis identificados com inovação, capazes de sepultar o *status quo* e sinalizar a abertura de um novo tempo, e discursos impactantes. Porém, nem sempre os "novos" conciliam identidade e imagem. O que se vê é mercador tentando vender gato por lebre, principalmente quem, até ontem, figurava no velho álbum da política. Esse é o desafio dos novos-velhos. As circunstâncias ditarão as cores das vestes dos candidatos, fazendo distinções entre eles. Fechando a planilha, deparamos com a imponderabilidade, espaço das coisas imprevisíveis onde verso e anverso se cruzam, conferindo à política o lugar onde tudo é possível. Aos que já começam a ensaiar jogadas arriscadas, aconselha-se distinguir o que pode ser feito do que deve ser feito e, sobretudo, ter a capacidade de formular, decidir e melhorar o que funciona razoavelmente. O conselho final aos protagonistas vem de Carlos Matus: pensar com a cabeça e arremeter com o coração, evitando a síndrome do touro, que faz exatamente o contrário.

O MARKETING ELEITORAL

QUAL É A TENDÊNCIA do marketing de campanhas eleitorais? O que há de novo nesse mundo povoado por "costureiros e produtores de imagem"? Essa é a pergunta recorrente que aguça o interesse de candidatos, assessores e de parcela do eleitorado que acompanha com mais atenção o cenário político-eleitoral. A resposta pode até gerar polêmica entre marqueteiros e consultores, mas algumas ênfases parecem consensuais: o foco tende a ser mais na substância do discurso do que na forma; a articulação com a sociedade organizada será privilegiada; a pesquisa qualitativa ganha lugar mais central; as estruturas operativas serão mais enxutas e profissionalizadas; os materiais de comunicação deverão ser menos poluídos e com linguagem mais direta; os valores que formam a personalidade dos candidatos ganharão realce.

As campanhas tendem a ser mais curtas e objetivas, menos onerosas, mais despojadas e com boa equação custo/benefício. O fato é que, ao correr das últimas campanhas eleitorais, o marketing eleitoral transformou-se em espaço para experiências diversificadas, propostas estapafúrdias, exageros e extravagâncias cosméticas e modelos importados que acabaram pasteurizando os programas televisivos, transformando-os em clones espalhados por todo o país. A mcdonaldização do marketing político, além de expurgar os molhos regionais, inflacionou o mercado, a ponto de certos herdeiros e cultores desse modelo, amparados no sofisma de que se a coisa deu certo ontem dará certo hoje, estarem tentando prender candidatos na corrente do velho modelo.

O MARKETING ELEITORAL

O eleitorado está mais exigente. Considera-se ludibriado pela exacerbação do marketing nas últimas campanhas. O eleitor percebeu grande distância entre os perfis e propostas apresentadas e a realidade das ações governamentais. Em alguns casos, comprou gato por lebre. Para evitar o engodo, quer ver propostas objetivas, factíveis e simples. Quer sentir a verdade dos candidatos. Olho no olho, cara a cara. Por isso, os valores que encarnam hão de ser apresentados a partir da experiência, das ações realizadas no tempo. Muita gente vai decidir o voto na última hora, depois de comparar as promessas e avaliar os perfis. Por isso mesmo, a força do conteúdo prevalecerá sobre a cosmética da forma. Confiança será um valor fundamental.

Nos últimos anos, as entidades de defesa dos grupos sociais ganharam força, até em função da descrença dos eleitores na política tradicional. Os candidatos precisam se amparar na força de grupamentos organizados, que formam opinião e difundem ideias. As cidades grandes e médias deverão ocupar mais o tempo dos candidatos, pela lógica de priorização das densidades eleitorais. Os corpos de operação em campo serão mais profissionais, mais bem articulados e com poder de fazer negociações políticas. Os comícios e eventos de menor proporção deverão ser multiplicados e serão mais eficazes que os antigos showmícios (hoje proibidos).

É importante saber o que se passa na cachola do eleitor, descobrir suas motivações mais íntimas, suas vontades ou intuições. O eleitor não gosta de abrir com facilidade o seu portal de intimidade. As pesquisas servirão para extrair as molduras mentais e as estruturas de pensamento do eleitorado. Mas pesquisa, tanto qualitativa como quantitativa, precisa ser bem lida e interpretada. Não adianta fazer pesquisa a torto e a direito sem que haja uma adequada compreensão de seu escopo. Os programas de televisão e rádio, cada vez mais importantes para dar visibilidade a perfis e propostas, hão de ser bem concebidos, claros, limpos, tecnicamente bem-feitos e, sobretudo, honestos.

É notória a tendência de certas campanhas descambarem para a fragmentação de linguagem. Os setores acabam criando divisões de trabalho. A unidade é um dos maiores desafios de uma campanha política; programas, propostas, mobilização, articulação e agenda do candidato devem estar sintonizados e integrados. Daí a importância do estrategista. Trata-se do profissional que olhará a campanha de fora para dentro, analisando pesquisas, sugerindo abordagens, corrigindo posições, comparando o discurso e a postura dos adversários, redimensionando as ações, observando o ritmo e o fluxo destas durante as fases principais – pré-campanha (maio/junho), lançamento (junho), crescimento/maturidade (julho/agosto), consolidação (setembro) e clímax (final de setembro/primeira semana de outubro).

Campanha bem-sucedida será resultado de um bom candidato, estrutura operacional e administrativa profissional, discurso adequado (com propostas simples e viáveis), comunicação eficaz, articulação eficiente com a sociedade organizada e aproveitamento maximizado dos espaços e do tempo. Não se deve contar com a sorte. Se acidente ou incidente ocorrer a favor do candidato, ótimo. Mas não há como contar com o imprevisível. O sucesso é, mais que uma ação do destino, um ato da vontade humana.

AS ARTIMANHAS DO MARKETING

Nas últimas décadas, acentuou-se a procura por literatura política, particularmente sobre marketing político. O interesse se ampara na descoberta da política como o principal instrumento da sociedade para alcançar seus fins. É interessante observar que, a cada ciclo da humanidade, os políticos utilizaram ferramentas de marketing, adaptando-as às circunstâncias e às demandas de cada sociedade. Vale a pena recordar algumas passagens, começando pela lembrança de que o primeiro marqueteiro da história foi Quintos, irmão de Cícero, o advogado mais eloquente dos tempos de César.

Em 64 a.C., Cícero disputou o consulado com Catilina, o general que decidiu enfrentá-lo. Foi uma campanha de vitupérios. Catilina era apoiado pelo proletariado; Cícero, pelas elites. Quintos preparou um manual em que recomendava a Cícero ser pródigo nas promessas, pois "os homens preferem uma falsa promessa a uma recusa seca". E sugeria encontrar escândalos na vida de seus rivais. O grande tribuno Cícero venceu Catilina depois de acusá-lo de corrupto e pervertido. E, em célebre discurso, puxou as orelhas do general com a famosa frase: "Até quando, Catilina, abusarás de nossa paciência?"

O embuste e a artimanha sempre foram armas do marketing político. Quem se utilizou delas com muita eficácia foi Hitler. São muitos os políticos que se espelharam ou ainda se espelham nas técnicas adotadas pelo ditador austríaco. Hitler, aliás, se inspirou nos métodos da Igreja Católica, que usa o incenso, a semiescuridão, as velas acesas e uma climatização que gera estados de receptividade emocional. Nos desfiles, colocava homens bonitos, musculosos, com ar marcial, para encantar as mulheres. Na tribuna, durante os discursos, dispunha de efeitos luminosos de muitas cores, impulsionados por comutadores elétricos. Nos momentos de maior vibração, os sinos das igrejas começavam a tocar. Hitler sabia que o mesmo tema, abordado pelo mesmo orador, no mesmo ambiente, tinha efeitos diferentes, conforme a hora. Preferia as tardes, quando a dormência das massas era mais acentuada.

Ele fazia a multidão delirar. O delírio é um estado rítmico que compreende períodos de tensão seguidos de estados bruscos de relaxamento. A tensão dos ouvintes pode ceder lugar a um cansaço nervoso; a palavra usada durante muito tempo e numa cadência monótona provoca fadiga e inibição, principalmente quando a assistência detém um nível intelectual baixo e a temática é abstrata ou recheada de números (Fidel Castro sabe muito bem disso). Movimentos, apelos emotivos, gesticulação, provocação à audiência ativam a circulação do sangue, mantendo desperta a emotividade. Nem sempre, porém, os políticos compreendem ou sabem usar a razão fisiológica.

A propósito, lembro um evento festivo, na cidade de Pau dos Ferros (RN), em meados de 1986, por ocasião da campanha para o governo. A festa era um misto de comício e show e o motivo era a inauguração de uma rádio. O povo foi convidado para o evento desde as primeiras horas da manhã. A falação teve início às 18h, com os vereadores, seguidos dos deputados estaduais, federais, candidato a governador e governador. Os discursos terminaram por volta das 23h. A multidão, fatigada, já não tinha forças para se animar com o forrozeiro Luiz Gonzaga, o rei do baião, nem com a música do cantor-compositor Raimundo Fagner. Foi um desastre. Ninguém se mexia. O povo ouvia de braços cruzados. No hotel, pouco depois, ouviu-se a maior imprecação que o cantor cearense já fizera contra "políticos insensíveis que nos entregam uma multidão faminta e cansada".

Fosse Hitler, o aparato teria sido outro. Depois de um longo discurso que deixava a massa entorpecida, mesmo usando gritos, ele, de repente, parava. Como que despertado de um torpor, Hitler voltava com contundência redobrada. A multidão caía num estado de paroxismo e exaltação furiosa. O discurso intoxicante dava certo. Um fundo musical, em forma de estribilho, completava o cenário. A música, aliás, sempre foi usada como

AS ARTIMANHAS DO MARKETING

entorpecente sonoro: na construção das pirâmides, nas guerras romanas, nos gritos de guerra dos gregos. Nos comícios de Hitler, ouvia-se um rufar assustador, pesado, lento, fundo de uma música wagneriana. Corria um sentimento de fascinação e medo. A pesada máquina de guerra alemã intimidava psiquicamente milhões de pessoas.

Os grandes comícios, no Brasil, morreram. Outras técnicas de entorpecimento são buscadas para atrair as massas, principalmente por meio da propaganda televisiva, que se vale de doses exageradas de emoção. Haverá grandes espaços para a emoção em campanhas? Certamente. Mas o povo começa a enxergar as artimanhas e a desconfiar da engenharia de manipulação.

A ARTE DE SIMULAR E DISSIMULAR

O CARDEAL MAZARINO, SUCESSOR de Richelieu e preceptor de Luís XIV, o Rei Sol, começa seu tratado *Breviário dos políticos*, que versa sobre a arte de operar a política, com um conselho não muito sagrado: "Simula e dissimula". Essa lição de engodo começa a ser submetida ao crivo da população pelas ondas do rádio e telas de TV durante a programação eleitoral gratuita.

A simulação e a dissimulação – e aqui já abordamos o ensinamento do filósofo inglês Francis Bacon – ocorrem de três formas: a *cautelosa*, quando uma pessoa impede que a tomem tal qual é; a *negativa*, quando expressa sinais de que não é o que é; e a *positiva*, quando finge e pretende ser o que não é. No espaço da propaganda eleitoral, os brasileiros veem as três formas. Se o elogio em boca própria é vitupério, como reza o ditado, e se vitupério significa o poder de ofender a dignidade, um ato infame e vergonhoso, pode-se aduzir que a programação eleitoral no rádio e na TV é palco para um espetáculo de infâmias e indignidades. Exemplos são as promessas que jamais serão cumpridas, não havendo, aliás, em nossa legislação dispositivo que possa vir a condenar os rufiões da palavra.

Se assim é, por que se gasta tanto com a iniquidade? Porque a cultura política do país assim o recomenda. E, por trás da recomendação, se embute a perpetuação da engrenagem de manipulação, por onde correm os fios do ilusionismo da política, a força da dominação econômica, as técnicas de persuasão das massas e as formas de cooptação de apoios. O último elo da cadeia de mazelas e distorções é o próprio espaço para propaganda eleitoral, dividido entre partidos segundo a representação legislativa nas casas congressuais. O ilusionismo é a projeção da utopia de que a política é remédio para todos os males e, em época de eleição, atinge o clímax com o show de promessas mirabolantes – o que nos coloca diante das promessas não cumpridas pela democracia, tão lembradas por Norberto Bobbio, entre as quais se inclui a própria educação para alcançar a cidadania.

A força econômica faz que a política dos iguais se torne desigual. Nesse momento, age como alavanca para a carnavalização de campanhas, com a suntuosidade e exuberância dos aparatos comunicativos nas ruas e a edição televisiva bem cuidada nos estúdios, onde os formatos de programas ganham plasticidade e efeitos especiais para transformar o meio em mensagem, subordinando o conteúdo à forma. A maquinaria de persuasão sai lubrificada de laboratórios refinados, refletindo uma engenhosidade tecnológica de primeiro mundo para cumprir a missão de entrar na mente dos espíritos mais carentes. Custa mais caro que encher de alimento os estômagos famintos de milhões de eleitores.

O sistema de representação legislativa fecha o circuito de distorções. Como não seguimos o princípio universal de que a cada cidadão corresponde um voto (o voto de um eleitor de São Paulo vale 25 vezes menos do que o voto de um eleitor de Roraima), o cordão das mazelas chega até a programação eleitoral. Quer dizer, a estrutura da comunicação eleitoral acaba convalidando e reforçando as distorções de nossa democracia representativa.

Quanto à utilidade, os programas eleitorais pouco contribuem para o aperfeiçoamento das formas de fazer política. O sistema sequencial e individualizado das apresentações não permite aferição comparativa entre perfis, valores e propostas. Cada candidato fala de si, na linha do autoelogio pernicioso. A linha de debates é restrita, ficando a critério das cadeias de televisão, em horários previamente agendados.

No campo da audiência, os baixos índices atestam o desinteresse dos eleitores. Quando muito, o horário eleitoral serve para animar grupos comprometidos com algum candidato ou adicionar pequeno conhecimento a respeito de outro. Nivela-se por baixo o sistema de signos, valores e propostas porque os candidatos falam para um eleitorado composto por 75% de pessoas nas faixas C, D e E. Os estratos médios e os do topo da pirâmide social pouco se influenciam com discursos eleitorais. O nivelamento por baixo incorpora uma expressão chocha, insossa, de matiz popularesca, principalmente quando os apelos se voltam para carências sociais, como segurança, emprego e saúde. A algaravia abre caminho para um limbo de ideias. Ou, ainda, para o lixão de chavões e bordões.

E o que dizer dos espaços ocupados por vereadores que recitam seu nome e número de forma tão rápida que até parecem estar praticando a Olimpíada do contrassenso? Uns se escudam na gaiatice de um sobrenome estrambótico, de apelo fácil; outros usam uma gesticulação extravagante. Os apelos, somados, levam mais ao riso que ao siso. A galhofa toma o lugar da seriedade. É a banda lúdica da programação, um teatro de comediantes que fica ainda mais capenga quando eliminamos o som da televisão. Uma hora de televisão e rádio por dia, durante 45 dias, significa milhões de dólares que poucas multinacionais teriam condições de bancar. Faz parte de nossa democracia jogar dinheiro num sistema de pouca utilidade. Persiste a questão: se os programas de vereadores são um desfile inconsequente de nomes e frases decoradas, se os espaços de candidatos a prefeito não chegam a afetar a decisão de grupamentos médios e se as classes C, D e E tendem a votar em candidatos que mais se aproximem do estômago e do bolso (assistencialismo, cestas básicas, cooptação financeira, empreguismo na administração, empregos informais como postes de bandeiras e entregadores de santinhos nas ruas etc.), para que servem os programas eleitorais? Para dar mais brilho ao espetáculo eleitoral.

Essa é sua função primordial. Integram a bateria de energização das campanhas. Reforçam as estratégias de visibilidade, dando vazão ao conceito: quem é dono da flauta dá o tom. Quem tem muitas flautas faz uma orquestra de barulho. E quem mais barulho faz mais se faz ouvir. Para ouvidos que não conseguem distinguir nuanças entre tonalidades, qualquer barulho, como a música bate-estaca, faz diferença. E como faz! É aí que reside o poder da comunicação. Para dourar a pílula, o melodrama se faz necessário: cenas pungentes, depoimentos calorosos, gente sofrida desfilando miséria, dando graças por ter a proteção daquele santo candidato, daquela pessoa em quem enxergam a encarnação de "enviado dos Céus".

A PERSONA

A ARTE POLÍTICA É impregnada de artifício. A palavra-chave para desvendá-la é *personna*, que significa máscara de teatro, usada inicialmente pelo antigo teatro grego, depois pelos romanos, e trocada de acordo com o papel do personagem. Regra geral, os políticos a usam, seja para realçar determinados traços que pretendem ser captados pela atenção popular, seja para se esconder ou, na percepção junguiana, para defender o ego e adaptar-se ao ambiente. Atrás da máscara está a verdadeira face. Ocorre que, na troca de papéis, a plateia acaba confundindo a máscara com a identidade do ator, não sabendo onde começa a verdade de uma e a mentira do outro.

O estilo é o homem, já disse, em 1753, o conde De Buffon, na sessão inaugural da Academia Francesa. O estilo *pop star* na política corresponde à identidade dos atores? Essa é uma questão central. Em Jânio, a máscara abrigava cabelos desgrenhados, caspas nos ombros, mortadela embrulhada e muita dose de histrionismo. Com o tempo, foi sendo retocada. Em Juscelino, o sorriso aberto e o afago da multidão sempre pareceram reais, assim como o charuto de Getulio ou o perfil portentoso de De Gaulle e sua identificação com a grandeza da França. Nada contra o estrelismo inaciano, apenas a observação de que ele corre perigo quando se dispõe a burlar o princípio da Escritura, preceito costumeiramente desprezado pelo marketing.

O chileno Carlos Matus identifica três métodos de fazer política: os estilos Chimpanzé, Maquiavel e Gandhi. O primeiro se ampara no preceito "o fim sou eu", pelo qual a manada deve obedecer ao chefe, que a conduz guiado por capricho e instinto. O presidente deve se acautelar contra esse tipo de conduta, que, a propósito, ganha impulso com o estilo que se começa a praticar, o do puxa-empurra das massas. O segundo adota o princípio "o fim justifica os meios", consagrando a ideia de assegurar o êxito de qualquer maneira. No caso do governo, significa dividir a base de partidos e adversários para garantir maioria. Já o terceiro estilo se inspira na força moral, nos valores da ética e no respeito aos adversários, cujos instrumentos são o diálogo, o compromisso à palavra dada e a busca de cooperação. Algumas siglas nasceram sob o signo da ética e da moralidade. Tinham, em tempos idos, algo que ver com o pensamento do grande líder indiano, na presença do qual qualquer pessoa sentia vergonha de fazer algo indigno. Hoje, frequentam o território dos grandes símios e manejam com maestria a espada maquiavélica.

TRUQUES E FIRULAS

MAIS UMA PEQUENA REFLEXÃO sobre marketing político. Há consultas de toda ordem. Uns querem saber se o marketing ganha campanha. Resposta: *não*. É o candidato quem ganha campanha, com a ajuda do marketing. O marketing malfeito prejudica e pode derrubar um candidato. Outros querem saber o que é mais importante no marketing: substância ou forma. Resposta: a combinação harmônica de ambas, apesar da tendência de maior valorização do discurso substantivo (programa) em campanhas. Alguns querem saber o que é marketing bem-feito. Resposta: o que dá bons resultados.

As coisas não são tão simples. O sucesso de uma campanha depende do candidato, da região, das forças de apoio, do clima ambiental e das circunstâncias. Para começo de conversa, é fundamental planejar bem o discurso, escolher os pontos mais importantes, os aspectos básicos que interessam ao eleitorado. O planejamento deve selecionar os ângulos mais originais, criativos e interessantes. A redundância é uma lei importante de comunicação. Quanto mais se repete, mais se grava a mensagem na mente do eleitor. A repetição incessante do mesmo ângulo, acrescida de excitações luminosas, recursos de computação gráfica e sons obsedantes, acaba criando um estado de fadiga mental que subordina aquele a quem se destina. É preciso apoiar os argumentos com abordagens emotivas. É o recurso utilizado por advogados para convencer os jurados: "Senhores jurados, não esqueçam que essa mulher batalhou, lutou desesperadamente para exercer o direito de ser mãe".

Muito usados são os falsos silogismos do tipo: "Nenhum gato tem oito caudas; e cada gato tem uma cauda a mais que nenhum gato. Logo, cada gato tem nove caudas". A propaganda vale-se frequentemente desse tipo de recurso, o que, convenhamos, é uma enganação psíquica. Outros truques são usados. Aliás, Nicolau Eymerich, frade dominicano espanhol, escreveu, em 1376, o *Manual dos inquisidores*, no qual apontava os truques dos hereges para responder sem confessar. É interessante observar como servem aos objetivos do marketing. Eis alguns: responder às perguntas de maneira ambígua, responder acrescentando uma condição, inverter a pergunta, fingir-se de surpreso, mudar as palavras da pergunta ou deturpá-las, justificar-se, fingir debilidade física, simular demência ou idiotice e se dar ares de santidade.

Certos políticos se enquadram no catálogo. Maluf é conhecido pela arte de responder o que não foi perguntado e não dizer o que todos querem ouvir. Jânio Quadros era perito na arte de se fazer surpreso. Quando o humorista Leon Eliachar perguntou se seu slogan era: "50 anos em 5" ou "5 anos em 60", Jânio respondeu: "50 anos em 5, mais o pagamento dos atrasados". O truque de mudar as palavras é comum. Ao político se pergunta: "O senhor vai dizer tudo que sabe aos procuradores?" Resposta do político: "Quem diz a verdade tem tudo a seu favor. Quem não deve não teme". O truque de deturpar as palavras também é usual. "O senhor acredita que o relatório do Banco Central vai absolvê-lo?" Resposta: "O relatório pode ser uma peça de condenação ou de inocência. Quem me condena é a imprensa, não o banco".

O truque da autojustificação é uma artimanha para encobrir a verdade. "O senhor favoreceu fulano de tal, que tem folha corrida de corrupção?" E o político responde: "Sou uma pessoa que acredita nos outros; sempre procurei ajudar. Se alguém utilizou de minha boa-fé, não foi com minha aprovação". Simular idiotice ou demência não é comum, mas fingir-se de doente, sim. No capítulo da santificação, a regra é comum: os políticos não costumam reconhecer os pecados. São todos inocentes ou vítimas. Não são orgulhosos, invejosos, vaidosos ou arrogantes. São franciscanos, beneditinos, lazaristas, cristãos. É assim a santa política.

Afinal, um dos precursores do marketing político foi o cardeal Mazarino, que recebeu o cardinalato sem nunca ter sido ordenado, mas em função dos dotes diplomáticos e dos bons serviços prestados a Luís XIII. Vejamos algumas pérolas do *Breviário dos políticos,* que ele escreveu pouco antes de morrer: "Age com os teus amigos como se devessem tornar inimigos; o centro vale mais do que os extremos; mantém sempre alguma desconfiança em relação a cada pessoa; a opinião que fazem de ti não é a melhor do que a opinião que fazem dos outros; simula, dissimula, não confies em ninguém e fala bem de todo mundo. E cuidado. Pode ser que neste exato momento haja alguém por perto te observando ou te escutando, alguém que não podes ver".

O mundo da política não fica muito perto do céu.

O FINGIMENTO NA POLÍTICA

PARCELA CONSIDERÁVEL DA CULTURA política brasileira se banha nas águas da mistificação. O fingimento (veja o capítulo anterior) atinge os píncaros por ocasião das eleições. Por quê? A resposta aponta, inicialmente, para os traços culturais do *ethos* nacional. O caráter da política junta parcela de dispersão a afoiteza e fortes doses de intuição ao fingimento – que se observa, por exemplo, quando um político cumprimenta uma pessoa dando tapinhas nas costas enquanto pisca matreiramente para outra. A postura é a de alguém que quer abraçar o mundo, tirar partido de tudo e de todos. Ou, ainda, acender uma vela a Deus e a outra ao diabo.

Em termos de fingimento, é exemplar a historinha envolvendo Magalhães Pinto (UDN) e Tancredo Neves (PSD), também contada com outros dois personagens da raposice mineira, Benedito Valadares e José Maria Alkmin. Ao se encontrarem numa estrada, em Minas, Magalhães quis saber de Tancredo se ia para Lafaiete ou Barbacena. "Vou para Barbacena." "Ah", raciocinou o careca lustroso, "Tancredo diz que vai para Barbacena para que eu pense que vai a Lafaiete, mas ele vai mesmo é para Barbacena." Há outra historinha, desta feita com José Maria Alkmin. Encontrando-se com um eleitor, abraça-o efusivamente e diz: "Não deixe de dar lembranças a seu pai". O rapaz se assusta: "Mas meu pai morreu, doutor". "Morreu pra você, filho ingrato! Ele continua muito vivo no meu coração", retruca o sagaz político, que foi secretário estadual, deputado e ministro da Fazenda de JK, além de vice de Castelo Branco. Essa tática de despistamento, conhecida como engano de segundo grau, expressa um jogo de soma zero, que envolve a sagacidade de um e a malandragem de outro. O que eles querem dizer é isto: "Quando você pensa que está indo, eu já estou voltando".

A esperteza não se restringe aos atores políticos. Faz parte do cotidiano dos eleitores, principalmente daqueles de baixo poder aquisitivo que habitam os fundões do país. As correntes fisiológicas ainda pesam forte na balança eleitoral, chegando a ultrapassar 25% do eleitorado. De certa forma, trata-se de remanescentes da cultura do apadrinhamento, ainda bem acentuada nas regiões Norte, Nordeste e Centro-Oeste, além de redutos periféricos das metrópoles acostumados às práticas clientelistas. "Quem tem padrinho não morre pagão" é a voz corrente nos currais eleitorais. "Aos amigos, pão; aos inimigos, pau", tende a pensar certa linhagem de caciques regionais.

Os comportamentos políticos, tanto de representantes quanto de representados, fazem parte da cultura de infração de normas, cuja origem está nos primeiros passos da colonização brasileira. A inversão de valores, a lei do patrão como norma absoluta, a dispersão das comunidades ao longo do litoral e a conquista de vastos espaços do interior acentuaram, ao longo de nossa história, a predominância da cultura personalista. A ordem pessoal tornou-se mais importante que a ordem coletiva. É fato que ainda hoje esse traço se mantém presente na ordem institucional. Trata-se, de certa forma, da expressão de uma estrutura social fragmentada, dispersa, pulverizada em núcleos patriarcais que se espalham por muitos cantos.

Hoje, o reflexo desses traços aparece na fulanização política. Os partidos brasileiros têm menos importância que seus líderes. Tornaram-se emasculados, fundiram suas identidades, perdendo a substância doutrinária e imbricando-se a ponto de haver conluios esquisitos entre partidos, como se fossem água do mesmo poço. A social-democracia passou a ser um espaçoso buraco no centro da galáxia política para abrigar não apenas tradicionais participantes, mas liberais de designações e conotações variadas, ex-socialistas revolucionários e comunistas históricos que, ante a derrocada da utopia marxista, tiveram de se recolher em espaços mais aconchegantes e aceitáveis pela sociedade. A clonagem na cultura política chega, nas vésperas do maior pleito de nossa história republicana, ao seu mais adiantado grau de sofisticação. A limpeza ética que tanto se cobra na política deixa de ser discurso exclusivo de partidos.

Qual é a postura do eleitor diante desse quadro? É a de distanciamento e observação. Ele não tem motivos para querer melhorar. Diariamente, a mídia mostra-lhe o cardápio com os pratos repetidos da violência indiscriminada e do poder paralelo dos grupos organizados e armados; as negociações políticas envolvendo alianças interpartidárias, temperadas com os caldos fisiológicos regionais; a corrupção em todas as esferas públicas; a inação do Poder Judiciário ante o clamor da população por uma justiça menos morosa; a fulanização política ocupando espaços partidários, em frontal infração à legislação, aumentando a sensação do estado de anomia em que vive o país.

Uma imensa confusão mental toma conta do eleitor. Que, desencantado, vai corroborando o pensamento de que somos a mais destacada sociedade de pelo menos quatro tipos conhecidos: a inglesa, a mais civilizada, onde tudo é permitido, salvo aquilo que é proibido; a alemã, onde tudo é proibido, exceto aquilo que é permitido; a totalitária, onde tudo é proibido, mesmo o que é permitido; e, claro, a brasileira, onde tudo é permitido, mesmo aquilo que é proibido.

AS QUATRO FORÇAS DA CAMPANHA

AS CAMPANHAS ELEITORAIS TENDEM a ser intensamente profissionalizadas. E a razão é simples: a política deixou de ser missão para se transformar em profissão. O empreendimento torna-se muito competitivo. As campanhas majoritárias conferem o tom maior. Governadores candidatos à reeleição fazem tudo ou quase tudo para continuar nos cargos. O *quase* fica por conta de certas limitações impostas pela legislação eleitoral, como participação em inaugurações e uso explícito da máquina governamental. A profissionalização decorre, ainda, das mudanças que se operam no pensamento social e dos avanços do marketing político.

Quatro forças tomarão conta das campanhas. A primeira força é o *discurso*. O programa do candidato está acima da identidade pessoal, ou seja, o *que* prevalecerá sobre o *quem*. Essa preferência se alicerça no grau de amadurecimento do eleitorado, saturado com perfis e mesmice. Há, claro, situações regionais em que os personagens se destacam em função de disputas entre grupos e famílias tradicionais. O foco do discurso leva em conta as demandas mais imediatas do eleitor. E estas, de acordo com todas as pesquisas, se amparam no conceito de *proximidade*. A micropolítica ganha o lugar da macropolítica. O país ingressa no terreno da distritalização.

A segunda força está na *organização*. Uma campanha bem planejada e organizada reduz custos, maximiza energias, atira no centro dos alvos e posiciona o candidato numa escalada crescente. O planejamento considera os volumes e a intensidade das ondas de comunicação e mobilização num ritmo adequado para que não se gaste toda a munição antes do final da batalha. Muitos candidatos perdem campanhas porque não têm fôlego para chegar à praia. A organização pressupõe a mobilização de um exército de aliados, cabos eleitorais, sob a coordenação de profissionais nos diversos setores. O costume de deixar tudo com os amigos pode colocar a campanha em apuros. Amigo, às vezes, mais desajuda que ajuda.

A terceira força é o *marketing*. Trata-se de um conjunto de técnicas, regras e sistemas para maximizar os potenciais do candidato e atenuar seus pontos fracos. O marketing bem-feito melhora a posição do candidato. Malfeito, derruba-o. Sua base inicial está nas pesquisas qualitativas e quantitativas – necessárias para ajustar o discurso, alinhar pontos prioritários, averiguar o que se passa na cabeça e no coração dos eleitores. Define e estrutura os canais, as formas e as abordagens de comunicação, de acordo com as realidades locais. Não se importa esse modelo. E é arriscado fazer isso, como alguns pensam, por teleconferência. O estrategista precisa se alimentar dos climas, dos embates, do calor das circunstâncias. Esses fatores inspirarão as correções, as estratégias de mobilização dos grupos e das massas e os modos de articulação.

A quarta força são os *recursos*. Quem não tem bala não atira e pode ser morto. A campanha é como uma guerra. Há momentos de atacar, de defender, de se adiantar, de subir o morro, de descer a montanha. Pode-se começar atirando das margens para chegar ao centro ou vice-versa. Mas a eficiência dependerá da munição. Com recursos, todas as áreas terão provisões para a batalha final. Não se pense, contudo, que o dinheiro de programa de privatização, levado a cabo por alguns governos, fará milagres. Primeiro, porque esse dinheiro não poderá ser usado à toa, em espécie, distribuindo-se uma verba aqui e outra ali. Poderá ser empregado em obras, mas mesmo essas serão muito controladas. Esses recursos poderão criar indisposições e conflitos entre os próprios correligionários, que correrão em busca da mala preta. A negativa em atendê-los ou o atendimento diferenciado criarão ciumeira.

Todo cuidado é pouco. A boa combinação das quatro forças será um grande trunfo.

A TIPOLOGIA DOS DISCURSOS

MILHARES DE CANDIDATOS TÊM de passar pelo vestibular do discurso, cuja importância tende a suplantar o plano da forma – que, frequentemente, ludibria o eleitor por meio de recursos de trucagens e edição. Para que a mensagem atinja o eleitor, terá de provocar interesse, ser entendida e internalizada, ou seja, entrar no circuito dos desejos e das decisões. Como o perfil político está em baixa, poucos querem comprá-lo. Por isso, os desafios se tornam maiores.

Os discursos se transformaram em escadas para chegar ao topo da vitória ou em despenhadeiros que empurraram os despreparados para os grotões da derrota. Muitos procuram se segurar em arbustos floridos de dinheiro, maneira confortável de ganhar mandato com pouco verbo e muita verba. Outros conseguem passar para a banda vitoriosa graças ao voto de clientela, costurado e transferido de pai para filho. O Brasil do voto racional cresce, mas o Brasil do voto emocional ainda vive.

Não é difícil antecipar o que os candidatos geralmente expressam em uma campanha. Pelo menos dez tipos de discurso podem ser identificados. Ei-los:

1. **Miséria e fome** – Aqui, os candidatos procuram despejar mensagens sobre as condições miseráveis do país, dos estados e das regiões. Um país rico com povo pobre deve eleger pessoas comprometidas com metas de desenvolvimento e redistribuição de renda.

2. **Ética e bons costumes** – O dilúvio de corrupção inunda o país, sendo necessário resgatar a base ética da política. É preciso extirpar corruptos e corruptores. Nesse caso, os candidatos querem fazer um contraponto entre sua identidade e a de outros. Ou seja, garantem que os corruptos são outros e não eles.

3. **Renovação** – As caras novas que desejam se consagrar jogam sujeira nas caras velhas, pintando-as com as tintas da maldade e do atraso. Aparecem como bons moços, figuras exemplares, de vida ilibada e sinceramente comprometidas com os ideais de renovação política.

4. **Acusação** – Candidatos de oposição estragam a festa dos situacionistas, exibindo mazelas da administração, a desestrutura das máquinas estaduais, a falência dos programas de saúde, habitação, educação. E pedem aos eleitores que atirem pedras nos candidatos continuístas.

5. **Vitimização** – Muitos se refugiam no discurso da vitimização. Há candidatos que se dizem discriminados. Imitam caras tristes, mas treinam a voz para proferir gritos de liberdade, sob aplausos condoídos de plateias miseráveis.

6. **Glorificação** – Outros olham para o espelho e veem um Narciso glorioso, belo, grande e forte. Fazem boas administrações e exigem que seus correligionários reconheçam seus méritos. Abraçam, comovidos, plateias acostumadas com seus trejeitos. Sua palavra-chave é "vitória".

7. **Diferenciação** – Alguns desejam marcar presença por algum elemento de diferenciação: uma vida dedicada aos pobres; um traço físico característico, que atraia simpatia e interesse; um eixo particular de discurso, capaz de agarrar eleitores sensíveis. Nessa faixa, uns devem usar o combate às chamadas oligarquias.

8. **Obreirismo faraônico** - Muitos usam a retórica da grandiosidade faraônica para prometer obras de impacto: pontes, viadutos, grandes estradas, monumentos, empreendimentos capazes de gerar uma revolução na vida de pessoas, cidades e regiões.

9. **Mesmice programática** – Esse filão é um dos mais volumosos. Os candidatos desfilam soluções para os programas de saúde, educação, segurança, desemprego, habitação, industrialização, saneamento bási-

co etc. Enquanto certos candidatos trabalham apenas com generalidades, outros tentam expor pontos concretos.

10. **Legitimação** – Quem teve uma vida de vitórias certamente vai procurar mostrá-la. Aqui, os candidatos vão dizer que sempre foram vitoriosos, que a estrela está presente em sua testa. Por isso mesmo, se consideram legitimados e merecer a reeleição.

Essa é a receita da Torre de Babel. Quem tiver paciência de ouvir um pouquinho, arrisca-se a ficar intoxicado.

LIÇÕES DE CREDIBILIDADE

A CLASSE POLÍTICA ESTÁ apavorada com seu futuro. Coisa lógica diante dos estarrecedores índices que colocam os políticos nos últimos degraus da credibilidade pública. Não resta outra coisa aos representantes do povo, neste momento de preparo da revisão constitucional, senão uma imersão no terreno da ética e uma passagem por lições sobre o estado social do país. A análise das razões que os jogam no fundo do poço da descrença poderá se transformar na chave para reencontrar o tempo perdido. O roteiro abaixo tem a intenção de colocar governantes e candidatos na sala de aula da credibilidade.

Promessas: não se deve prometer o que não se poderá cumprir. O país exige sinceridade. Os espaços das alegorias, as promessas mirabolantes, os planos fantásticos foram embora com Collor. Qualquer tentativa de recuperar esse terreno trará dissabores.

Identidade: um político deve ter identidade, personalidade, eixo. Uma coluna vertebral torta gera desconfiança. A imagem que um político projeta não poderá ser muito diferente de seu conceito. Quando isso ocorre, a percepção da opinião pública esmaga o representante. Coluna vertebral reta incorpora as costelas da lealdade, da coerência, da sinceridade, da honestidade pessoal e do senso do dever.

Representação social: representar o povo significa escolher as melhores alternativas para seu bem-estar. Uma decisão orientada exclusivamente pela intenção de adoçar as dores das periferias angustiadas não vai longe. O que se dá ao povo hoje poderá ser retirado amanhã. Um político sério se preocupa com rumos permanentes e medidas condizentes com as possibilidades das administrações (federal, estaduais e municipais).

Sapiência: sapiência não significa vivacidade. Sabedoria é mistura de aprendizagem, compromisso, equilíbrio, administração de conflitos, busca de conhecimentos, capacidade de convivência e decisão racional. A vivacidade é a cara feia do fisiologismo, tumor que até o povo simples começa a lancetar.

O cheiro do povo: o cheiro do povo invade as ruas, os ônibus, os escritórios, as fábricas, o campo. Até os candidatos elitistas ampliam espaços diante da ameaça de isolamento. Certa homogeneização cultural ocorre. O povo sabe olhar em silêncio para quem está a seu lado.

Esconderijos: não dá mais para se esconder. A corrupção, é claro, não acabará. Mas é preciso atentar para o fato de que as denúncias sobre negociatas e trocas de favores ilícitos constituem o prato da mídia. Alguém pode estar se guiando por um cardápio indigesto e amanhã todo mundo ficará sabendo.

Discurso: o discurso que vinga é um conjunto de propostas concretas, viáveis, simples, e de metas temporais. Sua adaptação ao momento é fundamental. A população dispõe, hoje, de entidades que a representam em diversos foros, algumas delas com atuação política tão densa quanto o Congresso. Resta ao político se apoiar nesse universo, que está muito perto das bases.

Simplicidade e modéstia: um homem público não precisa se vestir com a roupa de Deus. A honraria que os cargos conferem é passageira. Mandatos pertencem ao eleitorado. Ser simples não é arranjar cenas de crianças no colo, comer cachorro-quente na esquina ou gesticular a famílias nas calçadas. A simplicidade é o ato de pensar, dizer e agir com naturalidade. Sem artimanhas nem maquiagem. O marketing da atualidade se inspira na verdade. (Ou, na pior das hipóteses, na versão mais verdadeira.)

Estado e nação: o político pode até lutar por um Estado diferente da nação que o povo quer. A nação é a pátria – que acolhe o povo e confere-lhe orgulho. É o território onde os cidadãos se sentem bem, gostam de viver e querem constituir um lar. O Estado é a entidade técnico-jurídico-

-institucional, comprimida por interesses e dividida por conflitos, que pessoas de diversas classes estão sempre a criticar. Aproximar o Estado da nação constitui a missão basilar da política. Esse é um compromisso cívico inegociável. O Brasil de novos horizontes passa por esses contornos.

CAMPANHA NÃO É APENAS TV

A TELEVISÃO PODE MUDAR as posições no ranking eleitoral? Essa pergunta, que acende as conversas em todos os espaços nacionais, carece de uma análise que contemple não apenas as características do meio indutor de imagem, mas de uma leitura acurada a respeito do momento social, político e econômico vivido pela sociedade. A maioria das pessoas tende a acreditar que as posições se alteram a partir da programação eleitoral, a começar em meados de agosto. Analisemos.

Em primeiro lugar, cabe dizer que uma campanha eleitoral não é apenas fruto da visibilidade de um candidato na TV ou no rádio. A campanha é um conjunto de elementos, fatores e ações que abarcam o discurso, a leitura dos anseios e expectativas dos eleitores, a mobilização e todo o potencial de eventos, a ação dos candidatos proporcionais e o trabalho dos cabos eleitorais, a força dos prefeitos e a grande energia dispensada pelas ações não governamentais, que formam um imenso sistema de pressão e influência em nosso país.

Em segundo lugar, é bom lembrar que cada campanha tem um clima próprio, diferente da temperatura anterior, mesmo que apresente, entre os candidatos, um ou outro já conhecido. Ou seja, cada campanha tem seu horizonte definido, seu ar próprio, sua cor básica. Nos últimos anos, paira uma insatisfação generalizada. O candidato que mais se aproxima dos anseios das comunidades abre espaços e tem mais condições de induzir o sistema de decisão do eleitor. Nesse sentido, vale o ditado: água morro abaixo, fogo morro acima, quando o vento corre para um lado, ninguém é capaz de detê-lo. Os candidatos que estão na liderança da corrida se assemelham aos ventos do tempo.

Em terceiro lugar, há de se considerar o nível de satisfação das classes sociais. Cada classe dispõe de uma percepção diferenciada dos problemas, algumas com sentimentos mais ligados ao dia a dia, outras com expectativas voltadas para médio e longo prazos – ou seja, vive-se tanto a pressão do momento quanto o medo do futuro. O candidato que melhor interpretar tais sentimentos leva o troféu. Não se trata, apenas, de prometer. Nesse ponto, estará em análise o patrimônio de credibilidade de cada um. A promessa deverá ser embalada pelo efeito-demonstração, evidenciando-se como será cumprida e com que recursos. Alguns candidatos prometem muita coisa, mas os sinais emitidos, quando contrastados com a descrença passada pelo candidato, caem por terra.

Se essas ferramentas forem colocadas numa balança, há de se concluir que o tempo de TV não pode ser considerado determinante de sucesso ou fracasso. Essa é a questão central. Alguns candidatos, em todas as esferas, apostam alto na programação eleitoral, como se a exposição e a visibilidade fossem elementos de poder definitivo e arrebatador. Enganam-se. O programa eleitoral é apenas força auxiliar. Diz-se que, quando um cego guia outro cego, ambos caem no buraco. Essa é a ameaça que paira sobre profissionais de marketing e certos candidatos. É claro que o tempo de TV tem importância, principalmente quando se trata de comparar um candidato que dispõe de bom espaço a outro que conta com escassos minutos. Tempo longo, usado de maneira inadequada, com formatos antiquados, elogios adjetivados e chavões batidos, será um bumerangue, voltando-se contra o próprio candidato.

Por isso mesmo, quem está confiando na TV e no rádio para aumentar as chances de seu candidato poderá se frustrar. O eleitor, ademais, já está acostumado às artimanhas dos programas eleitorais e dos golpes psíquicos fabricados para chamar a atenção e cooptar a decisão eleitoral. Mais do que nunca, está provado que candidato que entra no gosto do povo não pode ser considerado um mero sabonete a ser vendido pela TV nos monótonos programas eleitorais. Se a TV fizesse milagre, muitos candidatos no passado, que dispuseram de grande tempo de mídia eleitoral – entre eles Ulysses Guimarães, que em 1989 teve míseros 4,7% dos votos para presidente –, teriam sido consagrados. O Brasil já passou pelo teste da demagogia. Os programas passam, agora, pelo teste da confiabilidade.

O ATAQUE EM CAMPANHA

QUAIS AS EXPLICAÇÕES PARA a queda de candidatos em plena campanha? Entre elas, a influência do programa eleitoral, o maior conhecimento do candidato pelo eleitor e, pasmem, as chamadas campanhas negativas – em outros termos, o ataque de candidatos a adversários. Então, a propaganda negativa não tem eficácia? Depende do tipo de abordagem. Quando o ataque tem substância, envolvendo questões centrais de caráter e personalidade do atacado, torna-se pertinente, sendo aceito pelos telespectadores. Quando atinge valores como a honra e transborda pelos porões da baixaria, afundando nos compartimentos da intimidade, o ataque é rejeitado.

Lembram-se dos ataques entre José Serra e Ciro Gomes em 2002? É evidente que há casos de atitudes e comportamentos de candidatos que precisam ser conhecidos pela sociedade, até porque o governo de uma nação implica não apenas a eficácia de programas, mas a qualidade do comando. E comando de gestão tem que ver com estilo, caráter, personalidade, atitudes.

Mas o povo não gosta de insinuações maldosas que detratem a figura, ou seja, da crítica adjetivada, amparada em presunções ou futricas da vida pessoal. Há de se separar, portanto, aspectos da vida privada e da vida pública dos candidatos, embora saibamos que esses limites são muito tênues. O ataque de Serra a Ciro se deu em resposta às insinuações que peavam sobre sua conduta. Ciro teria dito coisas que não correspondiam à verdade e desferiu pontadas que provocaram celeuma. Estabeleceu-se uma dissonância

O ATAQUE EM CAMPANHA

cognitiva, que é a dúvida massificada. Quando esse fenômeno ocorre, as pessoas tendem naturalmente a equilibrar seu pensamento, procurando respostas para as incertezas. A voz de Ciro, colocada em xeque, funcionou como bumerangue contra ele. A manobra tucana de Serra surtiu efeito.

O erro do candidato do PPS, naquela época, foi abrir demasiadamente o flanco. Ao bater boca com um rapaz negro, acabou mobilizando uma entidade de defesa racial. Xingou meios de comunicação, jornalistas e um cidadão, a quem chamou de burro pelo fato de ele ter se referido ao presidente da Suíça, que Ciro negava existir. O cidadão tinha razão. De outra feita, mandou o mercado se lixar. Ora, ninguém atravessa a trilha da campanha incólume depois de tantos ataques. A retirada de apoio a Ciro por parte de fatias do eleitorado era previsível a partir do momento em que as situações negativas foram noticiadas e ganharam ampla repercussão. Ou seja, ele acabou criando a corda onde começou a se enforcar.

Campanhas negativas fragmentam a imagem de candidatos. A condição de vítima, buscada por alguns candidatos, é uma faca de dois gumes. Poderá comover certos núcleos populares, mas contrariar grupamentos mais centrais, orgânicos, localizados nos espaços de formação de opinião.

E, como se sabe, os formadores de opinião equivalem à pedra no meio da lagoa, que forma ondas que se propagam até as margens. Aliás, naquela campanha, Lula aparou arestas, fez a lição de casa, arrumou o discurso, transformou-se de leão raivoso em cachorro amoroso, abriu sorrisos ao vento e desfraldou a bandeira do "Lulinha paz e amor". Ganhou o segundo turno.

No país, não há mais lugar para aventuras. Nem para príncipes, césares ou Bonapartes.

A FULANIZAÇÃO

INFELIZMENTE, MUITOS POLÍTICOS ACREDITAM incorporar a alma de príncipes e césares (veja o capítulo anterior). Tendem a ser individualistas. São perfis profundamente comprometidos com a cultura da personificação do poder, fenômeno que assume configuração extraordinária em tempos eleitorais. Infelizmente, o plano das ideias, entre nós, é uma tênue sombra do monumental painel da fulanização política. Nos mais diferentes espaços da Europa, por exemplo, as questões giram em torno do papel do Estado, particularmente no que diz respeito à rede de proteção social e das políticas que conduzam ao pleno emprego e à salvaguarda dos direitos de todos os cidadãos.

Trata-se, na verdade, de uma longa peregrinação feita por instituições sociais e políticas, banhadas pelo sangue das guerras, solidificadas pelo sofrimento e sacrifício de milhões de cidadãos e profundamente respeitadas por uma sociedade vacinada contra a demagogia e falsas convicções. Se na França os primeiros-ministros anunciam linhas de modernização administrativa, elegendo a descentralização e as políticas sociais – inclusive nos campos da segurança e da Justiça – como prioridade do governo, no Leste os países namoram uma social-democracia que assume densidade, aproximando os contrários. O *leitmotiv* das discussões é o equilíbrio entre o Estado e o mercado.

Já em solo brasileiro, parecemos um assolado território de barbárie, algo como o velho faroeste americano, com aventureiros, cavaleiros andantes, justiceiros e John Waynes atirando em índios, ladrões e predadores.

A FULANIZAÇÃO

Não escapam desse mundo incivilizado os nossos próprios candidatos, que se acariciam mutuamente com golpes e bofetadas vocais na esteira da personalização que invade todas as esferas públicas do país.

É triste, muito triste, constatar que os pleitos eleitorais se desenvolvem sob o signo da pequenez, da tática de emboscadas e de um exacerbado individualismo, que fecha as comportas das ideias. O que presenciamos é uma intrigalhada entre candidatos, com estocadas recíprocas que, ao contrário do que pretendem os consultores de marketing, menos atingem os adversários e mais desqualificam os detratores. Afinal de contas, pergunta-se, que grandes ideias para o desenvolvimento do país, das regiões e dos estados são compreensíveis e internalizadas por eleitores avessos tanto a um recorrente e incompreensível economês como aos velhos chavões das promessas grandiosas? Será que os candidatos ainda não perceberam que a imensa maioria do eleitorado quer distinguir qual deles tem o melhor projeto para o país e quem é o mais confiável? Ou será que pensam que o discurso estético, o da simples apresentação pessoal, atrairá o voto? Precisam entender que chegou a hora de demonstrar como transformar convicções em ações. Esse é o maior desafio.

Também é inadmissível continuar cultivando velhos mitos, como se não tivéssemos amargado, na última década, os efeitos de uma retórica vazia e de alavancas de campanha que se mostram funestas. O mito do candidato-deus e do candidato-diabo é inaceitável. Não passa de balela querer construir um falso Muro de Berlim entre candidaturas, devendo ser repudiada qualquer tentativa de apresentar ao eleitor o jogo ilusionista do bem e do mal. É perigoso querer enganar o eleitor com falsas embalagens, como se a lembrança de governantes adocicados pelo marketing não estivesse ainda viva em nossa memória. Quem perde a identidade é falso consigo mesmo. Por último, é inadmissível transformar pesquisa eleitoral em instrumento de barganha, pressão e especulação financeira. Essa prática, agora adotada por instituições financeiras, só mostra a degradação a que chegou a instituição política.

A fulanização, o tiroteio verbal, o marketing e as pesquisas estão transformando a campanha em um jogo de paixões. Se as paixões, como dizia

Burke, forjam as próprias algemas de homens de mentes destemperadas, perigam os candidatos enfumaçar tanto o ambiente que os eleitores só conseguirão decidir quando o céu estrelado permitir distinguir suas ideias. Os atuais índices de intenção de voto de cada um, menos que aceitação de ideário, atestam a significação dos perfis, podendo evidentemente ser alterados diante de motivações mais fortes. O eleitorado opta em função de um discurso meramente estético, produto de visibilidade e de uma vaga associação feita em torno de valores como simpatia, confiança, capacidade, honestidade e posicionamento no *status quo*.

É de esperar dos candidatos espírito de grandeza, capacidade de eleger o plano das ideias como a força maior da campanha. Assim poderemos nos inserir, pelo menos um pouquinho, na base em que está assentada a cultura política de povos que ergueram os pilares mais elevados da civilização.

■ "NÓS E EU"

UMA CAMPANHA POLÍTICA ABRIGA complexa cadeia de vetores, entre os quais, pesquisas, discurso, comunicação, articulação, mobilização das massas, recursos, agenda e logística. Cada ciclo tem natureza, clima e circunstâncias próprias, as quais, por sua vez, determinam maior ou menor ênfase em um ou outro componente de agregado eleitoral. Um ponto em comum, porém, tem balizado as campanhas eleitorais ao longo dos últimos 60 anos – ou, mais precisamente, desde a vitoriosa campanha de Getulio Vargas, em 1950, quando percorreu todos os 20 estados da época lendo escorreitas peças que tratavam dos problemas e demandas de cada comunidade. Daqueles tempos de grande carência logística para chegar às regiões aos dias de hoje, os discursos elegem como alavanca o culto ao "eu". A prevalência dos perfis pessoais sobre a representação coletiva, expressa por "nós", decorre do caráter individualista que é marca da política nacional, mesmo nos tempos em que os territórios partidários acentuavam suas distinções, como foi o caso do velho PSD (representando a aristocracia rural) e da UDN (representando as elites urbanas).

Os principais atores individuais da cena política distinguiam-se por traços inconfundíveis, a denotar o acendrado gosto popular por figuras como o herói, o guerreiro, o pai dos pobres, o amigo do povo, o mais simples. Vargas vestia o manto de pai dos pobres; Juscelino Kubitschek era charmoso, sorridente e pé de valsa; Jânio Quadros, com seu jeito histriônico, simbolizava a autoridade, portando a vassoura da limpeza contra a corrupção;

João Goulart assumia a imagem de herdeiro de Getulio, desfraldando a bandeira do trabalhismo.

Os presidentes da ditadura militar, sob a espada de "combate ao comunismo e aos movimentos subversivos", tinham cada qual seu estilo, com realce para o duro general Garrastazu Médici, que fez fama como torcedor do Grêmio (RS) e do Flamengo; o acelerado general Figueiredo, com seu *hobby* de criar cavalos de raça; e o desenvolvimentista Ernesto Geisel, que não escondia a fé luterana.

No ciclo da redemocratização, José Sarney assumiu a imagem de cacique político; Fernando Collor, que fez a abertura econômica e saiu por *impeachment* do Congresso, bancou o caçador de marajás; o imprevisível Itamar Franco fez o papel iniciador do Plano Real; Fernando Henrique foi elevado ao patamar de responsável pela estabilidade da moeda; Luiz Inácio Lula da Silva apareceu como o novo pai dos pobres e Dilma Rousseff procura desenhar a imagem de faxineira da gestão pública.

Houve até a tentativa de instalar por aqui a era do culto ao "nós", dentro da qual se descortinaria um horizonte pontilhado de formas inovadoras de fazer política. Nele, um ambiente asséptico impregnaria a administração pública, irradiando por todas as instâncias federativas valores éticos e critérios de promoção do mérito e eliminando as correntes contaminadas com indicações politiqueiras para cargos e funções. A modernidade foi uma promessa da era Collor. Feneceu dos piores males da República. Os tempos tucanos de FHC também foram promissores na perspectiva da modernização institucional. Afinal, tinha-se no comando da nação um renomado *schollar*. Os ares se encheram de expectativas. Vislumbrava-se uma gestão mais racional e com foco em resultados. Mas, ao final de oito anos, a velha política fincou pé. Lula chegou, em 2003, com o verbo "mudar" abrindo uma peroração cheia de esperanças. A ascensão do PT ao centro do poder assim era traduzida: "Os velhos costumes estão com os dias contados; o país abria uma agenda ética". A impressão era de que o Brasil, finalmente, encontraria o caminho da redenção moralizadora.

Um massacre de marketing fez a demarcação entre duas fronteiras: os puros e os impuros, os éticos e os imorais. Outros conceitos foram intensamente massificados: bons e maus, pobres e ricos. Em determinados momentos, parecia que os discursos de Lula e colegas tinham como foco o resgate da velha luta de classes. De maneira escancarada, o discurso insistia em propagar a existência de um edifício com duas torres: uma, habitada pelos pobres; outra, de propriedade das elites. Por deliberada estratégia de criar um projeto de poder de longo prazo, sob a égide do socialismo clássico, hoje com sua bandeira arriada, o PT desprezou (e ainda despreza) o fato de que o convívio com as velhas práticas o tornou passível ao fenômeno da mimese. Igualou-se a outros entes do espectro partidário. E até foi mais longe: foi pego com a mão na cumbuca. A ação penal 470 (também chamada de mensalão) joga o partido no pântano da política.

Portanto, o culto ao "nós", que nos dois mandatos de Lula foi entronizado nos palanques eleitorais, não chega com prestígio para convencer as massas. Nesse ponto, convém lembrar que o marketing da louvação, em intenso desenvolvimento no país desde os tempos galopantes de Collor, subiu ao pódio do descrédito. Os últimos governos rebocaram com tanta argamassa as paredes da gestão que estas ameaçam embaular e desmoronar. Tanto o governo federal – com sua planilha de grandes obras – quanto os governos estaduais deverão passar pelo teste do nosso carbono social. Ou será que não se percebeu a existência de novo processo para medir o tempo (cronogramas) e conferir promessas? Lembrando: os testes de objetos da mais remota Antiguidade – para descobrir, por exemplo, a verdade sobre o santo Sudário de Turim – são feitos com o carbono 14, isótopo radioativo e instável que declina em ritmo lento a partir da morte de um organismo vivo. O nosso carbono 14 é a onda centrípeta, das margens para o centro, com suas percepções e decepções da política.

Engodos até podem continuar a engabelar as massas. Há, porém, um culto ao "nós" menos passível de firulas demagógicas. É o olhar mais agudo da sociedade sobre as tramoias da política.

A FORÇA DOS DEBATES

OS DEBATES ENTRE OS candidatos exercem papel fundamental. Servem para mostrar não apenas os programas de governo, mas o estilo e o comportamento dos candidatos, oferecendo aos eleitores uma apreciável comparação de perfis. A propósito, cabe lembrar que a população gosta de saber como agirão os mandatários, quer conhecer o jeito de cada um, e essa curiosidade acaba conduzindo as atenções e os interesses para a esfera da conduta pessoal. Nesse sentido, as acusações e o palavrório inserido no capítulo das impertinências verbais fazem parte do jogo.

A pergunta mais recorrente é sobre a eficácia dos debates no índice de intenção de voto. Certas posições conhecidas merecem ser reafirmadas. A primeira é a de que o debate é mais importante para quem está perdendo do que para quem está ganhando. E a razão é esta: quem está atrás pode ganhar pontos com tacadas corretas; quem está à frente se arrisca a perder caso não se saia bem, seja muito confrontado ou cometa uma gafe monumental. Por isso mesmo, candidatos que estão disparados na frente correm de debates, temendo perder pontos ao dividir a participação com candidatos nanicos atacando em massa.

Às vezes, a fuga do debate não altera a posição dos favoritos nas pesquisas.

A segunda vertente é a de que o debate poderá ser uma ótima oportunidade para um candidato desfazer um mal-entendido provocado por uma declaração pinçada de um contexto ou a versão maldosa de um ponto de vista.

E quando os candidatos se equivalem na força do ataque e em um desempenho quase semelhante na defesa? Poucos hão de concordar que o debate resultou em empate técnico; ora, a tendência dos eleitores é a de considerar que seu candidato venceu os adversários. A vitória de um ou outro será conseguida mais adiante, quando a tuba de ressonância das campanhas, somada à influência das pautas jornalísticas e ao peso das pesquisas de opinião, der o tom. A vitória será atribuída ao candidato com maior volume de comunicação. Se o adversário ainda contar com a indisposição e o tom negativo de parcela da mídia, levará a pior.

PRECE AOS CANDIDATOS

ATENÇÃO, SENHORES CANDIDATOS. NÃO tentem abusar da paciência dos eleitores. Não prometam aquilo que não poderão cumprir. Não exagerem nas promessas. Afinal de contas, quem promete o céu sem ensinar o caminho pode acabar caindo nas garras do inferno. Não dá para acreditar na criação de milhões e milhões de empregos em um país que, depois de 500 anos de vida, conseguiu gerar apenas 45 milhões de empregos formais.

Promessas mirabolantes não resistem a uma análise mais rigorosa. O eleitor já descobre quando é alvo de mistificação. Os factoides para chamar a atenção do público e disputar visibilidade são perceptíveis. Candidatos precisam assumir sua verdadeira identidade. Não é preciso ir longe para saber o que a sociedade quer. Basta captar o senso comum, que está a um palmo dos nossos sentidos. É claro que a população quer que os candidatos se empenhem ao máximo para oferecer as melhores propostas e os modos mais adequados de realizá-las. Dispensa, porém, a demagogia, as extravagâncias, as fórmulas mágicas e os coelhos tirados de cartola – que sabidamente são artimanhas de ilusionistas do mundo circense.

O eleitorado quer, sim, que a moeda continue sendo forte, garantindo a estabilidade da economia. E que isso seja feito sem que se criem atropelos, calotes, percalços e sustos em nossas precárias reservas. O país que todos desejam deveria oferecer muitas possibilidades de emprego, sem restrição de idade e classe, diminuindo as angústias das milhares de famílias desempregadas. Sabemos que isso implica plena carga na produção, com incentivo aos setores da economia que se encontram semiparalisados ou desmotivados. Que se baixem os juros e se diminuam os impostos, fazendo que mais gente pague, mas pague menos. Justiça fiscal, é isso que se prega.

Os eleitores exigem, sim, segurança, mas um sistema preventivo e ostensivo que se faça respeitar pela força da autoridade, pela disposição dos efetivos motivados e pela certeza de que os criminosos serão condenados e submetidos aos rigores da lei. Ao contrário, longe de nós a segurança que causa insegurança, pela ação maléfica e contaminada de quadros policiais mancomunados com as gangues. Não queremos o aparato que se inspira na ideia da carnificina, da mortandade em sequência cujo slogan é "Bandido bom é bandido morto". Sabemos que essa cultura é fonte da própria violência que se perpetua nos cárceres. Como seria civilizado dispormos de espaços seguros em todas as partes, inclusive nos empreendimentos turísticos, em que se avolumam as mortes de crianças e adolescentes por falta de equipamentos adequados e orientação condizente nos parques de lazer.

Os eleitores querem, sim, uma educação forte de base, com todas as crianças em escolas aparelhadas, recebendo lições de cultura e vida, sem medo da infiltração das drogas. Nossos professores, motivados com salários decentes, seriam respeitados como os guias espirituais de uma sociedade harmônica e mais justa. Nossos sentimentos apelam por uma universidade em que greves por falta de professores sejam apenas tênues recordações de um passado retrógrado. Nesse dia, poderemos nos alegrar pelo fato de que não há mais docentes que finjam dar aulas e discentes que finjam assistir a elas. Queremos, sim, que a nossa juventude redescubra a alegria do lazer saudável, dos esportes, da política estudantil voltada para a construção de valores e ideais.

Os eleitores exigem, sim, um sistema de saúde em que estabelecimentos limpos e aparelhados afastem por completo o medo da infecção hospitalar. Mais: que os profissionais, preparados e acolhedores, em quantidade adequada, não nos façam esperar em filas quilométricas. E que o processo de cura seja facilitado por remédios baratos e à disposição de todas as classes sociais. Defendemos, sim, que os profissionais liberais de nosso país reencontrem a satisfação no trabalho, cobrando justos preços, atendendo de maneira exemplar os seus clientes, irmanando-se ao ideal da solidariedade e do humanismo. Na área privada, a sociedade clama por planos de saúde mais acessíveis e capazes de oferecer bom atendimento. O mercantilismo no setor acaba degradando os serviços.

Os eleitores querem, sim, que haja menos burocracia na administração governamental, menos regulamentos, serviços melhores e mais ágeis, aproximando-se a esfera pública do cotidiano dos cidadãos. É claro que o anseio nacional é por melhor justiça, que significa mais agilidade nos processos, imparcialidade nas decisões e rigoroso cumprimento da lei. Precisamos carregar no coração a certeza de que, em nosso país, a lei é para todos, sem distinção de cor, raça e gênero. Como seria bom se nossos políticos prestassem contas dos compromissos assumidos, não se aproximando dos eleitores apenas nos períodos eleitorais.

Os eleitores querem, sim, governos compromissados com o ideal coletivo, menos sujeitos às pressões fisiológicas, menos aferrados à ideia do utilitarismo monetarista e mais plurais na forma de contemplar as demandas sociais, na capacidade de entender as dimensões e os problemas das unidades federativas e na disposição de exercer as funções constitucionais. A ordem, o respeito, a autoridade, a disciplina, o zelo são valores intrínsecos ao escopo institucional. Infelizmente, estão sendo atropelados pela irresponsabilidade de maus administradores, corruptos e apaniguados. Urge resgatá-los a fim de reconquistar a crença dos cidadãos nos símbolos da nação.

Olhar olho no olho sem temer a verdade; enfrentar as situações com disposição; jogar aberto, não tergiversar; assumir o sentido da autoridade; fazer cumprir a lei; punir os culpados; exercer com altanaria as altas funções públicas – são esses alguns preceitos que o país quer ver aplicados. Para respeitar, o cidadão quer ser respeitado; para assumir responsabilidades, quer ver exemplos dignificantes de cima. No fundo, o que ele quer é ver replantada a semente de suas mais altas esperanças, resgatando as velhas utopias.

PARA GANHAR UMA ELEIÇÃO (I)

COMO SE GANHA UMA campanha eleitoral? Para essa pergunta, a mais recorrente feita aos profissionais do marketing e da comunicação, não há uma resposta fechada. Os momentos sociais, os climas políticos e os espaços geográficos são fatores determinantes do sucesso/insucesso de uma campanha. Algumas regras são fixas e sempre válidas, como o princípio geral de que uma boa campanha é o somatório de bom candidato, discurso eficaz (propostas) e boa comunicação. Mas o que é um bom candidato?

Um bom candidato é aquele que coloca o ideal coletivo acima de seu ideal pessoal. E isso é quase uma utopia nos nossos dias: a política, como missão a serviço da sociedade, passou a ser um grande empreendimento negocial. O corporativismo tomou conta dos grupos em função da crise da democracia representativa. Os eleitores se distanciam da representação política porque já não acreditam nas promessas dos políticos. Aproximam-se das lideranças de seus grupos de referência e de suas instituições classistas. O ideal coletivo, nesse contexto, reduz-se a metas grupais, a programas fragmentados, específicos. Cada grupo puxa as coisas para o seu lado.

O candidato ideal é aquele que interpreta, com convicção, as expectativas do maior número de eleitores. E assume o compromisso de efetivá-las por meio de projetos claros, simples e factíveis. Quando um candidato ultrapassa os limites de sua dimensão, está enganando o povo, fazendo demagogia. E o eleitor acaba percebendo.

O discurso eficaz é o conjunto de medidas práticas ajustadas às necessidades das comunidades. A população quer ver ações imediatas para questões rotineiras: a escola, o transporte, a segurança, a limpeza, o asfaltamento, a coleta de lixo, o alimento barato. As firulações discursivas são desprezadas. Aquele tipo de discurso que promete "uma pátria para nossos filhos, nossos netos" está sendo preterido pela ideia de um município, já, para minha família, meus filhos, meus vizinhos, meus companheiros de jornada. Para sair do comum, o caminho é a criatividade, ou seja, devem-se buscar alternativas que saiam do cansativo lugar-comum.

E a boa comunicação, ao contrário do que muitos imaginam, não é a camada cosmética dos programas de televisão, aqueles quadros movidos à computação gráfica, repletos de elementos de ficção. A boa comunicação é aquela que chega de maneira fácil e objetiva na mente do eleitor, que o induz e o motiva a tomar uma decisão. As campanhas eleitorais costumam abusar dos efeitos gráficos na TV. Gerou um efeito devastador sobre o perfil de alguns políticos: a chamada *fadiga de imagem*. O uso exagerado da cosmética televisiva gera desconfiômetro.

Para ganhar uma campanha, um candidato precisa, antes de tudo, acreditar em si mesmo. Para tanto, deve tomar um banho de introjeção, fazer uma análise pessoal, checar suas qualidades e seus defeitos, procurar entender o significado de sua candidatura e compreender as circunstâncias e os climas ambientais. Só depois deve se aconselhar com assessores para aprimorar o discurso, as abordagens, as formas de articulação com o eleitorado. Precisa transmitir sua identidade, o que significa expor sua verdade, seus valores, suas posições, suas convicções. Se perder, terá valido a pena colocar-se por inteiro, sem tergiversações, sofismas, elucubrações. Poderá dizer que foi honesto consigo mesmo e com seus concidadãos. Se ganhar, terá de colocar sua consciência e suas energias na luta pela implantação das ideias que pregou. O eleitor vai verificar se o discurso é pra valer ou apenas para inglês ver.

PARA GANHAR UMA ELEIÇÃO (II)

O QUE É MAIS importante na campanha eleitoral: os programas de TV e rádio ou o corpo a corpo? Essa é outra recorrente pergunta que se faz em tempos eleitorais. Em uma campanha, todos os projetos e ações têm seu devido peso, uns somando-se aos outros e influindo para a eficácia global. É claro que, nas capitais e cidades maiores, os meios eletrônicos assumem maior importância pela dificuldade de um candidato se relacionar diretamente com grandes contingentes eleitorais. Mas o corpo a corpo tem sempre importância capital.

O eleitor, mais desconfiado e atento, quer sentir de perto o candidato, conferir a naturalidade/artificialidade da campanha, o clima que envolve a candidatura. A comunicação constitui o meio que vai transportar o programa do candidato até a mente do eleitor. Mas não esgota uma necessidade que tem se aguçado nos mecanismos de decodificação dos eleitores: a da presença física do candidato, acentuada pelo sentido de organização social no Brasil. As entidades organizadas da sociedade civil – que se multiplicam por toda parte – fecham posições com candidatos, o que determina o estabelecimento de compromissos por parte de candidatos, obrigando-os a sair das tocas burocráticas.

Os eventos de mobilização das massas – que energizam as campanhas – devem ser mais direcionados, restritos a grupos de eleitores, menos grandiosos e mais ágeis. O futuro abrigará campanhas pontuadas por eventos grupais, menos suntuosos, mais densos de conteúdo. Ou seja, os conteúdos passam a ganhar da estética. As campanhas trabalharão com temáticas mais próximas do eleitor, deixando vez para a interpretação de que não serão federalizadas. Mas há problemas que mexem com as esferas federal, estaduais e municipais ao mesmo tempo. Por exemplo, a questão do desemprego. É um problema federal e estadual, mas o município, por meio de seus programas de geração de postos de trabalho, também tem sua parcela de responsabilidade. A segurança, nessa esteira, é outro problema que mexe com o dia a dia do cidadão. Nesse caso, o candidato não pode simplesmente dizer que vai acabar com a insegurança, sob pena de ser considerado demagogo. Por isso, propostas nessa área devem ser criativas e bem estruturadas.

A contundência, o xingamento, a denúncia envolvendo aspectos da personalidade de adversários são elementos válidos na linguagem de uma campanha? É bom ter cautela. A contundência, no estilo de virar a mesa, dá medo. O equilíbrio é boa medida. E quem tem roupa suja para lavar não pode querer sujar a roupa do outro. Mesmo aqueles que são exemplos de vida ilibada não devem se sujeitar às baixarias de campanha. Elogio em boca própria é vitupério, diz o ditado. A honestidade, por outro lado, não é virtude que deva ser preconizada pelo candidato. Deve, isso sim, ser reconhecida como valor que integra seu perfil. Mas tal reconhecimento é uma prerrogativa de eleitores, não do candidato. O eleitorado quer votar em figuras sérias, honestas, experientes, inovadoras, que exerçam a autoridade. Autoridade é contraponto à desorganização, ao caos, ao loteamento de cargos, à corrupção. Tais atributos, se não forem reconhecidos pelo eleitor, poderão ser extraídos dos programas e ideias esboçados. Alguns projetos estarão no lado da factibilidade e positividade, outros enfeitarão o desmoralizado espaço da demagogia.

Dinheiro é importante? Claro que sim. Em campanhas anteriores, usou-se muito recurso para fanfarronices, esbanjamento em formas suntuosas, eventos ordinários. Em cidades pequenas do interior, campanha política é também festa. Nas cidades centrais, a campanha já começa a ser percebida como momento cívico para mudança de valores e perfis. A hora não se presta para extravagâncias. A atualidade abre novas percepções, novos sentidos, novos desejos e novas atitudes.

PARA GANHAR UMA ELEIÇÃO (III)

QUAL A RECEITA DA vitória? A bola de cristal de consultores políticos trabalha muito para encontrar respostas adequadas. Se a política fosse uma equação de primeiro ou segundo graus, seria fácil apontar os elementos componentes de sucesso. Mas, como a política, assim como a guerra, é uma parte de paixão, uma parcela de razão e outra de sorte, dois desses fatores, por natureza, são incontroláveis. Ou seja, a política pode ser até uma equação em que a soma de dois mais dois é igual a cinco, sendo o tal número a mais o que chamamos de elemento imponderável.

Para não frustrar candidatos e assessorias, porém, sugerimos que eles apostem pesadamente nos fatores: *discurso*, que abrange o conteúdo das propostas e o domínio de amplos conhecimentos pelos candidatos; *comunicação*, que se refere tanto ao volume dos espaços e tempos comunicativos quanto às maneiras de expressão criativa dos programas; *recursos e capacidade organizativa*, que constituem a mola de sustentação dos vetores de força; *tipos de operação empreendidos*, representados pelas estratégias de campo e pelas *articulações políticas*; e, por fim, a *combinação adequada desses fatores* no tempo de que se dispõe para desenvolver a campanha.

Começando pela capacidade organizativa, há de se lembrar que a campanha é uma guerra com algumas lutas, dando-se o desfecho final na última semana de setembro. Como toda guerra, exigem-se comando, disciplina, exércitos treinados, armas lubrificadas, alvos definidos e operações bem planejadas. Um dos erros mais comuns dos candidatos é querer transformar as campanhas eleitorais em algo de natureza empresarial, em que metas, objetivos, operações, mobilização de equipes e estratégias dependem de medida análise entre custo e benefício.

Ora, o negócio político nem sempre resulta em benefícios diretos. O cinturão político é uma teia de interesses que não são compreendidos por gente de mentalidade empresarial. Atribuir, portanto, condições organizativas a gente sem sensibilidade política significa emperramento de campanha, patinação, andar em círculos. Equivale a colocar um político para tomar conta da construção de um prédio. Não dá certo.

A segunda questão central é o discurso. Não adianta ficar nas generalizações do tipo "vamos fazer isso, vamos fazer aquilo, temos de mudar, de avançar, melhorar, aperfeiçoar". Isso é chavão que nem entra no ouvido do eleitor. O diferencial é o como, é o detalhe, é o programa concreto para tornar confiável uma ideia mais genérica. Por falar nisso, os remédios genéricos são, por exemplo, algo concreto para significar a meta de baratear o custo dos medicamentos. O eleitor quer ouvir a ação certa, realizada em tempo concreto, dando resultados apurados e medidos. Não adiantará nadar no oceano das ondas enormes e sinuosas.

O terceiro aspecto que merece consideração séria é o próprio candidato, com sua capacidade comunicativa, sua história, seus exemplos, seu domínio de conhecimentos. Os tipos escorregadios cairão na ladeira. Quem promete mundos e fundos deverá saber que o eleitor está passando a promessa em seu sistema de signos e interpretação, aceitando-a ou rejeitando-a de acordo com a credibilidade do candidato.

O quarto aspecto refere-se às formas de operação de campanha, significando o uso de estratégias massivas de mobilização, a energização das cidades e suas populações, a intensificação dos eventos que darão às campanhas climas positivos. Campanha morna é campanha doente. Campanha na UTI está à beira da morte.

O PONTO DE QUEBRA

O MARKETING POLÍTICO APRESENTA nuanças bem diferentes do marketing de produtos. Não se pode comparar um candidato a um sabonete, como já foi dito. A maquinaria psíquica do ser humano é uma fonte inesgotável de segredos e surpresas. A tecnologia de manufatura de um sabonete é artificializada e previsível. O que se pode pinçar do marketing industrial para uso na política é o conceito de ciclo de vida do produto. Há cinco fases na vida de um produto, que podem ser levadas para o campo político: o lançamento, por ocasião de apresentação de um candidato; o crescimento, nas semanas seguintes; a consolidação/maturidade, quando o candidato ocupa espaços amplos e fixa de maneira forte seu nome no eleitorado; o clímax, ponto alto da campanha que deve coincidir com o dia da eleição; e o declínio, fase em que ele começa a cair.

Na vida do governante, o ciclo do marketing também tem cinco fases a partir do dia em que ele começa a governar. Seu desafio maior é chegar ao final do governo em fase de grande aceitação. E desafio maior ainda é o que se apresenta a governantes já muito conhecidos e experimentados. Por mais que tenham realizado administrações consideradas exemplares, defrontam-se com o espírito do eleitor e suas circunstâncias. Não há na política, é oportuno lembrar, candidatos imbatíveis. Os ventos estão sujeitos ao tempo. Sua rota é imutável. O eleitorado, da mesma forma, reage ao sabor do momento, não havendo força econômica que mude sua percepção. O eleitor, em certos casos, pode ser movido pelos sistemas indutivos do marketing. Não há, porém, regra infalível.

O que faz um eleitor mudar de lado além do fracasso de uma administração ou do insucesso de um parlamentar? A mesmice, por exemplo. O sentimento de que nada vai mudar com determinado candidato. A saturação de estilo é outro fator. Há políticos extremamente previsíveis. Quando se tornam muito comuns, arroz de festa, amorfos, cedem lugar a outros que representam novidade. As pessoas gostam de mudar, de avançar, de experimentar novas sensações. Por isso, os candidatos à reeleição que afundam no sofá da acomodação estão ameaçados da síndrome da inércia. Podem até estar bem na frente neste momento, podendo permanecer aí até o dia da eleição, caso seus opositores não despertem o sentido cognitivo do eleitor.

Sabe-se que há um ponto de quebra na vida de um candidato. É o ponto de saturação, identificado com o estágio de frieza e de afastamento dos eleitores. Isso ocorre geralmente quando os candidatos, na condição de governantes, de tanto experimentar o poder de governar tornam-se insensíveis ao ambiente. Criam uma camada impermeável sobre o faro político, transformando-se em "imperadores frios" e distantes. Não mais vibram, não mais se comovem. Os eventos eleitorais por eles frequentados constituem mera formalidade de campanha, sem a vitalidade oxigenante necessária para energizar as massas. Mesmo os melhores perfumes mudam de frasco. Quem indica tudo isso é a pesquisa. O calcanhar de aquiles chama-se ponto de quebra.

A REJEIÇÃO E OS CANDIDATOS

REJEIÇÃO A CANDIDATO É coisa séria. Não se apaga um índice de rejeição da noite para o dia. O maior adversário de certos candidatos é uma rejeição em torno de 30% dos eleitores. Em um colégio eleitoral de mais de 30 milhões de eleitores, como é o caso do estado de São Paulo, uma rejeição maior que 30% é uma montanha difícil de escalar. Trata-se de uma barreira que pode derrubar qualquer candidato, principalmente se este for ao segundo turno de uma campanha majoritária. Quando um candidato registra um índice de rejeição maior que a taxa de intenção de voto, é bom começar a providenciar a ambulância para entrar na UTI eleitoral. Caso contrário, morrerá logo nas primeiras semanas do segundo turno.

A rejeição deve ser convenientemente analisada. Trata-se de uma predisposição negativa que o eleitor adquire e conserva em relação a determinados perfis. Para compreendê-la melhor, há de se verificar a intensidade da rejeição dentro da fisiologia de consciência do eleitorado. O processo de conscientização leva em consideração um estado de vigília do córtex cerebral, comandado pelo centro regulador da base do cérebro, e, ainda, a presença de um conjunto de lembranças (engramas) ligadas à sensibilidade e integradas à imagem do nosso corpo (imagem do Eu) e outras perpetuamente evocadas por nossas sensações atuais. Ou seja, a equação aceitação/rejeição se fundamenta na reação emotiva de interesse/desinteresse, simpatia/antipatia. Pavlov se referia a isso como reflexo de orientação.

A intensidade da rejeição varia de candidato para candidato. Paulo Maluf, que sempre teve altos índices de rejeição, passou a administrar o fenômeno depois de muito esforço. Mudou comportamentos e atitudes. Tornou-se menos arrogante, o nariz levemente arrebitado desceu para uma posição de humilde. Maluf começou a conversar humildemente com todos, apesar de não ter conseguido alterar aquela antipática entonação de voz anasalada. Os erros e as rejeições dos adversários também contribuíram para atenuar a predisposição negativa contra ele. Purgou-se, também, pelos pecados mortais dos outros. Maluf aprendeu bem a arte de engolir sapos.

Em regiões administradas pela velha política, a rejeição a determinados candidatos se soma à antipatia ao familismo e ao grupismo. O eleitor quer se libertar das candidaturas impostas ou hereditárias. Mas não se pense que o caciquismo se restringe a grupos familiares. Certos perfis, mesmo não integrantes de grandes famílias políticas, passam a imagem de antipatia, seja pela arrogância pessoal, seja pelo estilo de fazer política ou pelo oportunismo que sua candidatura sugere. Em quase todas as regiões do país, há altos índices de rejeição, comprovando que os eleitores, cada vez mais racionais e críticos, querem passar uma borracha nos domínios perpetuados.

A rejeição pode ser diminuída quando o candidato, indo a fundo nas causas que mais maltratam a candidatura, enfrenta o problema sem tergiversação nem firulas. Pesquisas qualitativas, com representantes de todas as classes sociais, indicam as causas. Aparecerão questões de variados tipos: atitudes pessoais, jeito de encarar o eleitor, oportunismo, mandonismo familiar, valores como orgulho, vaidade, arrogância, desleixo nas conversas, cooptação pelo poder econômico, história política negativa, envolvimento em escândalos, ausência de boas propostas, descompromisso com as demandas da sociedade. Para enfrentar alguns desses problemas, o candidato há de comer muita grama. Não se equaciona a rejeição de modo abrupto. Ao contrário, quando o candidato demonstra muita pressa para diminuir a rejeição, essa atitude é percebida pelo conjunto de eleitores mais críticos, que é exatamente o grupamento mais afeito à rejeição. E aí ocorre um bumerangue, ou seja, a ação se volta contra o próprio candidato, aumentando ainda mais a predisposição negativa contra ele.

Trabalhar com a verdade, eis aí um ponto-chave para começar a administrar a taxa de rejeição. O eleitor distingue factoides de fatos políticos, boas intenções de más intenções, propostas sérias de ideias enganosas. O candidato há de montar no cavalo de sua identidade, melhorando as habilidades e procurando atenuar os pontos negativos. É errado querer mudar de imagem por completo, passar uma borracha no passado e cosmetizar em demasia o presente. Mas é também um grave erro persistir nos velhos hábitos. Mudar na medida do equilíbrio. Mudar sem riscos. Todo cuidado com mudanças constantes e bruscas, de acordo com a sabedoria da velha lição: não ganha força a planta frequentemente transplantada.

O ELEITOR E O MARKETING

A FORÇA DA NATUREZA é a maior do universo. Os homens até conseguem, com obras monumentais de engenharia e arquitetura, driblar as forças naturais. Estão aí os diques, os túneis debaixo dos rios e dos mares, ícones da grandeza criativa do homem. Mas os furacões e terremotos que devastam espaços, não fazendo concessões aos mais avançados bastiões da tecnologia, provam que a natureza não pode ser enganada todo o tempo. O povo, já dizia Lincoln, também não pode ser sempre enganado. É por isso que o povo, mesmo o mais sofrido, aquele do qual se tira a energia pelas doenças, pelas sequelas, mazelas e omissão dos governantes, desenvolve uma incomensurável força: a força para construir seus próprios caminhos.

A questão vem a propósito da luta política e das estratégias que candidatos a pleitos majoritários e proporcionais engendram para escalar a montanha do poder. As táticas, os meios, as formas, os recursos, o marketing das campanhas eleitorais conseguem enrolar o eleitor numa capa de mistificação tão densa que lhe turve a visão, tirando a capacidade de ajustar o raciocínio? Mais exatamente: é o marketing que dá a vitória ao candidato? Essa é uma constante indagação de leitores e da imprensa. Vamos às respostas. Primeira: quem ganha uma campanha é o candidato; o marketing ajuda a potencializar qualidades e virtudes e a atenuar defeitos. Segunda: o marketing malfeito contribui para derrubar candidatos. Terceira: o eleitor sabe distinguir entre o certo e o errado, entre o adequado e o inconveniente, entre o simples e o exagerado.

Neste ponto, cabe arrematar: o eleitor é sábio e o candidato é quem ganha a campanha. A sabedoria do eleitor está na virtude da observação e no poder da análise. Não precisa ser um poço de conhecimentos nem um acurado intérprete dos fenômenos sociais. O eleitor mais pacato tem condições de distinguir qualidades de vícios de seus semelhantes, a partir de um código de referências e do sistema de associação de ideias, que incluem companheiros, amigos, conversas, diálogos e comparações. Há pessoas que consideram o eleitor um ente imbecilizado, extensão da irracionalidade animalesca que não sabe votar. Trata-se de um equívoco.

Essa é a razão pela qual não se devem exagerar as cargas informativas, emotivas, expressivas e argumentativas do marketing. A tecnologia e o sofisma criam certos embaraços mentais na maquinaria psíquica de pessoas menos preparadas para entendê-las, mais sujeitas aos processos de manipulação. Mas o ser humano, quando confrontado com cargas informacionais que não absorve nem entende, desenvolve mecanismos de proteção. Refugia-se na desconfiança. Observe-se o olhar desconfiado e matreiro de quem se sente enrolado. A esmola quando é muita o cego desconfia.

O desconfiômetro, portanto, está presente nos processos cognitivos das pessoas, sejam quais forem suas habilitações e potenciais. Não se pode lutar contra a força do pensamento, a capacidade imaginativa de cidadãos que pensam e costumam agir em função de códigos que orientam o sistema de decisões. Nos últimos 60 anos, desde a Segunda Guerra Mundial, registraram-se ganhos formidáveis no campo das ideias e dos sistemas de significação. A era da mistificação nazista ficou para trás. O universo globalizado exerce um autocontrole. Se alguém erra, já não esconde o erro tão facilmente. A subordinação pela opressão dos esquemas e estratagemas de comunicação, controlados por ditadores ou por poderosos grupos e feudos, já não tem a mesma força do passado. Os cidadãos despertaram. Como a natureza, têm força para quebrar os grilhões da vontade de seus semelhantes e fazer valer sua vontade.

O ELEITOR COMO CAIXA-PRETA

QUAL É O SIGNIFICADO do voto? Quando um eleitor opta por um candidato, que fatores balizam sua decisão? Essa é uma das mais instigantes questões das campanhas eleitorais. A resposta abriga componentes relacionados ao conceito representado pelo candidato e ao ambiente social e econômico que cerca os eleitores. No primeiro caso, o eleitor leva em consideração valores como honestidade/seriedade, simplicidade, competência/preparo, capacidade de comunicação, entendimento dos problemas, arrogância/prepotência e simpatia. Sob outra abordagem, o voto quer significar protesto, um castigo aos atuais governantes e a candidatos identificados com eles, vontade de mudar ou mesmo aprovação às ideias dos perfis situacionistas. Nesse caso, os pesos da balança assumem o significado de satisfação e insatisfação, confiança e desconfiança.

A questão seguinte é saber em que ordem o eleitor coloca essas posições na cabeça e por onde começa o processo decisório. Não há uma ordem natural. O eleitor pode começar a decidir tanto por um valor representado pelo candidato – simpatia, preparo, capacidade de comunicação – como pelo cinturão social e econômico que o aperta: carestia, violência, desemprego, insatisfação com os serviços públicos precários etc. Os dois tipos de fator tendem a formar massas conceituais – boas e ruins – na cabeça do eleitor. A exposição dos candidatos na mídia vai criando impressões no eleitorado, e elas serão mais positivas ou mais negativas de acordo com a capacidade de o candidato formular ideias e apresentar respostas aprovadas ou desaprovadas pelo sistema de cognição dos eleitores.

Em seguida, que lógica de priorização o eleitor confere às ideias dos candidatos? Neste ponto, cabe uma pontuação de natureza psicológica. As pessoas tendem a selecionar fatos, ideias e perfis de acordo com os instintos natos de conservação do indivíduo e preservação da espécie. Ou seja, o discurso mais impactante e atraente é o que dá garantias às pessoas de que elas estarão a salvo, tranquilas, alimentadas. O discurso voltado ao estômago do eleitor, ao bolso, à saúde é prioritário. Tudo que diz respeito à melhoria das condições de vida desperta a atenção. Depois, as pessoas são atraídas por um discurso mais emotivo, relacionado à solidariedade, ao companheirismo, à vida familiar.

Esses apelos desencadeiam os mecanismos de escolha. Se a insatisfação social for muito alta, os cidadãos tenderão a se abrigar no guarda-chuva de candidatos da oposição. Se candidatos com forte tom mudancista provocarem medo, as pessoas se recolherão na barreira da cautela, temendo uma virada de mesa abrupta. Assim, mesmo com certa raiva de candidatos apoiados pela situação, os eleitores assumem a atitude dos três macaquinhos: tampam a boca, os ouvidos e olhos e acabam votando em candidatos situacionistas. O maior desafio de um candidato de oposição, dentro dessa lógica, é o de convencer o eleitorado de que garantirá as conquistas dos seus antecessores, promovendo mudanças que melhorarão a vida das pessoas. Simples promessa não adiantará: é preciso comprovar tintim por tintim como executará as propostas.

Por isso, quando o candidato agrega valores positivos, a capacidade de convencimento do eleitor é maior. Não se trata apenas de fazer marketing, mas de expressar caráter, personalidade, a história do candidato. Uma história amparada na coerência, na experiência, na lealdade, na coragem e na determinação de cumprir compromissos. Proposta séria e factível transmitida por candidato desacreditado não cola mais. Os dois tipos de componente que determinam as decisões do eleitor – as características pessoais dos candidatos e o quadro de dificuldades da vida cotidiana – caminham juntos, amalgamando o processo de decisões dos cidadãos.

O marketing político bem-feito é aquele que procura juntar essas duas bandas, costurando os aspectos pessoais com os fatores conjunturais, conciliando posições, arrumando os discursos, analisando as demandas das populações, criando ênfase e alinhando as prioridades. O que o marketing faz, na verdade, é acentuar os estímulos para que o eleitor possa, com base neles, tomar decisões. E os estímulos começam com a apresentação pessoal dos candidatos, a maneira de se expressar, de se vestir. Os cenários aguçam ou atenuam a atenção. A fluidez de comunicação, a linguagem mais solta e coloquial criam um clima de intimidade com o eleitor. As propostas precisam ser objetivas, claras e consistentes. As influências sociais e até as características espaciais e temporais despertam ou aquecem as vontades.

O eleitor é uma caixa-preta. Está mais desconfiado e crítico. Aumenta sua taxa de racionalidade. Desvendar em que e como pensa continua a ser o maior desafio dos candidatos.

O ELEITOR NÃO COMPRA GATO POR LEBRE

SE A POLÍTICA É a arte do possível, como tem sido tradicionalmente conceituada, cabe considerá-la cada vez mais um exercício de fuga diante da realidade, principalmente nestes tempos de teatralização da vida pública, povoada por atores que recitam ladainhas decoradas e retocadas por publicitários.

Começa a ser questionado o modelo da política como "império dos signos", refletido na subordinação das ideias à maneira de aparecer na televisão. Pior ainda é querer tratar fenômenos, como a rejeição de eleitores a candidatos, com receitas emotivas. Candidatos "vitimizados" de forma artificial serão rejeitados. Deve-se ter cuidado para não usar a emoção como arte de extrema impostura.

Afinal, que limites devem se impor àqueles que lidam com a imagem de políticos e campanhas eleitorais? Primeiro, há de se atentar para a significação da política como instrumento para satisfazer os interesses da sociedade e alavanca de mudanças. Os representantes compromissados com o ideal do bem-estar, ao utilizar ferramentas para alcançar o mandato, devem se amparar em um código de conduta, com espaço para valores como ética, verdade, franqueza, objetividade, transparência, escopo que se insere na esfera da dignidade humana. Tal escopo, porém, acaba corroído pela instrumentalização da política, tornando-se empreendimento a serviço de indivíduos e grupos.

A esperteza, o vale-tudo, a dramatização, os recursos artificiais, a hipocrisia e a insinceridade têm sido a tônica da cultura política no ciclo da sociedade pós-industrial. A política e seus meios inspiram a personalização do poder, propiciando intensa competição utilitarista entre atores. O marketing, nessa esteira, serve ao princípio maquiavélico "os fins justificam os meios". E o palanque da política acaba sendo o palco do teatro, do espetáculo, dos dramas e comédias. Como lembra Roger-Gérard Schwartzenberg, em *O Estado espetáculo*, o espectador é convidado a "purgar suas paixões" por ator interposto, identificando-se com o herói, com suas aflições e angústias. Essa é a realidade da política em nossos dias, a arte dos sentimentos forçados ou fabricados, principalmente em anos eleitorais. É também o ambiente em que candidatos serão tratados como sabonete.

Os mais de 130 milhões de eleitores brasileiros deverão ser envolvidos pela "feitiçaria" que a publicização política haverá de construir. Por isso, todo cuidado é pouco para evitar a cosmética exagerada nos perfis. Cosmética que apresenta geralmente três graus de dissimulação: quando o perfil desaparece sem ser notado ou quando se impede que o tomem tal como é; quando o candidato exibe sinais e argumentos de que não é o que é; e quando ele, de forma hipócrita, finge e pretende ser o que não é.

Por isso, para desmascarar a ilusão, desvendar o artifício e reencontrar a realidade dos atores, urge resgatar a racionalidade e o poder crítico, distinguindo as emoções fictícias dos sentimentos reais dos atores políticos. Há certamente candidatos que vestem a máscara de uma dor que simplesmente não existe. Os histriões aparecem em ambientes climatizados de emoção e musicalmente envolvidos em baladas emotivas. Mas nunca o país foi tão banhado de racionalidade para denunciar as lágrimas dos comediantes e as fantasmagorias dos "feiticeiros" de plantão. Confia-se na supremacia do discurso e na força da razão sobre a magia televisiva.

O país mostra sinais de resgate dos valores clássicos da política. Usar o acervo de mazelas sob o artifício de emoções falsas, costuradas na colcha de diagnósticos por demais conhecidos, sem apontar caminhos e soluções para os avanços, é querer instrumentalizar a catarse coletiva, tirando dela proveito próprio. O eleitor brasileiro começa a medir versões, interpretações, verdades e boas intenções. Se a arte de mentir progride no país, devido a uma corrente de marketing irresponsável, a capacidade de análise do eleitor aumenta, agudizando as formas de percepção. Gato não mais será comprado como lebre. Se o Príncipe não pode dispensar a astúcia da raposa e a força do leão, devendo trapacear e matar, de acordo com os preceitos do velho Maquiavel, o súdito não vai deixar ser pego por eles. Diante da dramatização eleitoral já iniciada, o brasileiro, cada vez mais consciente de sua responsabilidade, haverá de chegar à conclusão de que urge ser cidadão. Porque, como já disse o grande escritor francês André Malraux, "ser cidadão é diminuir uma parte da comédia".

O ELEITOR E O "MAIS OU MENOS"

QUEM É O ELEITOR brasileiro? Essa pergunta, objeto central de interesse das campanhas eleitorais, merece uma reflexão diferente da que fazem os pesquisadores, que concentram a atenção sobre aspectos de sexo, idade, renda e classe social. A melhor resposta pode ser dada pela leitura de alguns ensaios clássicos de antropologia e sociologia, entre os quais os produzidos por Darcy Ribeiro em *O povo brasileiro*, por J. O. de Meira Penna em seu vigoroso *Em berço esplêndido* ou por Roberto DaMatta em *Carnavais, malandros e heróis* e *O que faz o Brasil, Brasil?*, para citar apenas três contemporâneos analistas da alma brasileira.

Um corte diagonal sobre o caráter nacional pode ser a pista para desvendar os traços psicológicos do brasileiro que toma a decisão de eleger o mandatário da nação, os governadores e os representantes no Parlamento. Antes, há de se fazer a ressalva de que milhares de eleitores estarão fora do traçado sociopsicológico aqui descrito porque incorporam heranças culturais de outros povos. A racionalidade dominante na cultura anglo-saxã, por exemplo, contrapõe-se à emotividade e ao arcabouço criativo-festivo que influencia comportamentos, ações e decisões do homem dos trópicos.

A tipologia humana essencialmente brasileira se rege por um alfabeto nítido que começa com a parte mais visível, que é a cor da pele. Os morenos e os pardos, que carregam a mistura do sangue do branco colonizador, do negro e do indígena, são a própria expressão da cultura do mais ou menos que sua pele exibe. "Quantas horas trabalha por semana? Mais ou menos 40 horas." "É religioso? Sou católico, mas não praticante." Ou, ainda: "Sou ateu, graças a Deus". Ora, a tendência de querer ficar no meio-termo ainda é reforçada pela condição de contemporizador, que transparece nas frequentes locuções "Deixa estar para ver como fica", "Deixa pra lá", "Fulano está empurrando com a barriga".

A indicação de mudança de voto recebe altos índices de intenção, reforçando os traços de incerteza e dubiedade que caracterizam o perfil do eleitor, fruto, aliás, dos elementos de improvisação que se fazem presentes no caráter nacional. Há nisso alguma indicação de displicência? Sem dúvida, e esse é outro matiz do nosso perfil. As decisões, que identificam uma forte cultura de protelação, são deixadas para a última hora na esteira de um comportamento que se identifica com um misto de lerdeza e negligência, despreocupação e negação de critérios de prioridade. Quem não tem na ponta da língua exemplos de obras mal construídas, trabalhos malfeitos, acabamentos defeituosos, sujeiras nos lugares públicos?

O brasileiro é imediatista. Tem prazer pelas coisas que lhe trazem conforto ou benefício imediato. Daí não se interessar pela macropolítica, a política dos grandes projetos, das grandes obras que gerarão efeitos benéficos em longo prazo. Mas é exigente em relação às coisas de seu cotidiano: escola perto de casa, transporte fácil, segurança na rua, comida barata, emprego bem remunerado. Sob tal aspecto, os candidatos terão de contemplar esses contingentes eleitorais – que constituem a grande maioria – com propostas de fácil compreensão e alto impacto para o bolso.

A incerteza, traço cultural do caráter nacional, é visível nas mudanças de voto que o eleitor é capaz de fazer até o momento de chegar à urna. Argumentos fortes acabam derrubando convicções não estruturadas. Percebe-se que frequentemente o eleitor se motiva pela simpatia e pela empatia que o candidato irradia. Trata-se, assim, de uma cooptação passível de verificação. Nesse sentido, as pesquisas de intenção de voto aferem muito mais a visibilidade do candidato do que a efetiva decisão de voto. É como se o eleitor dissesse: "Eu vi o candidato, está bem na televisão, fala bem etc.".

Deus carimbou alguns povos com tintas muito acentuadas. Diz-se que aos gregos concedeu o amor à ciência; aos povos asiáticos, o espírito combativo; aos egípcios e fenícios, imprimiu a marca do amor ao dinheiro. Aos brasileiros, Deus deu a capacidade de improvisar mais que outras gentes. Não é de todo arriscada a inferência de que no futuro o eleitor usará muito a habilidade de improvisar, mudando de candidato até se fixar naquele que melhor proposta fizer para seu estômago.

O ELEITOR: INFIEL, PESSIMISTA E OTIMISTA

O ELEITOR BRASILEIRO É fiel? No sentido abrangente, mais coletivo, a resposta é não. Há grupamentos fiéis, particularmente entre estratos médios, formadores de opinião, segmentos engajados nos partidos, setores religiosos, imigrantes de sangue anglo-saxão e pequenos núcleos ideológicos. Os grandes contingentes são amorfos, alheios ao cotidiano político e capazes de mudar de posição de acordo com as circunstâncias e as necessidades mais imediatas. Diz-se que os franceses amam a liberdade como à amante, a quem se ligam apaixonadamente ou de quem se separam depois de uma violenta briga; que os ingleses amam a liberdade como a uma esposa fiel, em quem confiam e com quem mantêm uma sólida relação, mesmo sem volúpia e atração; e que os alemães amam a liberdade como a uma abençoada avó, para a qual reservam o melhor cantinho perto da lareira, onde costumam esquecê-la. Já os brasileiros amam a liberdade como amam as muitas namoradas de que costumam dispor no vigor dos 18 anos, quando dedicam a cada uma o espaço de uma noite por semana.

A infidelidade do eleitor tem que ver com a incultura política que semeia florestas de desinteresse pelos espaços nacionais, incluindo os centros mais evoluídos. Basta lembrar que as mesmas grandes parcelas de eleitores da periferia de São Paulo que elegeram Jânio Quadros também escolheram Luiza Erundina e Paulo Maluf para o cargo de prefeito. Nas veias eleitorais, corre um sangue versátil, inseminado nos tempos da Colônia. A sinuosidade, a desconfiança, a versatilidade, a capacidade de adaptação aos espaços são traços de nossa cultura, decorrentes das grandes lutas pela conquista do interior, no início da colonização. A luta pela sobrevivência, a pressão da natureza e o mundo de hostilidades formaram o cinturão mutante que aperta o estômago nacional, sujeitando-o às circunstâncias e ao ambiente.

Os vetores de decisão do eleitorado são influenciados, ainda, por dois elementos que parecem paradoxais. De um lado, um pessimismo galopante, que se faz presente nas locuções de que o "o país não tem jeito, estamos todos perdidos, não vale a pena lutar por isso etc.". De outro, um otimismo extravagante, que evidencia a superlativa dose emotiva da alma nacional. Nesse sentido, as alavancas de força se apresentam nas festas de época e fora de época, no carnaval, nas folias cotidianas dos bares e até na esteira da bagunça que, em maior ou menor grau, transparece na fisionomia das cidades, na improvisação dos motoristas de trânsito e na linguagem desabrida das ruas.

O pessimismo induz o eleitor a se afastar dos políticos que, indistintamente, ganham a pecha de "ladrões e corruptos". Os perfis populistas e messiânicos levam a melhor ao sintonizarem a linguagem com a imprecação popular. Não por acaso, os chavões "Bandido bom é bandido morto" e "Lugar de bandido é na cadeia" tocam forte no coração das massas. Já o otimismo de nuanças ufanistas, cuja origem remonta aos passos iniciais da descoberta das belezas naturais, da exuberância da flora e da fauna, marca o caráter nacional com os selos da displicência, da sensualidade, do ócio e da pachorra. As grandezas do Brasil afloram e são apresentadas pela embriagada quantificação de nossos potenciais: o maior carnaval, o maior São João do mundo, o maior produtor disso e daquilo, as mulatas mais bonitas, as melhores iguarias etc.

Se o pessimismo é oposicionista, o otimismo tropical é situacionista ou, em outras palavras, tende a reforçar o *status quo*. Infere-se, assim, que a vitória do Brasil na Copa do Mundo será sempre uma catarse. E a catarse, com suas vertentes de emoção, vibração, êxtase e felicidade, acaba purgando pecados acumulados. Trata-se de uma formidável estrutura de consolação da sociedade. A consequência se fará presente na maior complacência dos eleitores ao analisar os quadros de amargura e angústia que os afligem. O voto da permanência situacional favorecerá, claro, o candidato situacionista.

Se o eleitor gosta de mudar de posição, se navega tanto pela nau do pessimismo quanto pela do otimismo, sua decisão tem a influência das ondas oceânicas nas margens do pleito. Mar turbulento revira o estômago e o passageiro pessimista vai para a oposição; mar tranquilo leva o eleitor para a continuidade de uma travessia sem turbulências. O leitor que tire as conclusões.

O VOTO DA MULHER

É INEGÁVEL O FORTALECIMENTO, em praticamente todos os quadrantes do universo, dos movimentos em favor dos direitos da mulher. As mulheres estão ascendendo nos setores mais diversificados da vida produtiva. No estado de São Paulo, 40% dos 150 mil advogados são mulheres. Na política, também ganham espaço – ainda menos que o desejável –, devendo as próximas campanhas ser muito positivas para elas.

Se mulher votasse preferencialmente em mulher, teríamos uma configuração política três a quatro vezes maior do que a atual. Primeiro, porque as mulheres já somam mais de 50% do eleitorado. Em dez unidades da Federação, o voto feminino é maioria. No Nordeste, isso não acontece apenas na Bahia e no Maranhão. Infelizmente, a cota de 20% de mulheres nas chapas de candidatos dos partidos não tem aumentado a participação feminina, em especial no Congresso Nacional. Entre 1994 e 1998, a participação feminina subiu de 5,49% para 5,96%, mas o número de eleitas caiu de 32 para 29 deputadas. Nas Assembleias Legislativas, o percentual de mulheres subiu de 7,8% para 9,8%. Por que o crescimento é tão pequeno?

Há pouca novidade nas respostas. A sociedade brasileira é ainda marcada por um forte tom machista. O homem ainda é considerado o mais preparado, o mais inteligente, o mais adequado para os cargos públicos. Pesquisas mostram que as mulheres preferem votar em homens para cargos mais altos, como presidente da República e governador. O voto feminino em candidatas é maior quando a disputa gira em torno de cargos mais baixos, como é o caso de prefeituras. Nesse caso, a mulher opta pelo valor da proximidade (física e psicológica) e identificação. Ou seja, ela sente-se mais confortável em votar em uma candidata do seu sexo pela identificação de valores. As mulheres mais pobres e menos instruídas, contudo, tendem a votar em candidatos do sexo masculino, o que não deixa de revelar traços de subordinação e exploração.

O voto feminino pode ser ainda perfilizado por meio do elemento motivador da decisão eleitoral. Para a mulher, o ambiente familiar é muito importante, ou seja, pais, amigos, marido e religião influem. O valor da simpatia e da aparência também pesa. Por isso, o voto feminino é predominantemente emocional. A taxa de racionalidade é maior nos homens. É claro que esses elementos variam de acordo com a região e a ambientação sociocultural. No Norte do país, que abriga 6,23% do total nacional de votos, os eleitores masculinos predominam. Aí, eles votam mais por emoção do que por lógica, pela capacidade de estabelecer critérios mais racionais.

É interessante descobrir, por exemplo, que uma região como o Nordeste, considerada abrigo dos tradicionais coronéis (em extinção) e grupos políticos familiares (em continuidade de pai para filho, sobrinhos e netos), esteve na vanguarda da valorização política da mulher. Foi a professora norte-rio-grandense Nísia Floresta Brasileira Augusta a precursora do movimento feminista no Brasil, tendo traduzido, em 1832, a obra feminista da inglesa Mary Wollstonecraft. Foi também uma potiguar, Alzira Soriano de Souza, de Lajes, a primeira prefeita brasileira a ser eleita, em 1928, mesmo tendo sido impedida de tomar posse por decisão do Senado, que anulou os votos femininos. Isso ocorreu quatro anos antes do decreto de Getulio Vargas, de 1932, que autorizou o voto feminino, confirmado na Constituição de 34. E foi também outra nordestina, a maranhense Joana da Rocha Santos, de São João dos Patos, a primeira prefeita a cumprir um mandato.

A saga da mulher na política brasileira, como se vê, se arrasta ao longo de quase dois séculos. Por isso, ela não pode continuar na cozinha da política. As próximas campanhas, em função de uma generalizada crise de descrença na política dos homens, podem propiciar às mulheres espaços mais amplos e confortáveis.

■ O VOTO FACULTATIVO

DEPOIS DE RECORRENTES TENTATIVAS, ao longo das últimas décadas, de pôr fim ao conservadorismo ortodoxo que inspira a vida pública e explica por que a política deixou de ser missão para ser profissão, acreditar que as práticas nessa frente poderão mudar é a confissão de fé de que Deus, ufa!, decidiu tirar férias por aqui e ajudar o país a pavimentar o terreno da razão. Deixando de lado os insondáveis desígnios do Senhor, é possível apostar uma quantia, mesmo mínima, na megassena política do amanhã tendo como base as derrotas em série que marcam a atividade política em matéria de reforma de costumes. A lei das probabilidades acolhe a hipótese de que ganhos são possíveis após sucessivas derrotas. Ademais, outrora seria inimaginável passar pelo crivo de quadros fundamentalmente preocupados com a preservação de seu poder que começam a ser palatáveis, como é o caso do voto facultativo. O surgimento de novos polos de poder na sociedade, a partir da multiplicação de entidades de intermediação social, reforça a necessidade de acabar com a obrigatoriedade de votar.

O voto facultativo tende a ser a chave mestra para abrir as portas da mudança política. Vamos às razões. Primeira, a constatação de que a sociedade, há bom tempo, demonstra querer participar de forma ativa do processo político. A degradação geral dos serviços públicos, as crescentes pressões urbanas, o distanciamento entre a esfera política e as bases eleitorais, a pequena margem de manobra do corpo parlamentar para atender às demandas das comunidades – enfim, as promessas tão repetidas e nunca plenamente realizadas pela representação política compõem a argamassa da insatisfação social. Grupos, setores e categorias se organizam em torno de suas entidades, formando um gigantesco rolo compressor a fazer pressão contra a representação centrífuga do poder. Estabelece-se, assim, o nexo entre cidadania ativa (mobilização social) e voto.

Nas democracias consolidadas e amadurecidas, a maioria dos cidadãos desenvolve um sentido agudo e sutil, exercitando a crítica com base no conhecimento. As liberdades individuais nas democracias sólidas conseguem se transformar em matéria-prima dos padrões de decisão política. Deixar de votar é um ato de consciência cívica porque os cidadãos, ali, estão razoavelmente bem informados sobre a tipologia dos candidatos, bem como sobre seus programas, suas propostas e a natureza de suas alianças.

Insatisfeitos com mandatários que foram sufragados nas urnas, contingentes tendem a buscar uma representação compromissada com suas demandas e próxima dos interesses locais/regionais. O poder econômico, claro, continuará a realizar manobras táticas (e escusas) para cooptar bolsões, mas essa prática será cada vez mais atenuada pelo adensamento das correntes racionais.

Neste ponto, é oportuno lembrar os motivos que inspiram as escolhas. Para as classes que habitam os fundões e as margens sociais, o apelo é o do bolso, na esteira da equação: BO + BA + CO + CA = BOlso cheio, BArriga satisfeita, COração agradecido, CAbeça decidindo retribuir a recompensa. Ora, mesmo nesses amplos espaços, a inquietação e o clamor por melhoria dos serviços públicos (saúde, educação, segurança) dão sinais de exacerbação. O segundo apelo é o da proximidade. Os eleitores são induzidos a escolher representantes próximos de seus ambientes físico e social, identificando perfis mais confiáveis, aptos a cuidar de seus interesses e mais controláveis. Esse fator aponta para um voto consciente. O voto facultativo, desse prisma, não arrefecerá o ânimo das bases. Ao contrário. Ainda na planilha de fatores que cercam o processo decisório, contabiliza-se a indicação feita por grupos de referência do eleitor – familiares, vizinhos, companheiros de trabalho, lideranças do bairro etc. A onda de críticas, exigências e participação terá, nesse núcleo, um novo reforço. E, por último, o próprio perfil do candidato estará sob a mira eleitoral, deixando escancarar a hipótese de que fica cada vez mais difícil no país vender gato por lebre.

Essa radiografia completa-se, ainda, com um pano de fundo que exibirá a linguagem da assepsia: políticos ficha limpa; história de um passado limpo e vida decente; respeito, dignidade, ética e moral; combate à corrupção; Ministério Público e juízes de tribunais eleitorais com lupas potentes; sentimento de que a Justiça está chegando para todos, fracos e poderosos; maior transparência. O voto facultativo torna-se adereço importante nessa fotografia. A soma de todo esse aparato indica expansão da racionalidade, conceito que ampara o voto qualificado e livre. O eleitor irá às urnas sob o sentimento de que votar ou deixar de votar constitui um ato de consciência cívica.

Há 20 ou 30 anos, a modelagem do voto obrigatório se fazia necessária pelo argumento de que a melhoria da representação implicava aprendizagem (votar sempre), sendo os eventos eleitorais de dois em dois anos com voto compulsório o mecanismo ideal para a democracia. A experiência até valeu. Mas os costumes políticos não acompanharam a dinâmica social. Daí a necessidade de alterar o calibre eleitoral. Hoje, já se pode garantir que o eleitor brasileiro desenvolveu um sentido agudo e sutil e quer exercitar seu direito, votando ou mesmo deixando de votar. Sem amarras e injunções.

E se as urnas exibirem um grande vazio, com uma enxurrada de votos nulos e em branco? Ora, a conta negativa também pode ser debitada no crédito da racionalidade política. Protestar contra o *status quo*, fincar pé no terreno da contrariedade, deixar as urnas vazias constituem atos consonantes com nosso estágio civilizatório. O voto facultativo deverá ser testado. Haverá oportunistas? Sim. Figuras e figurões poderão usar a arma do bolso para convencer eleitores do fundão do país. E, dessa forma, plasmar um voto "falcatruativo". Não terão a comodidade d'outrora. A interpretação lamurienta do memorável coronel pernambucano Chico Heráclito sobre a cabeça do votante se alastra pelo país: "O eleitor do Recife é muito a favor do contra". Esse eleitor contrário se espalha pela nação.

"PODERNITE"

O TEMPO PODE NÃO ser lá muito exato. Regra geral, depois de dois anos de pico, a tendência dos governantes é a de cair num estágio letárgico. Trata-se de uma doença ainda pouco diagnosticada, mas cada vez mais generalizada. Afeta, sobretudo, governantes do Poder Executivo, a partir do presidente da República, governadores e prefeitos, podendo ainda pegar gerentes e chefes da tecnoburocracia. A doença se chama *podernite*, que, como todas as *ites*, é uma inflamação – só que, em vez de tomar o corpo, invade a alma. Podemos designá-la de "doença do poder". (É importante curar a doença, porque os governantes lideram os exércitos da guerra eleitoral.) Se alguém quiser associá-la ao *egotismo*, a importância que uma pessoa atribui a si mesma, estará correto, pois os conceitos são próximos.

Essa doença é o principal mal que aflige os governantes. E sua lógica está na fruição que o poder confere. Fruição é deleite, gozo, sentimento de onipotência. O governante e o burocrata se acham donos da situação, capazes de promover alegrias e tristezas, fechar e abrir horizontes, influir sobre a morte e a vida. A *podernite* tem graus variados de metástase. Nos homens públicos mais qualificados, talhados pela razão e pelo corte intelectual, os tumores são de pequena monta. Nos Estados mais desenvolvidos, com culturas políticas mais evoluídas, a doença não se espalha muito porque as críticas da mídia e dos grupos formadores de opinião funcionam como antivírus. Nos menos aculturados, dominados por estruturas paternalistas e sistemas feudais, a doença geralmente chega a graus avançados.

O primeiro sintoma da doença é a insensibilidade. Sobre o governante, cresce uma camada de insensibilidade. Só ouve o que quer ouvir, principalmente a voz dos áulicos. O grito rouco das ruas é uma sinfonia muito distante. Da insensibilidade deriva a arrogância. O governante transforma-se em soberano, os cidadãos vestem a capa de súditos, os programas governamentais constituem um favor e não um dever e o assistencialismo passa a ser uma esteira de migalhas distribuídas a esmo e sem planejamento. A construção da identidade do governo transforma-se num culto à personalidade, sob os aplausos da plêiade de amigos e oportunistas. Nesse momento, o obreirismo inconsequente se abre para fixação de marcas e selos de marketing, e o "balonismo grupal" (fenômeno de enchimento do balão do ego por grupos áulicos) vai às alturas.

As implicações são trágicas. Os governantes se afastam do povo, incorporam uma onipotência divina e não mais se comovem com os apelos da razão. Só mesmo um grande susto – como a queda de popularidade flagrada por pesquisas sérias – é capaz de trazê-los à realidade. Em plano mais psicológico, pode-se até pensar nos profissionais que tratam de fenômenos da mente e da alma. O poder, eles esquecem, dá gozo, mas também dor. A glória mítica dos palanques, dos palácios, dos ministérios e das instâncias da Justiça é passageira, como as nuvens. É fluida como água em despenhadeiro.

A AURA DOS GOVERNANTES

A PROPAGANDA É A alma do negócio. O jargão mais conhecido do meio publicitário avança a cada dia na esfera da política, produzindo a máxima assemelhada: a propaganda é a aura dos governantes. Ela desenha a auréola que cobre a cara de políticos e governos, melhorando seu aspecto e tornando positiva sua avaliação popular. No campo privado, a propaganda vende produtos, burila a imagem de empresas e amplia suas margens nos mercados, sendo a mola propulsora dos negócios. Perguntaram, certa vez, a Henry Ford, o criador da linha de montagem automobilística, como começaria tudo de novo e em que investiria se tivesse apenas um dólar. Respondeu ignorar em que área aplicaria, mas seguramente gastaria metade do dólar com propaganda do produto que viesse a produzir. A política usa tal ideia há séculos. Na contemporaneidade, os norte-americanos embalaram a propaganda com o celofane do espetáculo. Enxertaram emoção no pacote de slogans, chavões e símbolos. O "negócio" da política passou a ser mais palatável aos sentidos dos consumidores. Abriu-se a era dos grandes debates televisivos. Em 1968, o assessor Ray Price pedia a Nixon mais calor, mais emoção, ensinando ao assustado candidato: "O que vale não é o que existe, e sim o que é projetado. Não precisamos, portanto, mudar você, mas a imagem que você transmite".

O ciclo da telepolítica abriu palcos para exibir seus atores, melhorar os discursos, maquiar situações e plantar versões no jardim da política. A propaganda pavimentou o caminho dos governos na esteira de um Estado adornado pela fosforescência midiática, exaltando seus chefes e promovendo desfiles de personalidades. A estética embalou a semântica, criando até embaraços em políticos não afeitos à teatralização, como o ex-presidente francês François Mitterrand, que chegou a lamentar: "Na TV, o que eu digo vale bem menos do que a cor que as pessoas enxergam em mim". A propaganda governamental evoluiu de tal maneira que passou a ser protagonista nas estratégias de persuasão social. Os governos tornaram-se os maiores anunciantes dos veículos. Dezesseis bilhões de reais (isso mesmo) foram gastos pelos governos Lula e Dilma com propaganda governamental. Propaganda é a alma do negócio, ou seja, da imagem, da visibilidade.

Cabe perguntar: há sentido em gastar tanto com propaganda quando se vêm a infinidade de buracos na estrutura de serviços? (Com um bilhão de reais, poderiam ser construídos 350 prontos-socorros.) Analisemos a questão. É dever dos governos prestar contas de suas tarefas à sociedade, da mesma forma que é um direito do cidadão saber o que os governantes fazem mas não deveriam fazer; não fazem mas deveriam fazer; ou fazem porque são obrigados constitucionalmente a realizar. O jogo democrático carece de informação e transparência, possibilitando ao representado monitorar as ações desenvolvidas pelos representantes. O problema passa a existir com a montanha de exageros formada para glorificar as administrações. Plasmar uma aura para abrilhantar fatos que não passam de mera obrigação do governante; criar efeitos estéticos para engabelar o telespectador; maquiar dados; montar uma engenharia persuasiva para provar que gato é lebre; enfim, cobrir o corpo dos governantes com um manto de beleza e exuberância, convenhamos, pode até ser elogiável no aspecto da criação publicitária, mas é discutível do prisma ético.

Ressalve-se que há modalidades de publicidade plenamente cabíveis, como campanhas de vacinação ou orientação eleitoral por parte do TSE, ações que integram a planilha de serviços de utilidade pública. Da mesma forma, há produtos de empresas governamentais que carecem de publicização, na medida em que enfrentam a concorrência do mercado. Produtos bancários, por exemplo. É de praxe que os governos façam sua publicidade legal, abrangendo comunicados que obedeçam a normas e regulamentos. O

A AURA DOS GOVERNANTES

foco da crítica é mesmo a propaganda institucional, essa que erige altos altares para entronizar imagens de governos, cantar loas a governantes, sob a trombeta de campanhas maciças em horários nobres da TV. Esse coro de glórias não fere os princípios constitucionais da moralidade, da razoabilidade e da proporcionalidade? A agregação artificial de porte mais robusto para governos altera sua identidade. Assemelha-se a uma cirurgia para mudar feições (normais) de uma pessoa que a faz apenas por vaidade. Não haveria aí uma curva ética?

Se os governos usassem propaganda para promover a cidadania e os valores democráticos estariam contribuindo para a elevação dos padrões civilizatórios. Não é o que se vê. Ao contrário. Obras atrasadas em cronogramas são objeto de louvação. Programas como o Mais Médicos podem ser objeto de publicidade para ganhar confiança social, mas sem exagerar na dose. Afinal, mais saúde significa mais médicos, mais estabelecimentos, mais remédios, mais equipamentos, mais paramédicos, infraestrutura adequada. Ora, esse acervo é sonegado. Se os nossos médicos não querem trabalhar nos grotões do país, que venham médicos de fora. Não serão eles, porém, a salvação da saúde. O discurso propagandístico, infelizmente, em todos os governos e em todas as instâncias, abriga forte viés eleitoral. E assim, de exagero em exagero, o país vê alargadas as veredas da mistificação, e o povo passa a "comprar" versões como verdades. Ao final do processo, bilhões de reais, que poderiam ser usados de modo mais justo, são jogados no poço sem fim do desperdício.

Por estas plagas, os corpos governativos ganham metros de altura graças à engenharia milagreira da nossa propaganda governamental. Nosso edifício democrático, é triste constatar, tem muito tijolo de matéria plástica.

O DESPERTAR DOS PREFEITOS

OS PREFEITOS ESTÃO ACORDANDO. Depois de décadas de acomodação, regadas a mandonismo, filhotismo e votos de cabresto, a prefeitada começa a receber a vacina da lei de responsabilidade fiscal, aplicada sob o olhar duro de um eleitor cada vez mais crítico e exigente. O fisiologismo histórico que tem alimentado os currais eleitorais não foi embora de todo, mas está sendo paulatinamente substituído por cooptação eleitoral ancorada em ações substantivas, obras e projetos de interesse da comunidade. Os tempos do eleitor "maria vai com as outras" estão passando. Os prefeitos sabem muito bem que já não é possível governar com o lema: "Para os amigos pão, para os inimigos pau".

Parece paradoxal dizer que os prefeitos continuam a enfeixar grandes fatias de poder. Não se trata daquele tipo de poder que Victor Nunes Leal tão bem descreveu em *Coronelismo, enxada e voto*, um clássico sobre o mandonismo municipal:

> Exerce o coronel uma ampla jurisdição sobre seus dependentes, compondo rixas e desavenças e proferindo, às vezes, verdadeiros arbitramentos, que os interessados respeitam. Também enfeixam em suas mãos, com ou sem caráter oficial, extensas funções policiais, de que frequentemente se desincumbe com sua pura ascendência social, mas que eventualmente pode tornar efetivas com o auxílio de empregados, agregados ou capangas.

Os coronéis morreram, mas deixaram herdeiros, entre os quais centenas de prefeitos espalhados principalmente nas regiões Nordeste e Norte. Um ou outro caso pode ser contabilizado como exemplo da velha política. No geral, o que passa a predominar no cenário político é um conjunto de prefeitos mais conscientes, imbuídos do ideal de servir, atentos para os movimentos sociais e, sobretudo, preocupados com realizações. Promessas mirabolantes já não fazem a cabeça do eleitor, cujas demandas se abrigam no terreno estreito da micropolítica.

Prefeito ineficaz não se reelege e não fará o sucessor. Dinheiro até pode mudar o sentido de uma eleição, mas não tem o mesmo peso do passado. Perfil honesto, passado limpo, obras focadas no interesse coletivo, transparência administrativa, enxugamento de estruturas, racionalização de processos, circulação no meio do povo, desburocratização e simplificação de serviços constituem os parâmetros modernos para a conquista do eleitorado. O dinheiro está curto e cada centavo passa a ser valorizado. Ademais, fortaleceu-se o poder crítico das bases municipais, fator que se percebe na conduta de vereadores responsáveis e conscientes do papel fiscalizador. E, para arrematar o quadro, há uma mídia denunciativa que, mesmo em pequenos municípios, procura informar, interpretar e opinar criticamente.

A maior taxa de responsabilidade que incide sobre os 5.566 prefeitos do país recebe, ainda, o endosso de uma malha de conscientização e controle, inserida nas organizações intermediárias da sociedade. Se há um fenômeno que merece estudo, por sua importância no balizamento do pensamento brasileiro, é o da base da organização social. Milhares de entidades se formam e se adensam em todas as regiões, juntando grupos de interesse e de opinião, promovendo mobilização e desenvolvendo uma ampla articulação entre os eixos da grande roda social. Essa malha funciona como paredão de pressão sobre os poderes Legislativo e Executivo.

E por falar em pressão, a comunidade municipal exerce maior pressão sobre os prefeitos que a comunidade estadual sobre a figura do governador. Trata-se da dimensão do sistema político; quanto menor, maior a pressão, devido à proximidade entre os agentes políticos e as bases. Isso explica, por exemplo, que governadores reeleitos, cansados e saturados, não sejam tão cobrados quanto prefeitos reeleitos. Certos governadores passam a impressão de que perderam a vontade, afogando o entusiasmo no silêncio de uma depressão escancarada nas faces maceradas. Prefeitos não se podem dar ao luxo do Mané do Poço, aquele da historinha: Mané caiu no poço profundo. Procura desesperadamente galgar as paredes. Está tão obcecado com a ideia de se salvar que não vê um amigo lhe jogar uma corda. "Pegue a corda, Mané." Mas o homem está surdo. O amigo joga uma pedra. Mané olha pra cima e grita furioso: "Não me enche, não vê que estou ocupado?" E recomeça seu trabalho feito um zumbi. Como candidatos ou cabos eleitorais de candidatos, os prefeitos abrem os horizontes de um novo tempo.

OS SETE PECADOS CAPITAIS

OS GOVERNANTES NÃO GOSTAM de ver seus retratos em preto e branco. Só em cores. Alguns até olham para o espelho, como a madrasta da Branca de Neve, e tascam a pergunta: "Espelho, espelho meu, há alguém mais competente do que eu?" O deleite de que desfrutam na cama do poder acaba desenvolvendo neles uma cultura de fruição e gozo, que enfraquece sua capacidade de ver as coisas com isenção, acuidade e objetividade. Tornam-se imunes à realidade. Cobrem-se com um manto que os deixa em estado contínuo de dormência. O poder é afrodisíaco, como se diz, e assim os governantes cometem seu primeiro pecado capital. É o pecado da *insensibilidade*.

De tanto ver de perto, eles se desacostumam a ver de longe. Da tênue autoconfiança do início do governo, passam a maximizar essa qualidade depois de três anos com a caneta na mão. Transformam-se em imperadores, donos do mundo, senhores de capitanias hereditárias. Incorporam o Complexo de Olimpo, com toda sua aura divina. Com tal identidade, as realizações e os programas do governo deixam de ser algo inerente à função de governar para se transformar em feitos pessoais do governante magnânimo e generoso. A população é inoculada com a injeção mistificadora que projeta a identidade física do governante sobre o conceito jurídico do governo. E o pior é que os governantes acabam se achando com a cara de Deus. Flagra-se, aqui, seu segundo pecado capital, o pecado do *sentimento de onipotência*.

O mandonismo imperial está calcado no poder monetário. Os governantes decidem o que, onde e como fazer. O planejamento orçamentário contempla obras fundamentais, porém não deixa de atender o varejo eleitoral. Para eles, o dinheiro compra tudo. Com muito dinheiro, não perderão a eleição. E aqui está seu terceiro pecado capital. O pecado da *crença na força absoluta da grana*. Depois de meses de incessantes atividades administrativas e políticas, os governantes amolecem a musculatura e começam a padecer de rotinite aguda. Estados e municípios comem apenas o feijão e o arroz necessários à sua magra existência. Não há nenhuma criatividade, não se buscam soluções inteligentes e inovadoras. E o caldo insosso acaba gerando o quarto pecado capital dos governantes, o pecado da *rotina*.

Daí para o quinto pecado, o salto é pequeno. Pois os governantes já não obedecem a uma agenda planejada. Não administram seu tempo de acordo com um sentido de prioridades e lógica. Tudo ocorre ao bel-prazer. E a desorganização grassa, bagunçando as malhas burocráticas e gerando o pecado da *improvisação*. Mas tudo vai às mil maravilhas para eles porque seus assessores mais próximos capricham no puxa-saquismo. Vivem fazendo elogios, escondem as coisas malfeitas, sobrevalorizam os feitos positivos. As assessorias desqualificadas e os grupinhos de "luas-pretas" (termo usado na política para definir os bajuladores) constituem um dos maiores danos à imagem e à eficácia dos governos, descortinando o panorama do sexto pecado capital, o pecado da *bajulação consentida*.

E lá se vão os governantes desfilando seus feitos, glórias e emoções à imagem e semelhança do Criador. Suas carruagens de fogo e seus cometas planetários trafegam pelos céus, deixando rastros de nuvens coloridas que se esvaem nos ventos do tempo. De tanto andarem de salto alto, os governantes acabam pisando nos pés do povo. Têm respostas prontas para perguntas que não são feitas. Além disso, são capazes de provar que o melhor para as massas desprovidas e incultas é aquilo que eles acham que elas merecem. Fogem das pesquisas como o diabo foge da cruz. E, nesse ponto, os governantes abrem seu pequeno inferno para comemorar o sétimo pecado capital, o pecado do *descompasso com o senso comum*. Rezemos por eles um pai-nosso.

O CICLO DAS ADMINISTRAÇÕES

A VIDA DE UMA administração – federal, estadual ou municipal – se assemelha a um carro de quatro marchas. Cada ciclo corresponde a uma marcha. A primeira dá o empuxo do carro na largada. O motorista testa o ambiente, olha para a frente e para os lados, fazendo o mesmo diagnóstico dos governantes em início do mandato. Na segunda marcha, o carro avança com mais velocidade, correspondendo ao segundo ano da administração, quando os governantes praticamente começam a governar, depois de sanear o Estado e colocar a casa em ordem. A terceira marcha é a decolagem, com o carro andando solto e a administração, de modo equivalente, cumprindo uma bateria de obras aceleradas. Na quarta marcha, o carro, muito veloz, faz ultrapassagens, queimando etapas. O governante, aqui, seleciona o que mais lhe convém politicamente.

A cada etapa o administrador tem uma cara. Na primeira sentada de cadeira, a cara é a do menino que ganhou um brinquedão. Ingressa num mundo de fantasias. Passa longo tempo fruindo as delícias do poder da caneta. Surpreso com a força do cargo, vai testando as capacidades de mandar, solicitar, nomear, desnomear, receber atenção. Nessa primeira foto, o governante tem cara de anjo, ainda é modesto, ouve muito, aceita conselhos. Torna-se, de certo modo, cúmplice dos interlocutores. A segunda cara é a de despachante. Passa a atender um sem-número de pessoas por dia, assina toneladas de papéis, adensa a burocracia. Dorme contando carneirinhos – aliás, pedintes que entraram e saíram pela porta do curral, ou melhor, do salão de despachos.

A terceira cara é a do artesão-obreiro. Cansado da rotinite dos papéis, sai do confinamento dos palácios e prefeituras, corre para canteiros de obras, lambuza-se de poeira, visita cidades, dá incertas em hospitais, despacha nas ruas. Imagina o povo aplaudindo as obras. O governo é um território delimitado por placas, frases de efeito e logo. As fotos de um governante suorento e trabalhador (símbolo do obreirismo faraônico) inundam redações para transmitir a imagem de uma administração transformada em canteiro de obras. A quarta cara é a de César, imperador romano. Queixo apontando para a testa do interlocutor, rodeado de áulicos, em profusão de elogios e falsas versões, diminui o ritmo da fala, aumenta os espaços da articulação de bastidor e a circunferência da barriga. É claro, nessa fase áulica e festiva, a comilança invade as noites, sob os aplausos de uma galera bem selecionada e distante do povo. Nesse ponto, o governante refugia-se na articulação política.

As caras dos mandatários expressam o próprio ciclo de vida da administração. Da simplicidade da primeira fase à arrogância da última, eles retratam a incultura política do país. Entram como inquilinos dos espaços públicos e saem como senhores feudais. A coisa pública (*res publica*), para muitos deles, se transforma em fazenda particular. Muitas vezes, a falta de preparo do governante torna-o refém de um grupo de donatários, que faz a partilha do governo, distribuindo cargos, benesses e posições. Os programas de assistência social se transformam em moeda de troca do fisiologismo paroquial. "Aos amigos, tudo; aos inimigos, os rigores da administração". A mediação político-administrativa é, geralmente, feita por um restrito grupo de assessores-secretários técnicos, posicionados na administração para elevar o perfil de qualidade do governo. É o verniz cosmético da seriedade.

Para piorar as coisas, os governantes não lavam a cara para tirar a cera que cobre as protuberâncias da pele. Impregnam-se de onisciência e onipotência. Em muitos estados, vestem-se de deus.

O BREVIÁRIO FRANCISCANO DOS POLÍTICOS

PADRE AMÉRICO SERGIO MAIA, antigo vigário de Cajazeiras (PB), teve certo dia de viajar 28 quilômetros a cavalo para dar extrema-unção a um doente. Cansado, apeando-se do animal, logo perguntou: "Minha senhora, por que vocês não fizeram uma casa mais perto da cidade?" Ouviu a ácida resposta: "Padre, e por que não fizeram a cidade mais perto da gente?" Essa historinha serve para explicar o distanciamento de fiéis da Igreja Católica e sua perda para credos evangélicos – embora, em entrevista ao jornalista Gerson Camarotti durante visita ao Brasil, o papa Francisco tenha ressaltado o fato de não conhecer profundamente a questão nacional. Mas a distância entre a população católica e sua igreja se insere entre as razões que estão por trás da perda de 1,7 milhão de fiéis, entre 2000 e 2010, segundo dados do Censo, o que dá uma média de 465 pessoas por dia. A lição do papa cai como luva para explicar também a perda de credibilidade dos políticos. A crise da nossa democracia representativa, tão ressaltada nestes tempos de efervescência social, se ampara em múltiplas razões, mas o descolamento entre a esfera política e a sociedade se apresenta como o fator central. Políticos fecham os ouvidos ao barulho das ruas e menosprezam o sentimento da plebe.

Mas por que ocorre tal afastamento quando se sabe que o mandato não pertence ao eleito, mas ao povo, que apenas lhe transfere temporariamente a representação? A resposta contempla a mudança do conceito de política de missão para profissão, aquela abrigando o ideário coletivo, esta incorporando o interesse individual. Em outros termos, o verbo "servir" cedeu lugar a "servir-se". A esganiçada luta do poder pelo poder tornou mais ferina a competição política, formando um arsenal de poderosos instrumentos para os guerreiros usarem na arena eleitoral: recursos financeiros, espaços midiáticos, partidos sem doutrina e uma retórica de glorificação personalista, focada na grandeza dos perfis em detrimento das ideias. Há muito deixamos de enxergar na representação política o conjunto que deveria agir em defesa de uma sociedade harmônica e fraterna, banhada nas águas da solidariedade. Os conjuntos legislativos são vistos como braços políticos do ciclo produção-consumo, cujo foco é o rendimento, o ganho, a concorrência, o jogo de soma zero, em que a vitória de um se dá graças à derrota de outro.

Desse prisma, o rosário de virtudes desfiado pelo jesuíta argentino para revitalizar a Igreja e resgatar a fé de rebanhos desgarrados não deixa de ser sábia contribuição para oxigenar a política. Afinal, partidos políticos, como credos e igrejas, mesmo sob o impulso da força monetária, devem ser entidades inspiradas no poder da norma, conforme ensina Amitai Etzioni em sua obra sobre organizações complexas. A evidência transpareceu. O pontífice usou as chaves da Igreja de Roma para abrir, por aqui, outras portas – afinal, deparou com uma orla marítima povoada por 3 milhões de pessoas, com um ambiente político tumultuado, um Rio de Janeiro hostil aos governantes e ecos de turbas clamando por melhoria dos serviços públicos. O papa parecia querer nos deixar um legado valorativo, algo como um manual de conduta política tão franciscano quanto ele – contraponto ao *Breviário dos políticos*, manuscrito que o cardeal Mazarino escreveu nos tempos dos Luíses XIII e XIV pregando a desconfiança, a emboscada, a simulação e a dissimulação.

O livrinho papal, pinçado de seus pronunciamentos e entrevistas, alinha preceitos inerentes ao escopo da Política (com P maiúsculo), seja para uso da Igreja seja para a vida partidária. A par da proximidade, fator já referido, apregoa a simplicidade, o despojamento da estética extravagante, tão do gosto desse marketing que espetaculariza eventos e cosmetiza imagens de governantes. (Quem imaginaria uma de nossas altas autoridades subindo a escada do avião com sua malinha a tiracolo?) Simplicidade nada mais é que a presença do político real junto do eleitor, sem estandartes e altares para poder se apresentar mais alto ou mais importante do que é. Ser simples é exibir o perfil desnudado, sem máscaras, despojado, leve, transparente. Nas palavras de André Comte-Sponville: "É ter a virtude dos sábios e a sabedoria dos santos". Ou, ainda, ter humildade, que "é a virtude do homem que sabe não ser Deus". Exercitar tais virtudes significa ter coragem para se desviar do espelho de Narciso, ao qual recorrem invariavelmente os atores políticos. O termo "ator", aqui, visa mostrar que a "cultura do espetáculo" chegou ao palco da política, estando cada vez mais parecida com a arte dramática, na expressão de Roger-Gérard Schwartzenberg: "Esta política-artifício vive de insinceridade, de sentimentos falsos, forçados ou fabricados".

A coleção de valores abriga, ainda, o compromisso da "nossa geração" de abrir espaço entre os jovens, os quais Francisco conclamou a ser "revolucionários, rebeldes, corajosos". O que os partidos políticos e os dirigentes têm feito para cooptar a adesão da juventude? Que esforços têm empreendido para compreender suas demandas, falar a sua linguagem, ir ao encontro deles (sem jaulas de vidro)? Que janelas as siglas devem abrir para cair no gosto popular? Encher papéis com verbos cheios de promessas, fazer novas cartas aos brasileiros? Mais uma vez, a voz do papa se faz ouvir: urge acabar com a Igreja que se comunica por documentos, à semelhança da mãe que se comunica com o filho por carta. O mesmo vale para a política. No entanto, partidos acreditam que acervos documentais farão o milagre de multiplicação de adeptos. Guinadas à esquerda, à direita ou ao centro não funcionam mais como anzóis para captar a atenção dos eleitores. A sociedade quer soluções, resultados, igrejas e partidos que saibam ouvir suas preces.

PARTE III

O ESTADO DA NAÇÃO

O VOTO: DO CORAÇÃO PARA A CABEÇA

O BRASIL CONHECE ELEIÇÕES desde 1532, quando se elegeu o Conselho Municipal da Vila de São Vicente (SP). A tradição de votar, portanto, remonta aos primórdios de nossa história, apesar de havermos conhecido eleições diretas apenas em 1881, por força da Lei Saraiva. Muita coisa mudou entre as eleições municipais regidas pelas Ordenações do Reino, que vigoraram até 1828, e as atuais campanhas marquetizadas.

Houve tempo em que não votavam escravos, mulheres, índios e assalariados. Política era coisa de rico. Passamos por pelouros, bolas de cera onde eram colocados os votos, entramos nas fases das urnas de madeira, de ferro e de lona, até chegarmos às atuais urnas eletrônicas. Cacarecos do passado resistem, como o voto de cabresto, que continua a engordar currais eleitorais de alguns grotões. Entre 20% e 25% da população eleitoral ainda recebe influência do mandonismo regional. Devemos reconhecer, porém, que mesmo lá não há vez para a tirada do coronel ante a insistência do eleitor ansioso para descobrir o nome do candidato no envelope fechado que recebeu, prontinho para ser depositado na urna: "Você está querendo me comprometer, seu besta, não sabe que o voto é secreto?"

O que ainda não está presente na cultura dos fundões é o pensamento crítico que eleitores de centros maiores têm adquirido em função de promessas não cumpridas por políticos. É a cobrança, sem nenhum compromisso com a lhaneza, que permitiu a uma vendedora de loja, em São Paulo, perguntar a determinado candidato por que não trocava o slogan de sua campanha "O bom prefeito está voltando" pelo famoso "Rouba mas faz". O gesto da eleitora denota um dos traços mais avançados da nova cultura que se espalha pelo território, em contraponto à cultura de passiva aceitação da verborragia dos políticos. Trata-se do conceito de autogestão técnica, pela qual os eleitores sabem o que exigir de candidatos e como enxergam seus perfis. Essa atitude balizará o comportamento de parcelas significativas do eleitorado.

Que outros aspectos podem ser considerados relevantes no processo eleitoral? O refúgio dos eleitores em grupos de referência é outra posição que vem ganhando intensidade. Como a nossa democracia representativa não tem dado respostas suficientes às demandas dos grupos, estes procuram novos escudos. Tal tendência tem se acentuado desde 1984, quando milhões de pessoas foram às ruas reivindicar o direito de eleger o presidente da República. O intento foi frustrado. Pelo voto indireto, Tancredo Neves ganhou de Maluf. Nos últimos 20 anos, as massas têm perdido a motivação, fugindo das ruas para dar lugar a movimentos específicos, na esteira das ações de resultados imediatos. Ingressamos no ciclo da funcionalidade e convivemos com atores cada vez menos interessados em pensar a política como missão. Maior competitividade entre candidatos, menor contraste entre partidos, maior distância entre povo e universo político, predomínio de demandas da micropolítica e maior ingerência de grupos privados no domínio político se apresentam como frutos da estandardização de padrões e costumes.

Nesse cenário se desenvolve a campanha municipal. A fulanização ocupa espaços centrais, mostrando que o país se torna celeremente um território político de proprietários. O ideário sai de partidos e entra no corpo de entidades não governamentais. O clássico sistema de poder, centrado no Executivo e no Legislativo, reparte forças com estruturas centrípetas, localizadas nas margens. Aliás, a principal alavanca das campanhas é a mobilização de grupos localizados, integrados e conscientes. Antigamente, o foco era a massa dispersa, difusa e amorfa. Partidos só valem para somar espaços na mídia eleitoral. A mesclagem partidária chega ao clímax, com a maior salada de siglas já produzida em todos os tempos.

O balão de formação da opinião pública sobe à estratosfera por força do sopro de uma mídia mais crítica e exigente. Esse é um dos aspectos positivos dos avanços da história do voto no país. A invasão entre as esferas privada e pública, o aumento exagerado de patrimônios de candidatos e a ligação entre patrocinadores, grupos de interesse e candidatos começam a ser investigados. O que falta é a cobertura mais crítica do ideário com propostas de concorrentes a cargos majoritários. Por enquanto, a receita se atém à agenda do corpo a corpo. O sistema de pesquisas, mesmo com as novas exigências feitas pelo Tribunal Superior Eleitoral, continua refém do marketing eleitoreiro e será manipulado para mostrar candidatos em vantagem e tentar induzir a decisão de eleitores.

Não se pode dizer que estamos retrocedendo. Eleições fazem bem à democracia, mesmo sabendo que a institucionalização do país não depende apenas de sufrágio de dois em dois anos. Mudar a política é inovar padrões culturais, o que demora de três a quatro décadas. O país conviverá por muito tempo com ciclos de experimentalismos, protelações, promessas eleitoreiras e inquietações que, no fundo, exprimem aquilo que o embaixador J. O. de Meira Penna chama de "míngua em nosso caráter das virtudes racionais de operosidade, organização, poupança, seriedade, obediência à lei, disciplina moral e boa consciência econômica". Apesar de tudo, as eleições apontam para um voto que desborda, devagarzinho, do coração para ingressar na esfera consciente do hemisfério cerebral.

A ÉTICA NA POLÍTICA

A SEGUNDA DÉCADA DO novo milênio significou também a abertura de um ciclo ético na política? A pertinência da pergunta se relaciona aos movimentos pela depuração ética que brotam no seio da sociedade e continua a embasar o discurso da representação política. Cabe, de início, o registro: a partir do *impeachment* do presidente Collor, a chama ética se acendeu na sociedade brasileira. Além disso, a fogueira ética que hoje ilumina o cenário político é resultante de uma tendência não apenas brasileira, mas internacional, que desloca eixos tradicionais de poder para a sociedade. Ela passa a ser mais autogestionária e determinada a cumprir suas metas de bem-estar.

A ética na política e na administração pública é um dos instrumentos que a sociedade coloca no plano estratégico de suas lutas. E a consequência mais imediata dessa vontade ocorrerá no palco político. A relação entre ética e política, como se sabe, é bastante estreita: a primeira, segundo a visão aristotélica, trata da análise das virtudes, da busca da felicidade e da consideração sobre o conceito de justiça; a segunda compreende a análise das normas constitucionais e dos regimes mais adequados para bem servir a comunidade. Portanto, não há justiça, virtude ou felicidade à margem da sociedade política. O plano político afeta o plano ético e vice-versa. Donde se pode concluir que qualquer aperfeiçoamento ético no país terá fortes repercussões na arena política, na administração pública, na relação entre o poder público e os grupos privados e no perfil da autoridade.

Que fatores estão por trás da onda ética que se propaga por quase todas as regiões brasileiras?

Em primeiro lugar, o despertar da racionalidade. O Brasil está deixando para trás o ciclo da emoção. A sociedade toma consciência de sua força, da capacidade que tem de mudar, pressionar e agir. É a ascensão do conceito de autogestão técnica. Trata-se de uma aculturação lenta, porém firme, no sentido do predomínio da razão sobre a emoção. O crescimento das cidades e, em consequência, as crescentes demandas sociais; o surto vertiginoso do discurso crítico, revigorado por pautas mais investigativas e denunciadoras da mídia nacional; o sentimento de impunidade que gera, por todos os lados, movimentos de revolta e indignação; e, sobretudo, a extraordinária organicidade social, que aparece na multiplicação das entidades intermediárias, hoje um poderoso foco de pressão sobre o poder público, formam, por assim dizer, a base do processo de mudanças em curso.

As consequências se fazem sentir, ainda, no próprio conceito de democracia. Já se foram os tempos da democracia direta, aquela que nasceu na Atenas dos séculos IV e V, quando os cidadãos, na praça central, podiam se manifestar diretamente sobre a vida do Estado. Estamos vivendo a plena democracia representativa, que, por vezes, se introjeta de valores da democracia direta, estes que se expressam quando os cidadãos, por regiões ou dentro de suas categorias profissionais, tomam decisões, escolhem representantes e exigem deles mudanças de comportamento. É fato inegável que um dos grandes saltos dos novos tempos tem sido a passagem da democratização do Estado para a democratização da sociedade. E essa democracia social é fruto de um poder ascendente que se consolida pela força das entidades intermediárias, pela organização da sociedade civil. A sociedade se torna cada vez mais policrática, multiplicando os centros de poder dentro do Estado, muitos deles com posições completamente diferentes da visão deste.

O resultado dessa combinação é altamente positivo: uma sociedade pluralista propicia maior distribuição de poder; maior distribuição de poder abre caminhos para a democratização social; a democratização da sociedade civil adensa e amplifica a democracia política, de acordo com o pensamento de Norberto Bobbio. No Brasil, estamos caminhando firmes nessa direção; a

A ÉTICA NA POLÍTICA

prova mais eloquente disso é a formidável malha de centros de poder instituídos em todos os âmbitos e níveis.

Esse fenômeno enfraquece o poder político representado pela instituição parlamentar? De certo modo, sim. Até porque a formação de novos centros de poder no meio e nas margens da sociedade também tem por motivo a falta de respostas adequadas e tempestivas por parte do sistema parlamentar. Os partidos políticos constituem um ente amalgamado, uma massa frequentemente incolor e sem matiz ideológico. Lembremos, aliás, que tem ocorrido, em nível mundial, um declínio geral das ideologias, decorrência da *debacle* do socialismo clássico, da globalização e da quebra de fronteiras físicas, psicológicas e ideológicas entre países.

As doutrinas se aproximam e se fundem. Observa-se, ainda, um desempenho menos vigoroso dos aderentes e participantes do universo partidário, até porque as lutas políticas e sociais do passado – travadas sob o manto da clivagem ideológica – perderam sentido. Procuram-se novos conceitos para suceder o liberalismo e o socialismo, considerados ultrapassados – o primeiro porque demonstrou saber produzir riquezas, mas não distribuí-las; o segundo porque demonstrou saber distribuir riquezas, mas não produzi-las. E é aí que surgem os "caçadores" da ideologia dos novos tempos.

Não fica sem sentido, dentro desse cenário, o declínio das oposições ideológicas. Por isso, o oposicionismo que se faz na atualidade se dá menos em função de uma visão ideológica do mundo e mais em virtude de projetos circunstanciais de poder, centrados na pragmática política e, sobretudo, inspirados nas vontades e expectativas dos novos polos de pressão da sociedade. Ou seja, a ação política voltada para a conquista do poder leva em consideração a micropolítica dos grupos de interesse, das regiões, das comunidades locais. O processo político, no Brasil, é cada vez mais uma questão distritalizada, espacial. Basta ver a guerra fiscal entre estados, a concorrência entre municípios em torno do ISS, as reivindicações regionais (Norte/Nordeste) de incentivos fiscais.

A força ascendente-centrípeta, de baixo para cima e de fora para dentro, se desenvolve não apenas para reforçar a democracia representativa, inoculando-a com valores da democracia direta – entre os quais as manifestações e decisões dos cidadãos reunidos nas assembleias de suas entidades –, mas para se contrapor a uma força descendente-centrífuga, de cima para baixo e de dentro para fora, estruturada pelos eixos de uma forte tecnoestrutura. Os tecnocratas infiltrados na malha administrativa do poder público, afastados do meio e das margens sociais, geralmente tomam decisões sob o império de um tecnicismo calculista, inspirado pelo sentido arrecadatório--monetário. Não têm olhos para as ruas nem são capazes de se integrar ao espírito do tempo. Os aposentados, por exemplo, são objeto de constantes ataques da tecnoburocracia, responsável pela tecnodemocracia, que nada mais é que uma democracia sem o oxigênio social.

A sociedade organizada recebe grande impulso – espaço e visibilidade – da mídia, que descobriu na investigação, na denúncia e na cobertura de acontecimentos de impacto uma forma de tornar mais rentáveis seus empreendimentos. Os programas de caráter popularesco nas emissoras de TV abrem espaço para uma estética escatológica, um desfile de horrores e angústias do cotidiano. Procuram servir de estruturas de consolação de uma sociedade depauperada, sofrida, amargurada, amortecida pela ausência de políticas públicas adequadas. Alguns programas vestem, de fato, o manto de protetores do povo. A seu modo, acabam colocando mais palha na grande fogueira social. As consequências de tudo isso são o distanciamento do povo das instituições políticas e sociais; a indiferença, senão fúria, contra seus representantes; o aumento da taxa de descrença; e a descrença dos mais pobres em relação aos políticos e governantes.

Sociedade organizada, micropolítica e microdemocracia de grupos e regiões, problemas sociais de alta envergadura e sensibilidade, como desemprego, violência, precariedade do sistema de saúde, deficiência dos transportes, aumento do contingente dos sem-terra e sem-teto, cenários eleitorais se desenhando, querelas discursivas e brigas por visibilidade, denúncias surgindo de todas as partes, governo federal procurando impor sua vontade para um corpo congressual insatisfeito, reformas constitucionais em compasso de negociação. Essa é a massa residual que está lustrando a moldura ética. As CPIs, nesse contexto, passam a ser a "espada de São Jorge" da sociedade para matar o dragão da maldade, simbolizado por políticos, policiais, promotores, empresários, advogados e juízes que caíram na fossa da corrupção, nas redes de narcotráfico e em diversas frentes de delinquência.

São evidentes os sinais de que o Brasil levanta a bandeira ética. Porém, para entender até que ponto ela poderá ser erguida, há de se observar a dinâmica dos conjuntos sociais, dos movimentos e fatos em curso nos cenários político, social e econômico. A ética trata das coisas do bem, do ideal da felicidade, das fontes de justiça, dos valores da amizade, da solidariedade e da dignidade. A ética trabalha para que se alcance a sociedade convivial, que está a serviço do homem e não da produção. Pela via ética, seguramente, a comunidade nacional encontrará o meio para mudar a política, melhorar o perfil da democracia representativa e de seus agentes, aperfeiçoar o sistema partidário, qualificar os governos e as administrações, ampliar os espaços da democratização da sociedade civil e consolidar a cidadania, diminuindo a distância entre o Estado e a nação.

A campanha ética que mobiliza a sociedade bate de frente na classe política, de quem se esperam mudanças comportamentais apreciáveis. Ganhará mais força à medida que outros componentes se juntem, como a reforma política que começa a se desenhar, inicialmente pelo projeto em tramitação no Senado. Partidos fortes, doutrinários, cinco ou seis tendências, disciplina e fidelidade partidária contribuirão para clarificar o sistema, dando-lhe maior autenticidade. O perfil do novo político, nessa nova ordem, estará conformado a uma visão mais compromissada com os grupos sociais, menos individualista e mais solidária, mais transparente e submetido ao controle da mídia e da própria sociedade, menos fisiológica e firmemente atrelada ao programa partidário.

E, se assim for, haverá menos espaços para os casuísmos e projetos provisórios. A permanência substituirá a transitoriedade. Aventureiros e oportunistas não terão tantas oportunidades como as que se apresentam em um panorama cheio de buracos, desvios éticos e improvisação. O Brasil está fechando o ciclo da política de oportunidades.

■ A AMPLIAÇÃO DA RAZÃO

A RAZÃO, COMO MECANISMO para tomar decisões, está ampliando sobremaneira seu espaço nos segmentos sociais, inclusive nos setores populares, tradicionalmente conhecidos por agir sob o impacto das emoções. O processo racional entra forte na arena eleitoral. Os comportamentos mais racionais estariam relacionados a um cenário de modernidade, que aponta para um reordenamento na escala de valores, princípios e visões dos grupamentos sociais, decorrência da saturação dos velhos discursos e de mudanças significativas nos campos geopolítico e econômico mundiais.

O desmoronamento de importantes eixos que fizeram, por décadas a fio, o pensamento de parte significativa da humanidade – como a construção do edifício socialista, com sua fechada visão sobre a luta de classes, a integração geoeconômica entre países e blocos e a homogeneização sociocultural dos povos em função dos *inputs* fornecidos pelo aparato tecnológico da mídia massiva – é um dos fatores que contribuem para a sedimentação de uma cultura racionalista.

As bases dessa cultura se apoiam, em um primeiro nível de análise, em mudanças ocorridas no campo individual. A pessoa, escondida no anonimato na massa, descobre que pode se transformar em cidadã. A cidadania deixa de ser o discurso demagógico das instituições políticas e ingressa nos repertórios mentais do indivíduo, passando a ser fator de conquista e meta desejada. Essa descoberta está intrinsecamente imbricada com a ampliação da "consciência do Eu", que funciona como antinomia ao conceito do "Nós coletivo", esteira da propaganda política e eixo principal da mistificação das massas.

A maior autonomia individual fortalece o desenvolvimento de uma postura que pode ser definida como a de autogestão técnica, pela qual os indivíduos passam a traçar seus rumos e a selecionar os meios, recursos e formas para atingir seu intento. Rejeitam ou aceitam, com muitas restrições, as pressões autoritárias de um sistema de poder normativo, que geralmente vem de cima. Equivale a dizer que fogem dos "currais" psicológicos que enclausuram pensamentos e amedrontam espíritos. Seu conceito de legitimidade está embasado na apropriação do heterogêneo, do inesperado e das diferenças.

O campo social se reparte num mosaico de multiplicidades e particularismos, abrindo-se o universo do discurso para a rebeldia das formas e a rejeição a tudo que se assemelhe a totalizações. O desejo de posse e de status configura o quadro de decisões; os espaços privados são muito bem delineados, afastando-se dos espaços públicos. No campo moral, a aceitação universal de princípios sofre impactos, ampliando-se os espaços da espontaneidade, da criatividade e da individualidade. A tática se adapta aos territórios geoculturais e políticos, perdendo sua visão monopolista e se alimentando da seiva que começa a brotar dos segmentos jovens, dos grupos ecológicos, dos movimentos étnicos e da profusão de signos que se espraiam nas ruas, nos *shoppings* e nos corredores de cultura, esporte e lazer.

A transparência, a agilidade nos processos decisórios, as exigências sociais pela conservação do meio ambiente, a cobrança rigorosa aos representantes da sociedade nos parlamentos, as críticas contra a ineficiência das estruturas da administração pública, as mudanças e as novas interpretações dos dogmas religiosos, a derrocada de muitos mitos e a busca incessante da verdade contribuem para elaborar a moldura da racionalização dos processos e comportamentos humanos.

A esfera subjetiva, irrigada pelas paixões e por uma fértil liturgia emotiva, tem, ela mesma, seus elementos racionais. Há até quem fale na racionalização das emoções, pequeno crime que se comete contra românticos e poetas. (Pode existir coisa mais racional que poesia concreta?) É claro que os atos racionais estão muito mais próximos do domínio político, em função da crise intermitente que corrói as esperanças e destrói imagens. Com maior autonomia e mais descrentes, os brasileiros estão assumindo sua condição de cidadãos políticos. Bom para eles, bom para o país.

■ A AUTOGESTÃO

O DESLOCAMENTO DOS EIXOS decisórios da política se dá em função de mudanças significativas no conjunto social. É oportuno distinguir as mudanças que ocorrem na sociedade. Comecemos com a pergunta: por que se expande a taxa de racionalidade, fator que impacta os pleitos eleitorais? Vejamos. A população, há algum tempo, recebe uma vacinação ética, injetada pelas organizações sociais e sob pressão dos meios de comunicação. O universo da locução passou a ser escancaradamente aberto. O sentido crítico ficou aguçado.

Nessa moldura, emergem as correntes autogestionárias, que passam não apenas a elaborar um discurso próprio, mas a ocupar um cobiçado espaço político. A ocupação desse espaço tem sido facilitada pela desobstrução de barreiras e obstáculos, feita pelos próprios atores políticos. Expliquemos: de maneira atabalhoada, os representantes deixaram ou têm deixado de cumprir compromissos com a base de representação. A corrupção nas malhas das administrações em todos os níveis, os acordos espúrios entre os partidos e as coligações de puro interesse grupal, a falta de escrúpulos e uma recorrente trajetória de denúncias envolvendo políticos de todas as facções e partidos, situações cobertas de maneira ampla pela imprensa, abriram um imenso vazio social. As expectativas da população não apenas não têm sido atendidas como a frustração crescente desencadeou um processo de afastamento dos grupamentos sociais do setor político formal.

Os vazios têm sido preenchidos, de maneira intensa e capilar, por um conjunto de entidades organizadas em função não apenas de demandas geográficas da micropolítica (projetos para regiões, bairros, ruas), mas de variáveis e valores globais, como ética, honestidade, transparência, lisura, zelo pela coisa pública. As organizações sociais se tornaram molas de motivação e propulsão de segmentos saturados de promessas e programas mirabolantes. Nessa moldura, as correntes autogestionárias passaram a atuar de maneira articulada, estabelecendo objetivos, metas e políticas de mobilização, e arrumando um discurso cada vez mais crítico.

O conceito de autogestão fala por si. Trata-se da ideia de um grupamento social, dentro de uma organização, assumir a capacidade de traçar o seu destino, "governar", dizer o que quer, definir táticas e formas de ação. Trata-se de uma resposta à ineficiência dos governos e atores políticos. A reação aparece, inclusive, na mudança da tipologia eleitoral. O voto, pouco a pouco, larga o coração e sobe à cabeça. As periferias começam a despertar, abrindo o discurso, clamando por punição aos culpados, pelo império da autoridade, pelo respeito à ordem. Os cidadãos querem ver políticas de resultados, a micropolítica. E resultados imediatos. O conceito de nossos pais e avós no sentido de "construir a pátria para os filhos e netos" está sendo substituído pela oração da "construção de uma pátria para nós, já".

A CONQUISTA DA CIDADANIA

COMO DESTACAMOS ATÉ AQUI, o cidadão brasileiro ficou mais racional e, em consequência, exige padrões políticos mais qualitativos. Essa hipótese, cada vez mais comprovada por pesquisas e observações, atesta o ingresso gradativo da sociedade no território da democracia participativa. Os eleitores são mais questionadores, dedicam mais atenção ao processo político, têm mais informações, construindo os alicerces de uma cultura autogestionária (veja o capítulo anterior), pela qual decidem com mais autonomia e independência. A nova postura dá vazão ao jogo político menos contrastado, menos radicalizado, e ao fortalecimento de uma civilização mais técnica e inclinada para resultados.

A evolução do conceito de cidadania, que é o escoadouro dos movimentos sociais voltados para a defesa da integridade material e espiritual dos cidadãos, não é privilégio de regiões mais desenvolvidas, como o Sudeste. A dona de casa no sopé do monte Caburaí, em Roraima, no extremo Norte, ou do Chuí, no extremo Sul do país, que não perde a novela das 9h, também passou a se alimentar de um prato mais farto. Seu nível de interpretação certamente é menor que o de técnicos, intelectuais e classe média dos grandes centros urbanos. Mas a informação capilarizada das TVs e rádios está lhe levando o menu que serve a todos: os movimentos e as mobilizações nas cidades, agora sob o rótulo de rolezinhos; as catástrofes nos morros devastados por chuvas; a violência incontida; a precariedade dos serviços de saúde; a indignação quando não paga o Bolsa Família em dia; os discursos demagógicos; mensalões, mensalinhos e outras práticas políticas que enlameiam perfis de governos e parlamentares. Os pobres também armazenam informações. E fazem associações mentais.

O aproveitamento de locuções das ruas em programas jornalísticos dos meios de comunicação, fenômeno que se intensifica, demonstra que a mídia está criando contrapontos ao oficialismo. E que, ainda que o povo acompanhe a vida política, quer participar e sabe expressar sentimentos. O tom de suas mensagens bate na mesma tecla: o inconformismo contra um *status quo* pouco capaz de gerar mudanças de vulto. A docilidade e a indiferença de súditos estão sendo substituídas pela indignação de cidadãos. Os políticos continuam a ser o alvo predileto do bombardeio das mídias globais e grupais – e suas promessas já não atraem o interesse das massas.

O cenário institucional ganha animação. As casas legislativas – paradigma da instituição política – procuram se movimentar, as organizações intermediárias ganham amplitude, como sindicatos, federações e associações. O ideal de gerenciamento eficaz passa a ser um dos elos mais fortes do pensamento nacional. Para a cadeira do político tradicional, trancado em palácios, exige-se a figura do gerente, do realizador, do planejador eficiente, do administrador competente, conhecedor dos problemas e muito experiente. A conversinha de pé de ouvido, cheia de promessas e mentirinhas, já não encanta. A prática de loteamento de cargos, embora muito usada, cede lugar à ação de distribuição de lotes para a construção de casas. Engenheiros e arquitetos, perfis que se identificam com a cultura do criar e do fazer, passam a ser mais aceitos que outras categorias.

A simplicidade de programas substitui a grandiloquência de planos monumentais que, depois de algum tempo, não são mais que pilhas de papéis. E o assistencialismo corruptor do pão e circo diminui sua capa cosmética, sendo substituído pelo cobertor mais grosso da assistência voltada para projetos de desenvolvimento social. Ensinar o pescador a pescar torna-se o lema básico.

A MESMICE

APESAR DE AVANÇAR, DE maneira lenta e gradual, o país é tomado por um sentimento de mesmice. A luta política, que se trava na arena do processo sucessório, é a teatralização de uma velha guerra que, frequentemente, exibe perfis cansados, bordões gastos e quase nenhum elemento de diferenciação. O repertório de denúncias diárias, ao contrário do esperado, tem o efeito de anestesia social. A repetição cansativa de escândalos embrutece a sensibilidade, como se uma pesada camada de chumbo nos cobrisse. Os governadores reeleitos mais se assemelham a dândis no baile que terminou por cansaço da orquestra. Emascularam a vontade. Os parlamentares correm pressurosos ao balcão das trocas para saber qual a melhor moeda partidária.

As disputas sucessórias se transformam em guerra de nomes sem grandeza. Os candidatos correm atrás de apoio dos partidos, menos em função de conceitos e programas, mais em função do tempo que poderão ganhar na mídia eleitoral. O governo passa a ser atacado de maneira contundente, transformando-se, com certa razão, no maior bode expiatório da crise. E nem pode berrar alto, porque é refém de três barbáries que ameaçam a precária governabilidade: as barbáries *tecnocrática*, *política* e *gerencial*.

A *barbárie tecnocrática* é responsável pela imprevisibilidade e improvisação do governo, pela departamentalização da eficácia econômica e pelo desprezo ao cinturão político. A *barbárie política* gerou a construção do balcão das trocas e a fragilização da base econômica. E a *barbárie gerencial*, associada aos vícios anteriores, consiste em ignorar a eficiência e a eficácia organizacional como elementos complementares básicos do manejo político e econômico. Sucessivos governos, em maior ou menor grau, têm reproduzido cada pedaço dessas três barbáries. E o resultado aí está: a baixa capacidade de governo, o que comprova a tese muito difundida de que os dirigentes latino-americanos, apesar de qualidades pessoais, têm dificuldade de lidar com a complexidade do governo. A pior gestão, dizem os cientistas políticos, é aquela que consome o capital político do governante sem alcançar os resultados anunciados e perseguidos – e isso ocorre por mau manejo técnico. Os dirigentes esquecem os compromissos de suas campanhas eleitorais, não fazem o cálculo do balanço da gestão e, principalmente, não a projetam para o futuro.

Os políticos, por sua vez, aproveitam-se das circunstâncias para tirar proveito. A crise passa a ser uma oportunidade para aumentar o capital. O Parlamento torna-se uma Torre de Babel, com discursos para todos os gostos, o que, convenhamos, faz certo bem ao país, contanto que não se deixem de lado a função legislativa, o debate sobre os problemas nacionais e a fiscalização dos atos do Executivo. Os governadores estão desmotivados. Já deram o gás que tinham de dar; suas equipes deitam-se na cama do ócio, enquanto os círculos mais íntimos locupletam-se de benesses. Devem ceder o lugar a substitutos e quadros mais motivados? Afinal de contas, a reta final de uma administração precisa receber alta dose de oxigênio e vitaminas de energia.

A tecnocracia brasileira sofre de paralisia. Os tecnocratas costumam produzir seus planos sem o respiro das ruas. Governos descolados da realidade não conseguem eleger sucessores quando se afastam do sentimento popular. Procurar a bússola perdida, caminhar na direção correta, processar com eficácia as ações, ter capacidade de gerenciar problemas e encontrar soluções, evitar fricções irreparáveis, entrar em regime de mutirão, buscar intensamente o foco – essas são as alternativas que restam aos governantes. Só assim poderão despertar os sentimentos adormecidos da sociedade e gerar novas percepções.

De tanto olhar a escuridão, o olho se acostuma com o nada e não percebe os vazios do ambiente. É mais ou menos assim o olhar dos governantes e políticos. Em função dos imensos vazios no espaço social, os eleitores estão distantes dos velhos atores que ensaiam no palco. Quem surgir encarnando a voz da autoridade, o dom do equilíbrio, as aspirações mais legítimas da população, a força moral terá melhores condições de subir ao pódio. Na Babel de linguagens tortuosas e bordões de promessas mirabolantes, dá o tom a onomatopeia da indignação social. Por isso, não se deve confiar em prato feito. Muita água há de rolar carregando novas correntes. Como rugiu Zaratustra, o profeta de Nietzsche: "Não apenas a razão dos milênios – também a sua loucura rompe em nós. É perigoso ser herdeiro. Ainda lutamos, passo a passo, com o gigante chamado acaso".

A "HERANÇA MALDITA"

UM VELHO TEMA É recorrente na política brasileira: a "herança maldita". Como analisar a polêmica que envolve governistas e opositores em todas as épocas? Como se sabe, esse assunto serve de argumento para políticos situacionistas e oposicionistas compararem a identidade de seus governos. Trata-se de uma questão de lana-caprina, ou seja, de nulo valor. É como querer achar pelo em ovo. A história do Brasil está pontilhada de exemplos que creditam a qualidade das administrações à capacidade dos mandatários e à força das circunstâncias. Campos Sales (1898-1902), com seu ministro da Fazenda, Joaquim Murtinho, negociou com os banqueiros ingleses a dívida brasileira, entregando a Rodrigues Alves (1902-1906) um país com as finanças recuperadas, mas isso não impediu que seu sucessor tornasse a contrair uma imensa dívida com os mesmos credores para financiar a remodelação urbanística da capital federal. O primeiro pagou o preço da impopularidade; o segundo, o ônus de grandes turbulências, como a campanha pela obrigatoriedade da vacina da varíola e a crise da queda mundial dos preços do café.

É mais adequado, portanto, avaliar as administrações sob o crivo da competência e das circunstâncias, o que demanda dos governantes, no mínimo, a capacidade de decidir, de fazer e de manter estável o que foi realizado. Se é por aí que se define a qualidade de um governo, aduz-se que suas deficiências estão nas cabeças, nos comandos, e não nos pés. Há governantes que tiram leite de pedra. Outros que capricham na arte de dizer que fizeram o que não fizeram, na onda do Estado-Espetáculo. E há ainda outros que, pressionados pelas circunstâncias, não se habilitam a processar os problemas. Essa deficiência se agrava quando as gestões se impregnam de acentuadas nuanças ideológicas, em geral engessadas por um radicalismo inconsequente, focado na demonização das forças do mercado, identificadas como a maldade do mundo. No fundo, trata-se de um pensamento voltado para desqualificar os avanços da ciência. A propósito de visões estapafúrdias, vale recordar o general Ibañez, ditador do Chile entre 1925 e 1931 que, na esteira de uma inflação galopante, deu ordem para seu ministro da Economia abolir, por decreto, a lei da oferta e da procura.

Um governo eficaz é o que gera resultados positivos nas três bases que lhe dão sustentação: a política, a macroeconômica e a social. Atender às carências de uma área deixando outra a descoberto é correr o risco de abrir um fosso nos espaços insatisfeitos. Ademais, há governos que perdem muito tempo com diagnósticos, balizando seu comportamento por pressões momentâneas e adquirindo a imagem de um dândi perdido na escuridão. É ainda muito frequente na administração pública brasileira a falta de ousadia, de capacidade dos governos para furar os bloqueios da acomodação. Ousadia, nesse caso, não quer dizer experimentalismo, projetos improvisados, loucuras de grupos encastelados nas entranhas do poder ou ações cosmetizadas pelo marketing. Com base nesses parâmetros será possível chegar a um modelo mais justo de comparação de estilos e a análises objetivas de resultados entre governos.

Fernando Henrique conseguiu, com o Plano Real, estancar um processo inflacionário de 40 anos. O saneamento financeiro do Estado, a imposição institucional da responsabilidade fiscal e a universalização de critérios equilibrados nas contas públicas, além das reformas estruturais, se inserem seguramente entre os grandes avanços do país. Mas a sensação é de que, em seu segundo mandato, o cansaço imposto pela mesmice acabou prejudicando a eficácia geral do governo. O ciclo lulista conferiu a ele a pecha da "herança maldita". Os estilos de governar, no Brasil, em função da intensa competitividade, acabam ganhando a feição chimpanzé, bem diferente da feição Gandhi.

Expliquemos a *boutade*. Em seu famoso ensaio *Estratégias políticas*, o cientista social chileno Carlos Matus define três modos de administrar a política: os estilos chimpanzé, Maquiavel e Gandhi. O primeiro se caracteriza por uma metodologia de embrutecimento: a meta de alcançar o poder a todo custo, o individualismo do chefe, a rivalidade permanente pelo comando da manada, a disputa entre grupos, a aliança e a coalizão táticas, transitórias e instrumentais. O estilo Maquiavel, um pouco mais avançado, equivalendo a um chimpanzé alfabetizado, ampara-se na ideia de um projeto que parece impossível sem o comando de um chefe, tendo como vetor a total subordinação dos meios à superioridade dos fins. Já o estilo Gandhi se inspira em valores como confiança, credibilidade, baixa rivalidade entre grupos e abolição do conceito de inimigo. Sua inspiração é a força da alma.

Esse estilo espiritualizado está distante da ambição e da extrema rivalidade entre as visões que têm inspirado os partidos. O PT, por exemplo, tenta desenvolver um longo projeto de poder, do mesmo modo que tucanos imaginavam permanecer 20 anos continuados na administração federal. O objetivo de partidos é alçar o poder e se esforçar por sua manutenção. A cultura Chimpanzé-Maquiavel, com mais força na índole do primata, é – eis a surpresa – mais coerente com a identidade dos governos. A definição das regras gerais do jogo aponta, portanto, para as estratégias de ação/inação de governos, sendo exatamente esse o ponto de estrangulamento do *modus vivendi* de tecnocratas e políticos incrustados na máquina federal. Walter Lipmann, célebre jornalista norte-americano, analista de governos cuja obra *Opinião pública* é referência obrigatória, escreveu: "Na vida pública, não basta falar, não basta saber. De igual importância é saber fazer". Os governos, de quaisquer partidos, carecem ler essa oração todos os dias.

OS NOVOS TEMPOS

OS PAÍSES SÃO EXPRESSÕES geográficas, Estados são formas de equilíbrio político e pátria, mais que isso, é um sincronismo de espíritos e de corações, uma comunhão de esperanças. Essa magistral definição de José Ingenieros, em seu belo ensaio sobre a mediocridade humana, nos faz pensar sobre o estágio civilizatório do Brasil. Quem melhor exprime o sonho da coletividade? Que propostas serão as mais viáveis, nos próximos anos, para inserir o país no estágio do desenvolvimento social?

As respostas abrangem questões de fundo e de forma. No plano de fundo, ocupará o centro das atenções um programa de avanços para o país que implique mudanças sensíveis nos cintos macroeconômico e político e seja capaz de administrar a equação do crescimento com estabilidade e paz social. A lógica que fundamenta um projeto de desenvolvimento harmônico está assentada nas grandes disparidades sociais, na pérfida distribuição de renda, na defasagem e desmotivação dos setores produtivos e na evidência de que os méritos dos governos não têm sido suficientes para ajustar a temperatura de um caldeirão social em ebulição.

É verdade que o país tem uma moeda estável, sendo esta condição básica para aspirar um patamar de desenvolvimento. Hoje, o Brasil não é mais desdenhado na mesa das grandes discussões. Mas a verdade é que os custos sociais para obter o respeito internacional têm sido tão altos que se chega a duvidar se eles efetivamente tenham valido a pena.

Ainda no plano de fundo, dentro dos dois Brasis que se distanciam, o do pobre e o dos ricos, expande-se um Estado informal dentro do Estado formal. Trata-se do poder invisível, que reúne contingentes cada vez mais numerosos: bandidos que descobrem formas mais racionais e lucrativas de violência, como os sequestros – que agora já não se restringem às camadas ricas e aos adultos; bandos corruptos, proxenetas da administração pública, que agem nas malhas administrativas federal, estaduais e municipais, intermediando negócios e subvertendo a *res publica*; e núcleos crescentes de pequenos empresários, muitos deles pessoas de bem, que jogam fichas na sonegação para escapar da voracidade estatal, que abocanha quase 37% do PIB. O Estado informal no Brasil movimenta um PIB que, para muitos, é do tamanho do PIB oficial, hoje em torno de R$ 1,3 trilhão.

Mudar esse quadro significa mexer de maneira contundente nos bastiões e contrafortes da política e da economia. Na área política, a mudança exige eliminar os polos do fisiologismo e do mandonismo regional, com reformas nos sistemas partidário e de representatividade, que sejam capazes de fortalecer os partidos, dando-lhes densidade programática e conferindo maior responsabilidade e controle à representação política. Trata-se, antes de tudo, de implantar e assegurar um projeto continuado de desenvolvimento que redundará no abandono da política de varejo. Urge mudar a maneira como o país olha para fora e para dentro. O Brasil se assemelha mais a uma empresa, com fluxos de caixa controlados todo final de dia pela equipe econômica. A sociedade quer sentir no país a sua casa, a pátria, uma nação, que é berço de valores, muito mais que lugar de negociações. Quando os sentimentos pátrios não ocupam um lugar central no coração dos dirigentes, a população reage até por meio do voto. A guinada europeia em direção à direita e a crescente onda de racismo e xenofobia têm relação com o fogo de um nacionalismo, cuja efervescência leva em conta a precariedade das políticas públicas e a pouca importância dada às demandas cotidianas dos cidadãos. Nesses tempos turbulentos, a micropolítica assume mais importância que a macropolítica voltada para as temáticas globais.

No plano da forma, o Brasil precisa descobrir as melhores propostas e a embalagem mais adequada para apresentá-las. Não é o caso, também, de arranjar nomes-fantasia para dourar a pílula. Ou seja, o programa vale por sua essência, necessidade, viabilidade e oportunidade, não porque tem um arranjo verbal criativo e cosmético. O plano da forma há de eleger a verdade como eixo do discurso político. Um candidato é digno, é crível, pelo caráter, pela história, não por cálculo ou técnica de marketing. Ele será avaliado pela natureza de seu coração, pela índole, pela verdade que exprime, não por orientações mercadológicas. Há uma lição que ensina: some dez, cem, mil, todos os zeros e você não terá quantidade alguma. Nem positiva nem negativa.

O Brasil precisa de uma vestimenta que cubra não apenas o espaço físico do território, mas os sentimentos da pátria.

A ARTICULAÇÃO SOCIAL

HÁ UMA NOVA E forte articulação social em marcha no país, pouco detectada por pesquisas e quase despercebida pelos cientistas políticos. A força emergente da sociedade nasce nos grupamentos organizados, na "nova classe" integrada por segmentos do empresariado médio, principalmente do setor terciário, que vive fase de grande expansão, pela estrutura do comércio das cidades-polo do interior e pelas correntes de trabalho voluntário e religioso que se espalham pelo país, levando mensagens de solidariedade, esperança e renovação.

Em *Assim falou Zaratustra*, Nietzsche expressa um pensamento muito apropriado para radiografar o estado de espírito da força social emergente: "Novos caminhos sigo, uma nova fala me empolga; como todos os criadores, cansei-me das velhas línguas. Não quer mais, o meu espírito, caminhar com solas gastas". O sapato esburacado da elite tradicional está sendo abandonado com as línguas de centros tradicionais que, historicamente, têm assumido a função de porta-voz do pensamento nacional, como Fiesp, centrais sindicais e até a constelação dos partidos políticos.

Entre os fatores que explicam o fenômeno, alguns são claramente perceptíveis diante da saturação das formas de operação política e do esgotamento dos perfis partidários. A cada eleição, mudam-se as regras do jogo, mas as alterações não oxigenam a vida política. Trata-se de uma articulação casuística para perpetuar um sistema corrompido. Os quadros e perfis de liderança são praticamente os mesmos, fato que explica a ascensão de figuras menos identificadas com a "política bolorenta". A transitoriedade do regrismo eleitoral é apenas mais um sinal da política de interesses e de uma representação parlamentar contaminada com casos sucessivos de desvios éticos, corrupção e patrocínio de gangues.

Uma nova consciência se instala no centro da sociedade. Os partidos tradicionais, nascidos e desenvolvidos a partir de discursos assentados em densos eixos doutrinários, perdem substância com o declínio das ideologias e a extinção das clivagens partidárias do passado, amparadas no antagonismo de classes. A expansão econômica e a diminuição do emprego no setor secundário em proveito do setor terciário estiolam a força das grandes estruturas de mobilização sindical e negociação. Novos movimentos se formam e os grupamentos corporativos crescem na esteira de uma micropolítica, que se volta para a defesa pragmática de setores, regiões e comunidades.

Nessa moldura, a democracia representativa está sendo exercida também pelo universo de entidades intermediárias, com forte prejuízo para a instituição política tradicional, caracterizada pelos *catch-all parties* ("partidos agarram tudo que puder"), na expressão de Otto Kirchheimer. Não é à toa que os nomes de candidatos, entre nós, têm prevalência sobre os partidos. Os perfis mais atraentes são os funcionais-assépticos, descomprometidos com esquemas corrompidos, de propostas diretas, objetivas e de comunicação direta com o eleitorado. A impopularidade de Fernando Henrique Cardoso tem muito que ver com a embalagem que lhe proporcionam as estruturas e formas tradicionais da política. Ele foi um novo conspurcado pela ortodoxia caduca e fisiológica.

A falta de continuidade na administração pública também proporciona desconforto e descrença. O povo tem a sensação de que estamos sempre recomeçando, saindo do nada. O novo governante apaga tudo que o antecessor construiu, inclusive as coisas boas. O fato desmotiva, gera desesperança. Por isso, o povo acalenta farta dose de apatia. Deixa as decisões para a última hora. Não é de admirar que alguém com forte intenção de voto, hoje, fique na lanterninha nas eleições. Há de se olhar com certo ceticismo para as pesquisas de opinião, que não incorporam em seus questionários fatores que formam a nova articulação social e o caráter intensamente migratório das decisões populares.

Na nova parede, a mulher tem destaque. Ela não quer mais ser apenas figuração de cenário. Assume, cada vez mais, papel de coadjuvante. Como diria Margareth, ex-mulher do ex-primeiro-ministro do Canadá, Pierre Trudeau: "Quero ser algo mais que uma rosa na lapela do meu marido".

Pintar qualquer cenário futurista só dará certo se a tinta contiver a nova policromia social.

O ESTADO DE VIOLÊNCIA

O PAÍS ESTÁ COM medo. Um medo avassalador que ultrapassa os limites das tensões circunstanciais porque as ondas de violência, espraiando-se sobre a intimidade dos lares, tomando de surpresa a expectativa alegre de turistas, matando pelas costas inocentes no conforto escuro dos cinemas, tornando comuns as chacinas em bares e salões de bairros periféricos, estão colocando os cidadãos perante um dos mais terríveis pesadelos do ser humano: a possibilidade de desaparecer imediatamente, antecipando um ciclo de vida povoado por utopias, sonhos, muita esperança e renovada fé nos dias que virão. Ninguém está mais seguro, nem a velhinha de 72 anos, trancada sob sete chaves, que abre a porta quando bandidos vestidos de policiais garantem que estão procurando um assassino escondido no quintal da casa; o casal de franceses recebido por um sofisticado bandido carioca, com seu francês impecável; a senhora que teve o corpo arrastado por um camburão da polícia; ou o pedreiro assassinado depois que sumiu em uma UPP.

O processo de devastação de vidas e traumatização de almas que massacra a população deflagra um conjunto de sequelas sobre a vida social e política do país. A primeira consequência é o aumento do fosso entre o poder político e a sociedade, com claros danos para nossas instituições. A descrença na capacidade do Estado de assegurar a defesa de seus cidadãos transforma-o em um ente fragilizado – e, nessa condição, transfere para os governantes taxas crescentes de desprezo. Perde a nação densidade cívica e o território ganha vastas extensões de barbárie. Ou seja, o Estado normativo, físico, territorial, distancia-se da nação, pátria espiritual, valorativa, simbólica, sentimental. E não existe coisa mais daninha para um país que o refluxo das taxas cívicas, que aparece quando os cidadãos perdem o orgulho pela terra em que nasceram, constituíram família e plantaram sementes de fé. Estiolam-se as vontades, quebram-se os compromissos, rompem-se os vínculos com as obrigações para com o Estado, esmaece a força telúrica que liga as pessoas ao chão amado. Como ratos amedrontados, famílias procuram novos abrigos.

A política, de todos os ângulos, está contaminada pelo vírus da desconfiança. Ademais, a descoberta, a apuração e a exposição pela mídia das redes de narcotráfico e grupos de extermínio – elogiáveis sob o aspecto de depuração da vida institucional e eliminação de corpos purulentos que infestam as malhas do poder – acabam criando, nos estratos mais críticos e insatisfeitos, a sensação de comprometimento entre parlamentares e o crime organizado. A instituição política, que se quer preservar, não deixa de receber a sua cota de arranhão de imagem, ingressando também no poço das calamidades. Por essa razão, o processo eleitoral é inevitavelmente influenciado pelo humor coletivo.

Sem ânimo, fé e crença, um povo nada mais é que um amontoado de dândis perambulando por um território deserto. É um perigo. Qualquer comandante oportunista, um Brancaleone de plantão, pode pegar um fuzil velho, uma espingarda ou mesmo uma bengala (para dizer que não interessa a arma e sim o gesto, a liturgia, o sinal) e começar a organizar o "povo de Deus", conduzindo-o à terra de Canaã. Tem gente querendo vestir o manto diáfano de Jesus. O desengano e o grito rouco das ruas à inação dos governantes, à inércia do Estado, à materialidade da política já começam a se fazer ouvir nas manifestações crescentes de cidadãos, que procuram a tuba de ressonância da mídia, nas campanhas da sociedade civil em torno de causas objetivas ou nas multidões religiosas que procuram no céu a luz para a escuridão da terra. O crescimento da religiosidade tem um quê de resposta à dificuldade dos governantes para equacionar a crise social.

O país está numa encruzilhada. Ou as autoridades se convencem de que chegou o momento de dar um basta à escalada da violência, sob todos os aspectos, ou podem ir se acostumando com a ideia de que as rédeas do Estado degenerado, enfraquecido, inerte serão manobradas por mãos de turbas, bandidos e vândalos – que passarão a exercer um poder invisível capaz de se fazer cada vez mais presente em todos os momentos e em todos os recintos das famílias. Nesse momento, que não está muito longe, não vai adiantar exibir o orgulho de sermos a nona ou a décima economia do mundo, termos algumas das mais belas paisagens naturais do planeta ou a extensão territorial de um continente. O medo do nosso povo será sempre maior que as coisas boas. E um povo com medo nada mais é que um corpo atrofiado, um pedaço de terra infértil, uma nação sem alma.

A AUTORIDADE E A ORDEM

O BRASIL DA GLOBALIZAÇÃO, da estabilização econômica e das liberdades democráticas é incompatível com um território autoritário, alimentado pela arbitrariedade, pela desordem e pelo messianismo salvacionista de perfis fascistoides. Essa é uma hipótese difícil de ser refutada, principalmente se levarmos em consideração a crescente liderança do país na moldura latino-americana e até o emergente posicionamento brasileiro na mesa das negociações que envolvem as grandes nações. Não à toa o Brasil apresenta a recorrente reivindicação para ocupar um lugar permanente no Conselho de Segurança da ONU.

Mas será que o alinhamento democrático do Brasil é forte o bastante para afastar qualquer ameaça de um regime autoritário? Em palestras que tem proferido nos mais diversos ambientes, o professor de Direito Constitucional Michel Temer chama a atenção para um fato inquestionável: ao longo de sua história contemporânea, o país tem atravessado ciclos sucessivos de democracia e autoritarismo. Na área partidária, desde a Independência, o país já teve sete diferentes regimes partidários.

Um golpe militar criou o Estado republicano em 1889, surgindo, em 1891, a primeira Constituição. Tivemos um período democrático até a Revolução de 1930, quando se constituiu o governo provisório de Vargas. Depois, houve novos atos de força, que geraram o Estado Novo e a Constituição de 1937. Abrimos mais um ciclo democrático com a Constituição de 1946, interrompido pelo golpe militar de 1964 e pelo regime ditatorial. Em 1985, instaura-se a quarta República, consolidada pela Constituição de 1988, que passou a exprimir a emergência dos grupamentos sociais na composição do poder.

A ciclotimia que baliza o sistema político nacional tem muito que ver com a deterioração do país e o consequente estado de ânimo das elites e das massas. O regime militar só pegou porque o ambiente social, conturbado, abria condições para sua implantação. A classe média acorreu às ruas em passeatas. Hoje, não se pode deixar de ver certo movimento embrionário, recheado de indignação, que clama sobretudo pelo sentido da autoridade e da ordem.

É claro que, hoje, as circunstâncias moldam novas demandas e impedem retrocessos autoritários. O momento é outro; eixos mudancistas foram fincados; a reconfiguração do Estado avança lentamente. Sob esse aparato, persistem velhas mazelas que criam um estado de descrença, desânimo e, em certas regiões, muito desespero. A violência está assumindo proporções absurdamente inaceitáveis. O mar de lama que assola o país, jorrando denúncias e escândalos, cria um imenso vazio no meio da sociedade. Trata-se de um paredão que separa os grupamentos sociais das instâncias e poderes constitucionais. Ou seja, a população, descrente e desconfiada, se afasta das instituições, até porque elas não conseguem sustar as ondas criminosas que se avolumam.

Uma forte autoridade – um poder capaz de restabelecer confiança, equilíbrio e segurança – é o que a população demanda. Freud observou: "A maioria dos humanos experimenta a imperiosa necessidade de admirar uma autoridade, perante a qual possa inclinar-se e pela qual seja dominada e, por vezes, até maltratada". Wilhelm Reich aduziu: "A necessidade do homem de ter orientação autoritária e disciplina fundamenta-se na estrutura antissocial". Isto é, a desorganização de valores e princípios da sociedade motiva os grupamentos à procura de novos eixos e perfis.

Se olharmos para os cenários de São Paulo e Rio de Janeiro; se considerarmos a insatisfação dos contingentes periféricos, assolados pelos mais variados tipos de violência (todos oriundos da miséria); se observarmos que estratos médios também estão insatisfeitos; se analisarmos que os parceiros das denúncias acabam, no final, se fartando com uma grande pizza, a conclusão pode não ser tão estapafúrdia: no jogo político, brutamontes capazes de fazer falta, ameaçar juízes, cavar penalidades máximas e fazer gols violentos podem ser ovacionados pela torcida.

NA TRILHA DE CALVINO

EM *SEIS PROPOSTAS PARA* o *próximo milênio,* palestras que pronunciaria durante o ano letivo de 1985-86 na Universidade de Harvard se a morte súbita não interrompesse sua densa obra, Italo Calvino, o grande escritor italiano nascido em Cuba, tratou de objetos literários que gostaria que a humanidade preservasse na nova era que se inicia. Trata-se de uma das mais belas coletâneas de pensamento a respeito da complexidade das estruturas narrativas. Apesar de o foco centrar-se nos valores literários, não há como deixar de projetar seu engenhoso ideário para o campo da vida social e política, até porque Calvino incentiva "adequar as noções ao uso que delas se quer fazer e ao gratuito prazer que delas se espera tirar".

Na trilha das propostas, roguemos que os nossos governantes sejam iluminados, tornando-os compromissários do valor da *leveza.* Diante da constatação amarga de que o grande esforço para preservar o valor de nossa moeda não tem arrefecido o insustentável peso do viver de imensa parcela de nossa população, nossas preces apelam para que a democracia brasileira, esvaziada de conteúdo social, seja capaz de iniciar a correção da monstruosa equação: a renda dos 10% mais ricos ultrapassa 80 vezes a renda dos 10% mais pobres. Não se exige a leveza literária pontuada nas imagens de extrema airosidade, como o flutuar de "pássaros, a voz de uma mulher que canta na janela, a transparência do ar e, sobretudo, a lua". Exige-se a leveza de um cotidiano mais tranquilo, menos inseguro, mais farto na cozinha, mais prazeroso, menos cáustico.

Não dá mais para postergar. A vida é cada vez mais breve. As coisas que precisam ser feitas reclamam tempestividade, urgência. Não esperem os governos pelo último ano das administrações. A *rapidez*, como valor do início do milênio, é a resposta mais lógica que se pode dar ao ciclo da velocidade, da explosão das comunicações, da era transnacional. Os brasileiros estão cansados de ouvir a lenga-lenga dos idos dos nossos bisavós. O amanhã é hoje e pede soluções para metrópoles e cidades de todos os tamanhos devastadas pela incúria de más administrações.

O Brasil que ressurgiu das últimas eleições está comprometido com a *exatidão*, essa qualidade tão massacrada pelos padrões da velha política. O refrão hitlerista de que uma mentira repetida três vezes tornar-se-á verdade no quarto relato está sendo apagado da mente nacional. Basta olhar para aqueles que prometeram mundos e fundos, oportunistas e aventureiros. Os perfis inescrupulosos ainda não foram todos extirpados. Mas o elemento que os tornou fortes – a mentira, a promessa mirabolante, a hipocrisia do crocodilo que, chorando, atrai a presa para a devorar – será a mesma arma que os tornará fracos. Os brasileiros tomam consciência da verdade e contemplam com atenção a encenação dos atores políticos. A Lei de Responsabilidade Fiscal será uma espada sobre a cabeça dos governantes. Precisa ser cumprida com rigor.

Norberto Bobbio chama a atenção para dois fenômenos adversos, porém estritamente ligados: o poder oculto ou que se oculta e o poder que oculta, isto é, que se esconde escondendo. O país não aceita mais tal fenomenologia. As malhas do poder invisível precisam ser escancaradas. Daí a necessidade de darmos força à *visibilidade*, necessária para podermos acreditar nos governantes e nos representantes do povo. O país não aceita viver sob dois Estados, o visível e o invisível, este operado por estruturas corrompidas e gabinetes secretos que tomam decisões políticas longe dos olhares do público. O "poder mascarado", presente em todas as esferas constitucionais, acaba criando metástases que maltratam a alma brasileira.

Somos uma nação de raças misturadas e ainda em processo de miscigenação. As culturas diferenciadas juntam-se aos valores mais nobres da vida – respeito, lealdade, espiritualidade, fé, companheirismo, dignidade, ética –

para criar uma identidade nacional e o espírito de brasilidade. Há, portanto, uma força plural no país que merece ser considerada. Trata-se de observar e promover a *multiplicidade* dos sujeitos, das vozes, dos olhares sobre a nossa realidade e contemplar os seus anseios. A pluralidade étnica, social, econômica e cultural do país constitui uma referência para o planejamento e a administração de políticas públicas. Ademais, deve-se considerar a cadeia imbricada dos problemas nacionais, que atribui a cada causa uma parcela de responsabilidade no conjunto de problemas nacionais. A visão de multiplicidade na análise do país recomenda a mobilização de todas as classes sociais, atribuindo-se a cada uma específicas responsabilidades.

A última lição de Calvino foi interrompida por sua morte. Ele ia tratar do tema da *consistência*. Fiquemos com sua intenção para resgatar o valor da responsabilidade nas atitudes e ações. Responsabilidade implica seriedade, densidade, peso. O contraponto é a improvisação, a irresponsabilidade, o devaneio vadio, a decisão malsã, a tibieza, o jeito doidivanas de ser. O Brasil que abre o milênio estaria mais próximo do valor da humanidade, valor que mereceu de Confúcio a máxima "A humanidade é mais essencial para o povo do que água e fogo. Vi homens perderem sua vida por se entregarem à água ou ao fogo; nunca vi alguém perder a vida por se entregar à humanidade".

LIÇÕES DE PÁTRIA

As Constituições são os Manuais da Pátria. Traduzem a história, a cultura, os sentimentos e as normas que regulam a vida social. Definem direitos e deveres dos cidadãos. O respeito a seus princípios garante a identidade de um país. A pátria não é um mero território. É um organismo vivo que agrega seus cidadãos, lhes dá guarida e o alimento do civismo. A política é um palco de grandeza, dignidade e elevação do espírito social. Está a serviço do povo, que usa seus instrumentos para defender seus interesses fundamentais, seu bem-estar e desenvolvimento. Os agentes da política são homens que se impõem a nobre missão de defender as causas de seus representados.

Os governos são entidades que dirigem programas e executam ações voltadas para o progresso social, para a repartição justa de riquezas e o equilíbrio entre os espaços regionais. As três instâncias de poder – municipais, estaduais e federal – são ordenadas de forma concatenada, com a finalidade de integrar esforços e repartir adequadamente funções. Os impostos são recursos do povo e dos sistemas produtivos, necessários para garantir a dinâmica do progresso. Retornam ao povo em forma de estradas, escolas, lazer, saneamento, água, postos de saúde. Quanto mais imposto um povo paga, mais forte e desenvolvido é, porque ganha melhor e tem mais infraestrutura social.

O Poder Legislativo elabora, discute e aprova leis fundamentais para o desenvolvimento da sociedade. Regula e fiscaliza o Poder Executivo e nunca exorbita suas funções porque se rege pela ética, pelo respeito aos outros poderes e por uma animação cívica. O Poder Judiciário é o ponto de equilíbrio institucional. Julga, inocentando ou condenando, tendo como inspiração os códigos legais e os preceitos constitucionais. Juízes são figuras ilibadas, provadas na decência e na moralidade, não se formando para ficar atrás de grades. Advogados são doutores em leis e regulamentos, e jamais se pode imaginá-los cometendo fraudes.

As instituições cumprem funções específicas e cada uma ocupa papel importante na defesa dos valores, das causas e dos interesses da sociedade. A imprensa registra fatos socialmente significativos, informando, interpretando e opinando. Usa seu poder para o bem-estar da sociedade. Jamais para retaliar pessoas, cargos, instituições. Nunca para defender grupos ou cartórios de interesses. Procura não cometer injustiças com calúnias, difamações ou injúria. Quando um cidadão tem seu conceito atacado, usa seus direitos e a imprensa sempre lhe cede espaço adequado para defender a honra.

As crianças são a semente da pátria. Recebem toda a educação em escolas de alto nível. Afinal, elas são a porta para o futuro. Crianças quase nunca morrem porque são uma fonte de saúde e bem-estar. Não são abandonadas nas ruas, como lixo, porque os pais lhes dão completa atenção. Os velhos são o símbolo da experiência, da tradição, dos valores e do trabalho. São acolhidos carinhosamente por todos. Recebem proventos generosos de aposentadoria, que correspondem a uma vida de suor e muito esforço. Inspiram vocações e morrem felizes.

Os setores produtivos fabricam produtos de qualidade, a preços justos e compatíveis com os ganhos dos consumidores. A inflação é um conceito pouco conhecido, geralmente encontrado em manuais antigos de Economia. A corrupção, que é um desvio das regras, quando ocorre, provoca muita curiosidade porque a ilicitude é algo raro, como desastres de trânsito, mortes em acidentes e tiroteios. A polícia cumpre seu papel ajudando velhos e crianças a atravessar ruas. Os fins de tarde são momentos para acolher famílias nas calçadas, na tranquilidade do pôr do sol.

No horário do programa eleitoral de TV, os ouvintes, muito atentos, se interessam em conhecer os programas e propostas dos candidatos porque a política é o santuário da seriedade. Não se usa a TV para xingar, acusar, barganhar, maltratar ou mistificar. Tudo é muito claro. Tudo é muito honesto. Uma pessoa sem-vergonha é tão somente uma pessoa que não se ruboriza. Os jovens usam mais de mil palavras em suas conversas e respeitam os pais. Para medir o bem-estar, as pessoas conhecem um único índice, o que avalia a felicidade bruta do povo. Com esse índice, atesta-se a grandeza da pátria.

■ A LUZ E AS TREVAS NA POLÍTICA

"**No princípio, criou Deus** os céus e a terra. A terra era sem forma e vazia; e havia trevas sobre a face do abismo, mas o Espírito de Deus pairava sobre a face das águas. Disse Deus: haja luz. E houve luz. Viu Deus que a luz era boa; e fez separação entre a luz e as trevas" (Gênesis 1).

No princípio, em 10 de fevereiro de 1980, criou Luiz Inácio Lula da Silva (com a ajuda de amigos sindicalistas, intelectuais de esquerda e fatias da Igreja Católica ligadas à Teologia da Libertação) o Partido dos Trabalhadores (PT), sob a promessa de implantar na seara política, disforme e vazia, a semente do socialismo democrático, desenvolver um empreendimento trabalhista livre da tutela do Estado e resgatar a esperança do povo na representação política. Disseram eles: "Haja luz". Transformaram o PT em luz. Viram que a luz era boa para iluminar a sigla; e fizeram a separação entre a luz e as trevas. Para brilhar no firmamento, escolheram como símbolo do partido a bandeira vermelha com uma estrela branca ao centro e o 13 como código eleitoral.

No princípio, em 25 de junho de 1988, criou um grupo de dissidentes do PMDB (entre os quais Franco Montoro, Fernando Henrique Cardoso, Mário Covas, José Serra e José Richa) o Partido da Social Democracia Brasileira (PSDB), sob a intenção de semear o terreno árido da política com a viçosa semente do socialismo democrático e desenvolver um projeto "livre das benesses oficiais, mas perto do pulsar das ruas para fazer germinar novamente a esperança". Proclamaram: "Haja luz". Transformaram o PSDB em luz. Viram que a luz era boa para alumiar os caminhos do PSDB; e decidiram separar a luz das trevas. Para atrair atenção, desenharam um tucano azul-amarelo como símbolo da sigla e escolheram o 45 como código eleitoral.

Pois bem, esses dois entes, cuja criação aponta para semelhanças, em especial no que se refere à assepsia de condutas políticas, ao viés socialista-democrático e à inovação de costumes, passaram anos e anos praticando o jogo maniqueísta, acirrando ânimos, radicalizando posições, multiplicando agressões e mobilizando alas e exércitos de filiados. Nunca se viu, na contemporaneidade, um discurso tão agressivo quanto o que se lê e se ouve em diferentes foros de debate, inclusive nas redes sociais. Reparte-se o território entre luz e trevas, revezando-se partidários do PT e do PSDB, principalmente, na atividade missionária de se proclamarem, ambos, defensores do Bem contra o Mal. A expressão maniqueísta toma corpo na estruturação de pares antagônicos do tipo reacionário/progressista, moderno/conservador, esquerda/direita, oprimido/opressor etc. O dualismo verbal tem invadido, nos últimos tempos, até o campo das letras. Obras envolvendo partidos e governos, produzidas por jornalistas e protagonistas que viveram as histórias, são consideradas "detritos de lixo" ou "mentiras deslavadas" por uns e outros, petistas, tucanos, adjacentes ou simpatizantes dos dois partidos. Quem é contra o casamento entre pessoas do mesmo sexo é dinossauro. Quem é a favor de cotas nas universidades e na administração pública é considerado mais ajustado à realidade social. Os contrários entram no vagão do retrocesso. E assim por diante.

É compreensível a propagação da luta de heróis contra bandidos, na esteira da concepção da eterna luta do bem contra o mal, plasmada pelo maniqueísmo, religião fundada no século III da era cristã. O mito sempre se fez presente na moldura civilizatória, ganhando relevo na atualidade graças à profusão de meios – filmes, seriados de TV, histórias em quadrinhos, *videogames*, desenhos infantis etc. Puxar, porém, tal acervo para a esfera da política, principalmente em um país que exibe 30 siglas partidárias em funcionamento, é uma incongruência. Pior é ver o engajamento partidário de jornalistas. Sua missão é informar, interpretar e emitir juízos de valor sobre fatos socialmente significativos. Servir de bastião de partidos, em evidente luta partidária, é transgredir a missão. É inimaginável dividir o país em duas bandas, "Nós e Eles". Por que isso ocorre em uma nação onde se consagram os valores da pluralidade, do debate, das liberdades? Primeiro, a recorrente estratégia do PT de afirmar, mesmo sob o signo do mensalão, ser o partido da ética. Não admite erros. Ora, até as religiões reconhecem desvios. Segundo, o acirramento da competição política. Vinte anos de poder tucano no estado mais poderoso do país animam o PT a enxergar a possibilidade de realizar o "sonho dos sonhos do comandante Lula": governar São Paulo. Doze anos de poder petista no comando da nação incentivam tucanos a retomar o controle perdido para o PT.

Ademais, as visões particularistas desses entes consideram outros protagonistas massa de manobra, secundários, mesmo que concorram à presidência da República. A paisagem social é um desenho multiforme e policromático. Um *animus animandi* impregna setores, núcleos e categorias profissionais. É insustentável a tese de que um partido simboliza a luz e outro, as trevas. Até porque os partidos, inclusive o PT e o PSDB, padecem sob uma enxurrada de denúncias. Ou será que intérpretes das agremiações não conseguem entender o grito das ruas? Enjaular os atores políticos entre as grades de errados e certos é enxergar de maneira bitolada a realidade nacional. Partidos e líderes precisam descer do pedestal da arrogância e reconhecer erros e acertos. Sem tirar o mérito de ações, programas e obras de quem quer que seja. Se uns e outros forem injustiçados pela caneta da infâmia, recorram ao altar da Justiça. Não há, entre nós, infelizmente, nenhum São Jorge partidário lutando contra o dragão da maldade.

A MOLDURA DO AMANHÃ

O PAÍS VIVE UMA das quadras mais competitivas de sua história política. As razões apontam para o esgotamento do nosso modelo de fazer política. O desenho é carcomido pela poeira do tempo: são raros perfis identificados com mudanças; formas de cooptação eleitoral se inspiram nos eixos históricos do fisiologismo e do corporativismo, sendo tênue o engajamento do eleitor pela via doutrinária; eleitos, via de regra, acabam distanciando-se das bases, deixando de lado compromissos assumidos; a representação parlamentar, em função do poder quase absoluto do presidencialismo, torna-se deste refém, obrigando-se a repartir com o Poder Executivo funções legislativas; diante da ausência de programas doutrinários, imbricam-se interesses de lideranças e partidos, não se distinguindo diferenciais entre eles, condição essencial para qualificar o voto. A impressão final é a de que o retrato desfigurado merece urgente retoque, se não em todas as nuanças da moldura pelo menos em partes que ofereçam aparência asséptica ao edifício político. Fichas sujas não podem continuar no mapa eleitoral.

Os ingredientes que entrarão na composição da nova tintura hão de absorver a química de setores e categorias mais participativas, exigentes e dispostas a enfrentar a resistência de defensores de obsoleta arquitetura política. É oportuno lembrar que a pirâmide social não mais se assemelha a um triângulo estático. Os lados que o integram, a partir da base, mostram-se dispostos a sair da letargia, depois de décadas convivendo com a batelada de vírus políticos. Os movimentos sociais e a ocupação das ruas sinalizam a intenção de reencontrar o tempo perdido. A coletividade parece descer do céu da abstração para ser uma força na paisagem, fazendo valer princípios e valores voltados para qualificar a vida política. A pequena moldura, a seguir, poderá servir de baliza para milhares de candidatos na tentativa de aprimorar suas relações com a comunidade nacional.

- *Estado e nação* – O Estado, infelizmente, está bastante distante da nação com que os cidadãos sonham. Nação é a pátria que acolhe os filhos, que se irmana na fé e na esperança de um futuro melhor; é o hábitat onde as pessoas constroem os pilares da existência, constituem o lar, prezam antepassados, cultivam tradições. Estado é a entidade técnico--jurídica, com seu arcabouço de poderes, pressionada por interesses díspares e dividida por conflitos. Aproximar o Estado da nação, formando o espírito nacional, constitui a missão basilar da política. Essa meta precisa ser o centro da agenda do homem público.

- *Representação* – A representação política é missão, não profissão. É a lição de Aristóteles. Resgatar o verdadeiro papel da política – trabalhar pela *polis* – significa clarificar o papel do representante, as demandas das comunidades, as soluções para a melhoria dos padrões da vida social. A política não é um balcão de negócios. As angústias urbanas se expandem na esteira do crescimento populacional. As periferias não constituem massa de manobra para exploração por parte de siglas, líderes popularescos e oportunistas. Carecem de ações de efeito duradouro, não de quinquilharias e improvisações. Migalhas poderão alimentar o povo por certo tempo, nunca para sempre. Um representante do povo preocupa-se com metas, programas permanentes, medidas estruturantes.

- *Identidade* – A identidade é a coluna vertebral de um político. É a soma de sua história, de seu pensamento, percepções e feitos. Um erro, que o tempo corrigirá, é construir a imagem incongruente com a identidade. Camadas exageradas de verniz corroem perfis. Dizer a verdade dá credibilidade. Os novos tempos condenam a hipocrisia, a simulação. Corretos são conceitos como lealdade, fidelidade, coerência, sinceridade, honestidade pessoal e senso do dever.

- *Discurso* – O discurso deve abrigar propostas concretas, viáveis, simples. E, sobretudo, factíveis. A população dispõe de entidades que a representam. Resta ao político procurar tal universo. O povo quer um discurso sincero. Promessas mirabolantes, planos fantásticos, obras faraônicas já não despertam interesse. Até as monumentais arenas esportivas entram na lista de suspeições.

- *Grito das ruas* – O grito das ruas se faz ouvir em todas as instâncias. Expressam a vontade de uma nova ordem social e política. Urge abrir os ouvidos e a mente para interpretar o significado de cada movimento. Quem não fizer esse exercício sairá do cenário. Uma linguagem comum se forma nos centros e fundões do país. O povo sabe distinguir oportunistas de idealistas.

- *Sabedoria* – Sabedoria não significa vivacidade; mescla aprendizagem, compromisso, equilíbrio, busca de conhecimentos, capacidade de convivência, racionalidade. Não é populismo. Espertos que procurarão vender "gato por lebre" poderão ser cozidos no caldeirão do voto.

- *Transparência* – A era do esconderijo está agônica. Esconder (mal) feitos é um perigo. A corrupção, mesmo dando sinais de sobrevida, é atacada em muitas frentes. Grandes figuras foram (e continuarão a ser) punidas. Denúncias sobre negociatas agora são objeto da lupa dos sistemas de controle. O público e o privado começam a ter limites controlados.

- *Simplicidade* – Despojamento, eis um apreciado conceito. Lembrem-se do papa Francisco. Ser simples não é pegar crianças no colo, tomar café no boteco ou gesticular a famílias nas calçadas. Simplicidade é o ato de pensar, dizer e agir com naturalidade. Sem artimanhas nem maquiagens.

Lição final de José Ingenieros: "Cem políticos torpes, juntos, não valem um estadista genial".

PARTE IV

PEQUENO ABECEDÁRIO DO MARKETING

Esta seção resume os conceitos descritos no correr deste livro, trazendo conselhos e curtas lições que podem ajudar os "guerreiros" a ter um bom desempenho na arena política. São, ainda, extratos de ideias que produzi ao longo de 30 anos de consultoria nas áreas de marketing e comunicação política e organizacional. Fatos pitorescos foram pinçados para amenizar a leitura.

CANDIDATOS (PERFIS, IDENTIDADE, ORGANIZAÇÃO)

AMBIÇÃO DESMESURADA

NO MEU LIVRO *Marketing político e governamental*, cito um pensamento do cientista político Robert Lane, em *Political life*, que explica como a ambição desmesurada pelo poder funciona como um bumerangue:

> A fim de ser bem-sucedida em política, uma pessoa deve ter habilidades interpessoais para estabelecer relações efetivas com outras e não deve deixar-se consumir por impulsos de poder, a ponto de perder o contato com a realidade. A pessoa possuída por um ardente e incontrolável desejo de poder afastará constantemente os que a apoiam, tornando, assim, impossível a conquista do poder.

PERFIS ELEITORAIS

1. *O continuísta* – Candidato à reeleição na prefeitura, máquina a serviço da candidatura, cabos eleitorais multiplicados, o continuísta tem grandes vantagens sobre os outros, em especial se construiu forte identidade na comunidade. Pontos fortes: ações e obras a mostrar. Pontos fracos: mesmice e eventuais denúncias de corrupção, nepotismo etc.

2. *O oposicionista* – Deve encarnar situação de mudança, troca de peças velhas na máquina administrativa. Para ter sucesso, precisa captar o espírito da comunidade, auscultar demandas, fazer corpo a corpo, deixar-se mostrar, ganhar a confiança do eleitor. Pontos fortes: alter-

nativa à velha ordem, encarnação do espírito do novo. Se for um perfil já conhecido, impregná-lo com o verniz da renovação. Pontos fracos: pequena visibilidade, estruturas de apoio mais tênues.

3. *A terceira via* – O candidato da terceira via apresenta-se com perfil para quebrar a polarização entre situação e oposição. Para angariar apoio de todos os lados, deve organizar um discurso moderado, ouvindo todos os segmentos e buscando uma linha intermediária. Precisa, ainda, demonstrar que tem melhor programa que os dois principais candidatos. Pontos fortes: bom senso, alternativa à polarização acirrada entre grupos, inovação. Pontos fracos: falta de apoio das estruturas.

VIABILIDADE NA POLÍTICA

Em um magistral estudo sobre estratégias políticas, o cientista social chileno Carlos Matus demonstra que a viabilidade de um ator na política tem muito que ver com a estratégia e seus princípios fundamentais. Eis alguns princípios estratégicos:

- Avaliar a situação.
- Adequar a relação recurso/objetivo.
- Concentrar-se no foco.
- Planejar rodeios táticos e explorar a fraqueza do adversário.
- Economizar recursos.
- Escolher a trajetória de menor expectativa.
- Multiplicar os efeitos das decisões.
- Relacionar estratégias.
- Escolher diversas possibilidades.
- Evitar o pior.
- Não enfrentar o adversário quando ele estiver esperando.
- Não repetir, de imediato, uma operação fracassada.
- Não confundir "reduzir a incerteza" com "preferir a certeza".
- Não se distrair com detalhes insignificantes.
- Minimizar a capacidade de retaliação do adversário.

FATORES DE INFLUÊNCIA

Eis alguns fatores que influenciam uma campanha:

- Maneira de apresentação dos candidatos – a estética tem alta prioridade. O primeiro sinal percebido pela cognição é a imagem que o candidato transmite. Sério, alegre, improvisado, informal, formal, artificial, desleixado, malvestido, empetecado, verdadeiro, mentiroso, falso, atraente, simpático, nervoso, calmo etc.
- Programas de governo – também têm alta prioridade. O leitor observará propostas viáveis/inviáveis, impactantes ou óbvias.
- Patrocinadores/lideranças políticas – dependendo da região, a influência poderá ser muito alta ou tênue.
- Casos escabrosos descobertos no meio da campanha – desastrosos, podem queimar as possibilidades de um candidato.
- Organizações da sociedade civil – importantes para agregar grupos e mobilizar as comunidades.
- Identificação com esportes/futebol – tem influência relativa; torcidas a favor podem receber o contraponto de torcidas contrárias.
- Apoio de artistas – depende do artista e da região.

CONSELHOS AOS PARTIDOS

- A negatividade abre campo nos espaços da mídia eleitoral. Procurem evitar campanhas negativas, caracterizadas por ataques e xingamentos a adversários.
- Busquem compor programas eleitorais com exposições objetivas e propostas viáveis, demonstrando quanto custarão e de onde virão os recursos.
- A procura de diferenciais para moldar o perfil dos candidatos constitui meta desejável, devendo todo esforço de marketing ser empreendido para consegui-la. É legítima a comparação de perfis quando dois ou mais contendores debatam suas diferenças no plano das ideias, não na esfera de vida pessoal.

LIÇÕES DE POLÍTICA 1 – PÃO E CIRCO: COMO COMEÇOU O MOTE?

Tudo começou com uma carta do imperador Vespasiano a seu filho, Tito:

23 de junho de 79

Tito, meu filho, estou morrendo. Logo eu serei pó e tu, imperador. Espero que os deuses te ajudem nesta árdua tarefa, afastando as tempestades e os inimigos, acalmando os vulcões e os jornalistas.

De minha parte, só o que posso fazer é dar-te um conselho: não pares a construção do Coliseu. Em menos de um ano ele ficará pronto, dando-te muitas alegrias e infinita memória.

Alguns senadores o criticam, dizendo que deveríamos investir em esgotos e escolas. Não dês ouvidos a esses poucos.

Pensa: onde o povo prefere pousar o *clunis*: numa privada, num banco de escola ou num estádio? Num estádio, é claro.

Será uma imensa propaganda para ti. Ele ficará no coração de Roma *per omnia saecula saeculorum*, e sempre que o olharem dirão: "Estás vendo este colosso? Foi Vespasiano quem o começou e Tito quem o inaugurou".

Outra vantagem do Coliseu: ao erguê-lo, teremos repassado dinheiro público aos nossos amigos construtores, que tanto nos ajudam nos momentos de precisão.

Moralistas e loucos dirão que mais certo seria reformar as velhas arenas. Mas todos sabem que é melhor usar roupas novas que remendadas. *Vel caeco appareat* [Até um cego vê isso]. Portanto, deves construir esse estádio em Roma.

Enfim, meu filho, desejo-te sorte e deixo-te uma frase: *Ad captandum vulgus, panem et circenses* [Para seduzir o povo, pão e circo].

Esperarei por ti ao lado de Júpiter.

- PS1: Vespasiano morreu no dia seguinte à carta. Tito inaugurou o Coliseu com cem dias de festa. Tanto o pai quanto o filho foram deificados pelo Senado.
- PS2: "Onde o povo prefere pousar seu *clunis*: numa privada, num banco de escola ou num estádio?"
- PS3: Vespasiano estava certo – o grande negócio é construir estádios!

LIÇÕES DE POLÍTICA 2 – MAQUIAVEL

Atenção: "Um príncipe precisa usar bem a natureza do animal; deve escolher a raposa e o leão, porque o leão não tem defesa contra os laços, nem a raposa contra os lobos. Precisa, portanto, ser raposa para conhecer os laços e leão para aterrorizar os lobos". Conselho do velho Maquiavel. Que arremata: "Não é necessário ter todas as qualidades, mas é indispensável parecer tê-las".

LIÇÕES DE POLÍTICA 3 – CLASSE MÉDIA

Diálogo entre Colbert e o Cardeal Mazarino, durante o reinado de Luís XIV, na peça teatral *Le diable rouge*, de Antoine Rault:

Colbert: Para arranjar dinheiro, há um momento em que enganar o contribuinte já não é possível. Eu gostaria, senhor superintendente, que me explicasse como é possível continuar a gastar quando já se está endividado até o pescoço...

Mazarino: Um simples mortal, claro, quando está coberto de dívidas, vai parar à prisão. Mas o Estado é diferente! Não se pode mandar o Estado para a prisão. Então, ele continua a endividar-se... Todos os Estados o fazem!

Colbert: Ah, sim? Mas como faremos isso se já criamos todos os impostos imagináveis?

Mazarino: Criando outros.

Colbert: Mas já não podemos lançar mais impostos sobre os pobres.

Mazarino: Sim, é impossível.

Colbert: E sobre os ricos?

Mazarino: Os ricos também não. Eles parariam de gastar. E um rico que gasta faz viver centenas de pobres.

Colbert: Então, como faremos?

Mazarino: Colbert! Tu pensas como um queijo, um penico de doente! Há uma quantidade enorme de pessoas entre os ricos e os pobres: as que trabalham sonhando enriquecer e temendo empobrecer. É sobre essas que devemos lançar mais impostos. Cada vez mais, sempre mais! Quanto mais lhes tirarmos, mais elas trabalharão para compensar o que lhes tiramos. Formam um reservatório inesgotável. É a classe média!

LIÇÕES DE POLÍTICA 4 – NAPOLEÃO E SHERMAN

É bom recordar as lições de Napoleão, que dizia: *Faire son thème em deux fa-çons* [Fazer as coisas de dois modos]. O general William Sherman, que comandou a campanha de devastação durante a Guerra de Secessão norte-americana, também lembrava: "Ponha o inimigo nos cornos de um dilema". O político nunca deve trabalhar com uma única hipótese. Um candidato precisa dispor de algumas alternativas.

LIÇÕES DE POLÍTICA 5 – ESTADOS UNIDOS

Na campanha entre Bill Clinton e Bob Dole, em 1996, cinco questões básicas relacionadas com valores permitiam prever se alguém votaria num ou noutro. Os que deram respostas predominantemente conservadoras votaram em Dole. Aqueles cujas respostas revelaram que estavam menos comprometidos com os valores tradicionais votaram em Clinton. De acordo com Dick Morris, em *Jogos de poder*, as perguntas eram as seguintes:

1. Você acredita que sexo antes do casamento seja imoral?
2. A religião é importante na sua vida?
3. Já se interessou por pornografia?
4. Tem opinião mais desfavorável sobre alguém que engana o cônjuge?
5. O homossexualismo é imoral?

RISCOS DA MISTIFICAÇÃO

A mistificação é uma arma do palanque. Na campanha de 1960, nos Estados Unidos, Barry Goldwater, governador do Alabama, queria transmitir a ideia de pessoa séria, intelectual. Muito conservador, candidato à presidência, discursava num palanque alto, cercado por vidros à prova de bala para evitar atentados. Usava uma armação de óculos para parecer compenetrado. Certo dia, em um comício, colocou o dedo no olho para tirar um cisco, esquecendo que a armação não tinha lente. Nesse momento, um fotógrafo flagrou a mentira. No dia seguinte, a manchete denunciava: "EIS O GRANDE MENTIROSO". O impacto negativo tirou-o do pleito. Começou aí o despenhadeiro político.

MODELOS IMPORTADOS

Importar modelos é uma prática lastimável. Na campanha presidencial da Argentina de 1999, uma peça produzida por um marqueteiro brasileiro mostrava o candidato governista, Eduardo Duhalde, cabisbaixo, e um locutor dizendo: "Você acha justo o que estão fazendo com ele?" Para a machista sociedade argentina, um candidato que se apresenta como perdedor é o retrato de uma tragédia. A peça provocou a ira implacável da mulher do candidato, Hilda. A cultura argentina não cultiva tanto a emoção quanto a brasileira. O trabalho, considerado amador, provocou a queda de Duhalde nas pesquisas. Foram torrados US$ 25 milhões em dois meses.

DEZ VALORES EMERGENTES

1. Organização e controle.
2. Autoridade.
3. Experiência bem-sucedida.
4. Assepsia política.
5. Equilíbrio/bom senso.
6. Objetividade e clareza.
7. Coragem de enfrentar desafios.
8. Despojamento pessoal.
9. Disciplina para a luta.
10. Mais ação, menos discurso.

(Do meu livro *Tratado de comunicação organizacional e política*)

OUSADIA

"Do condutor dos transportes e do tocador de tambor até o general, a ousadia é a mais nobre das virtudes, o aço verdadeiro que dá à arma o seu gume e brilho." (Clausewitz, em *Da guerra*)

■ ELEITORES

O ELEITOR PROCURA O CANDIDATO IDEAL

O ELEITOR ESTÁ À procura de um candidato com as seguintes qualidades: experiência, honestidade; vida limpa e passado decente; assepsia; equilíbrio/ponderação; preparo; coragem/determinação; autoridade (não confundir com autoritarismo). Há uma saturação de perfis antigos, que usam as esteiras da velha política. O eleitor quer ver perfis mais identificados com suas grandes demandas: segurança, saúde, educação, melhoria das condições de vida nas regiões, nos bairros, nas ruas. Quem apresentar propostas mais condizentes com as necessidades do eleitor terá melhores condições de ser escolhido.

RAZÕES PARA VOTAR

O escopo do marketing político, ao longo da história, tem se mantido praticamente o mesmo. O que muda são as abordagens e as ferramentas tecnológicas. Atentem. No ano 64 a.C., Quinto Túlio Cícero enviava ao irmão, o grande tribuno e advogado Cícero – protagonista de episódios marcantes por ocasião do fim do sistema republicano e da implantação do Império Romano –, uma carta que considero o primeiro manual organizado de marketing eleitoral da história. Ali, Quinto Túlio orientava Cícero sobre comportamentos, atitudes, ações e programa de governo para o pleito disputado – o consulado –, sem esquecer as abordagens psicológicas do discurso, como a lembrança sobre a esperança, esse valor que é tão marketizado no Brasil e constituiu eixo central do discurso da era lulista. Dizia ele: "Três são as coisas que levam os homens a se sentir cativados e dispostos a dar o apoio eleitoral: um favor, uma esperança ou a simpatia espontânea".

PERFIS À MOSTRA

Tenho sido indagado sobre os perfis preferenciais do eleitorado. Cada região tem suas preferências. Há, porém, alguns traços sobre os quais parece haver consenso:

- Passado limpo, vida decente – candidatos que possam exibir sua trajetória sem ter vergonha de mostrar aspectos de sua vida.
- Identificação com a cidade – candidatos que busquem vestir o manto da cidade, significando compromisso com as demandas das comunidades e as questões específicas dos bairros.
- Despojamento, simplicidade – candidatos despojados, simples, descomplicados, sem as lantejoulas e salamaleques que costumam se fazer presentes no marketing exacerbado. Candidatos não afeitos ao dandismo – mania de querer aparecer de maneira diferente.
- Respeito, decência, dignidade pessoal – candidatos de postura respeitosa para com os eleitores e identificados com uma vida pessoal e familiar digna.
- Transparência, verdade – candidatos que não temam contar as coisas como elas são ou foram.
- Objetividade, viabilidade de propostas, concisão, precisão – candidatos de expressão objetiva e sucinta, capazes de fazer propostas viáveis e não mirabolantes. Claros na maneira de abordar os assuntos.

■ ESTRATÉGIAS DE MARKETING

AXIOMA

"**RASTREIE, VÁ AO ENCALÇO** de homens de toda e qualquer região, passe a conhecê-los, cultive e fortaleça a amizade, cuide para que em suas respectivas localidades eles cabalem votos para você e defendam sua causa como se fossem eles os candidatos." (Quinto Túlio Cícero aconselhando o irmão, Marco Cícero, o grande tribuno, em 64 a.C., quando este fazia campanha para o Consulado de Roma.)

ALERTA: MARKETING – SISTEMA MEIO

Marketing é um sistema meio, não um sistema fim. E, como tal, traduz o espírito de uma campanha com base em discursos, atitudes, gestos, enfim, todos os véus que cobrem um candidato. Marketing não ganha campanha. Quem ganha campanha é o candidato. Marketing ajuda a diminuir os pontos negativos de um perfil e a maximizar os aspectos positivos.

QUEM GANHA CAMPANHA?

Reforçando, marketing não ganha campanha. Quem ganha campanha é o candidato. Marketing ajuda um candidato a ganhar a campanha, ao procurar maximizar seus pontos fortes e atenuar seus pontos fracos. O marqueteiro, aliás, o profissional de marketing (não gosto do designativo porque tem conotação pejorativa), é importante na medida em que funciona como um estrategista que define linhas de ação, orienta a escolha do discurso, ajusta as linguagens, define padrões de qualidade técnica, sugere iniciativas e até pondera sobre o programa do candidato, os compromissos e ações a ser empreendidos. O profissional de marketing precisa, sobretudo, ter visão sistêmica de todos os eixos do marketing. Que não entenda uma campanha apenas como apelo publicitário, uma proposta de marketing televisivo. Que seja capaz de visualizar os novos nichos de interesse de uma sociedade exigente, crítica e sensível aos mandos e desmandos dos governantes.

O MARKETING CAPENGA

Marketing malfeito ajuda um candidato a perder as eleições. Não adianta ter bom marketing se o candidato é um boneco sem alma. Candidato não é sabonete. Tem vida, sentimentos, emoção, choro e alegria. Portanto, muita coisa depende dele, de sua alma, de seu calor interno, de sua identidade. O marketing há de absorver essas condições para evitar transformar pessoas em produtos de gôndolas de supermercado. Em um primeiro momento, a inserção publicitária na TV até pode exibir o candidato de forma mais genérica, por falta de tempo para expor conteúdo. Mas o eleitor não se conformará com meros apelos emotivos e chavões antigos, como os usados para embalar perfis saturados (candidatos beijando crianças e velhinhos, tomadas em câmera lenta mostrando o candidato no meio do povo etc.).

VERTENTES

O marketing político eleitoral abriga duas vertentes: o marketing massivo, voltado para atingir classes sociais e categorias profissionais, indistintamente; e o marketing vertical, segmentado ou diferenciado, voltado para atender agrupamentos especializados: profissionais liberais, donas de casa, formadores de opinião, núcleos religiosos, militares, funcionários públicos etc. Nas campanhas, o marketing segmentado acaba assumindo tanta importância quanto o massivo. E a razão está na intensa organicidade da sociedade brasileira.

PLANEJAMENTO

Este consultor, ancorado em sua vivência, chama a atenção para o planejamento do marketing das campanhas, que abriga as seguintes metas:

- Priorizar questões regionalizadas, localizadas, na esteira de um bairro a bairro, ou seja, fazer micropolítica.
- Procurar criar um diferencial de imagem, elemento que será a espinha dorsal da candidatura, facilmente captável pelo sistema cognitivo do eleitor.
- Desenvolver uma agenda que seja capaz de proporcionar "onipresença" ao candidato.
- Organizar uma agenda contemplando as áreas de maior densidade e, concentricamente, chegar às áreas de menor densidade eleitoral.
- Entender que eventos menores e multiplicados são mais decisivos que eventos gigantescos e escassos.
- Atentar para despojamento, simplicidade, agilidade, foco para o essencial, mobilidade, propostas fáceis de compreensão e factíveis.

Esse é um escopo resumido de planejamento.

OS CINCO EIXOS

O planejamento de uma campanha abriga todos os aspectos de uma campanha política, com a inclusão de metas, objetivos, estratégias, táticas, meios e recursos, equipes e estrutura de operação, sistema de marketing, estudo dos adversários etc. O mais importante é o foco sobre os eixos do marketing eleitoral. São eles: pesquisa (quantitativa/qualitativa); formação do discurso (propostas); comunicação (bateria de meios impressos – jornalísticos e publicitários – e eletrônicos); articulação política e social; e mobilização de massas e grupos (encontros, reuniões, passeatas, carreatas etc.).

A pesquisa objetiva mapear interesses e expectativas do eleitorado. É vital para estabelecer e/ou ajustar o discurso do candidato. Sem pesquisa, atira-se no escuro. A pesquisa qualitativa tem a vantagem de descobrir os mapas cognitivos dos eleitores, aquilo que eles estão pensando. É fundamental, na medida em que o mapeamento do sistema de interesses e expectativas do eleitorado deverá ser o centro do discurso. A pesquisa quantitativa mede apenas intenção de voto, em determinado instante.

A mobilização dá vida às campanhas. Energiza espaços e ambientes. A articulação com as entidades organizadas e com os candidatos a vereador manterá os exércitos na vanguarda. A comunicação é a moldura da visibilidade, principalmente em cidades médias e grandes. Sem ideias, programas, projetos, os eleitores rejeitarão a verborragia. E, para mapear expectativas, anseios e vontades, urge pesquisar o sistema cognitivo do eleitorado.

MUNICIPALIZAÇÃO *VERSUS* NACIONALIZAÇÃO DAS CAMPANHAS

Questões importantes que florescem no jardim do marketing eleitoral: campanhas tendem a ser municipalizadas ou a receber *inputs* federais? Micropolítica – política das pequenas coisas – ou macropolítica, temáticas abrangentes? O discurso da forma (estética) suplantará o discurso semântico? Campanhas privilegiarão pequenas ou grandes concentrações? Qual será o papel das entidades de intermediação social (associações, movimentos, sindicatos, federações, clubes etc.)? Respostas telegráficas:

1. Ambiente geral – estado geral de satisfação/insatisfação – acaba entrando na esfera regional/local; ou seja, os temas locais darão o tom, mas a temperatura ambiental poderá se fazer sentir.
2. Micropolítica, escopo que diz respeito ao bolso e à saúde, energiza o centro de debates.
3. A semântica – propostas concretas e viáveis – suplanta a estética (cenários).
4. Pequenas concentrações e agenda seriada geram mais efeito que grandes concentrações. Organizações sociais mobilizam o eleitorado.

ATENÇÃO, PROFISSIONAIS DO MARKETING

■ Tentem desenvolver uma identidade para seus candidatos consoante com a história, os valores, os princípios e as condutas dos perfis. Identidade montada sobre uma base artificial desmorona.

ESTRATÉGIAS DE MARKETING

- Procurem auscultar não apenas a intenção de voto dos eleitores, mas as razões que fundamentam/orientam suas decisões. Ou seja, tentem entender o sistema cognitivo e a cultura política do eleitorado.
- Façam ajustes periódicos, usem abordagens diferenciadas, comparem os estilos, analisem as forças e as fraquezas, as oportunidades e ameaças de seus candidatos.

CURTAS LIÇÕES

Lições curtas de marketing eleitoral:

- Saber ler corretamente o ambiente, os novos valores do eleitorado e as motivações de voto.
- Escolher o discurso para o momento adequado.
- Definir segmentos-alvo do eleitorado.
- Selecionar sólidos reforçadores de decisão de voto.
- Descentralizar a campanha para multiplicar pontos de eco e agregar organizações intermediárias.
- Compor programa simples, objetivo, factível.
- Trabalhar com modelos diferenciados de pesquisa.
- Programar ações de surpresa e impacto.
- Organizar uma estrutura adequada e estabelecer o cronograma prevendo: lançamento da campanha (junho), crescimento (julho/primeira quinzena de agosto), consolidação/maturidade (segunda semana de agosto/primeira quinzena de setembro), clímax (segunda quinzena de setembro/semana da eleição) e declínio (evitar que esta fase ocorra antes da eleição).
- Garantir meios e recursos.

CONSELHOS AOS CANDIDATOS

Atentem para alguns princípios orientadores na busca do voto:

- Procurem expressar a principal característica de sua identidade – o foco.

- Não esqueçam que o eleitor deseja travar conhecimento com o personagem. Circular no meio da massa é importante.
- Façam grande esforço para multiplicar presença em vários locais – a onipresença é um valor insuperável. Planejem eventos rápidos em lugares e cidades diferentes em um mesmo dia.

CONSELHOS AOS ASSESSORES

1. A lei da verdade suplanta a lei da mistificação.
2. O eleitor sabe se o candidato foi aumentado artificialmente um palmo ou dois acima de sua altura.
3. Falar com o coração é mais eficaz do que falar pela cabeça.
4. Aja com grandeza, sem golpes baixos, até o fim.
5. Prometa apenas o que poderá ser cumprido. Demonstre a viabilidade das propostas.
6. Tenha fé e não desista até o último segundo.

PARECE MAS NÃO É

O chamado "candidato sabonete" é o verdadeiro calcanhar de aquiles de qualquer campanha. Na verdade, os candidatos devem evitar ser flagrados em dissonância, o que geralmente ocorre quando um candidato é instado a mudar de identidade. O eleitor percebe quando a pessoa torna-se artificial, um mero produto de marketing. E candidato não pode ser trabalhado como se trabalha um sabonete, um pacote de macarrão.

IDENTIDADE 1 – SOMBRA ESGARÇADA

O candidato enfrenta o grande desafio de fazer sua identidade chegar aos eleitores. Identidade é um composto de: pensamentos e ideias, experiências, história, atitudes e valores (plano semântico); e maneira de se vestir, de falar, de gesticular (plano estético). Identidade começa com o sufixo latino *idem*, que significa semelhante, igual. Identidade, portanto, é a verdade da pessoa. Já imagem é a sombra da identidade, é a projeção. Quando a sombra está muito distante da pessoa, cria-se uma dissonância. A imagem não corresponde à verdade. Por isso, candidatas e candidatos, procurem ajustar as imagens que desejam transmitir aos eleitores à identidade.

IDENTIDADE 2 – O TRONCO DA ÁRVORE

É possível fazer outra analogia para a questão da identidade: a do tronco da árvore. Que lembra semente, história de crescimento, tradição, valores, princípios, caráter. A imagem que se projeta é resultante dessa identidade. Se tênue, a imagem será frágil. Se forte, a imagem será clara, retilínea. Que imagens, eleitores, têm os candidatos a prefeito de sua cidade? Vamos oferecer alguns parâmetros: experiência, conhecimento, força política, tradição partidária, inovação, compromisso com a cidade, proximidade do eleitor, firmeza religiosa, apoio de entidades e grupos, arrojo, coragem, honestidade/desonestidade, moral/ética, assepsia, conservadorismo, ficha suja, infidelidade, oportunismo, populismo. Esse acervo serve para enquadrar um perfil.

CAMPANHA NEGATIVA 1

A campanha negativa é a do ataque ao adversário, seja lembrando frentes abandonadas, seja tentando vincular propostas novas a escândalos. Os profissionais de marketing até podem se respaldar em pesquisas para decidir usar as armas de ataque em campanhas. Em casos específicos, principalmente quando ficou consagrada uma gestão irresponsável em alguma área – como a da saúde –, mostrar cenários devastados pode gerar efeitos, contanto que essa estratégia seja comedida, usada de maneira tópica. Não deve, porém, significar o eixo de um programa. O eleitor quer ver coisas positivas.

CAMPANHA NEGATIVA 2

A Revolução Francesa de 1789 pode ser considerada o marco da propaganda agressiva nos termos em que hoje se apresenta. Ali, os jacobinos, insuflados por Robespierre, produziram um manual de combate político recheado de injúrias, calúnias, gracejos e pilhérias que acendiam os instintos mais primitivos das multidões. Na atualidade, é a nação norte-americana que detém a referência maior da propaganda agressiva, mola da campanha negativa. Esse formato, cognominado de *mudslinging*, apresenta efeitos positivos e negativos. No contexto dos dois grandes partidos que se revezam no poder – democrata e republicano –, diferenças entre perfis e programas são mais nítidas e a polarização sustentada por campanhas combativas ajuda a sociedade a salvaguardar os valores que a guiam, como o amor à verdade, a defesa dos direitos individuais e sociais e a liberdade de expressão, entre outros. Nem sempre a estratégia de bater no adversário gera eficácia.

DISCURSO 1 (ESTRUTURA)

Costumo bater nessa tecla. Muita gente se engana com a eficácia do discurso político. Pois bem, o discurso político é uma composição entre a semântica e a estética. O que muitos não sabem é que a eficácia do discurso depende 7% do conteúdo da expressão e 93% da comunicação não verbal. Esse é o resultado de pesquisas que se fazem sobre o tema desde 1960. E vejam só: das comunicações não verbais, 55% provêm de expressões faciais e 38% derivam de elementos paralinguísticos – voz, entonação, gestos, postura etc. Ou seja, do que se diz, apenas pequena parcela é levada em consideração. O que não se diz mas se vê tem muito mais importância. Portanto, senhoras e senhores que encenam peças no programa eleitoral, anotem essa informação.

DISCURSO 2 (FORMANDO A IDENTIDADE)

Feita a radiografia do eleitorado, passa-se a formar o discurso e a ajustar a identidade do candidato, que é soma de seus valores, qualidades, formação, história e compromissos. Tal identidade deverá embasar todo o programa de governo, ou seja, o ideário a ser implementado. A seguir, esse conjunto de ideias precisa ser comunicado. As propostas do candidato deverão ser apresentadas ao eleitor pela TV, rádio e outros veículos. Candidato que não tem identidade não tem eixo, não tem esqueleto, coluna vertebral. Quando o eleitor capta a ideia central de um candidato, começa a entrar no sistema de signos da campanha, fator que funcionará como indutor importante na decisão de voto. Daí a relevância da televisão e de um programa criativo. Nesse caso, aparecem bem os profissionais de marketing político com experiência em TV. Mas campanha política não é apenas comunicação de TV e rádio. E aqui aparece a primeira grande confusão do marketing.

DISCURSO 3 (FORMAS)

Pincemos pequenas lições dos clássicos da política para balizar o discurso. Existem alguns símbolos detonadores e indutores do entusiasmo das massas em, pelo menos, quatro categorias. Eis as quatro alavancas psíquicas:

1. Alavancas de adesão – Discurso voltado para fazer que a população aceite os programas, associando-os a valores considerados bons. Nesse caso, o candidato precisa demonstrar a relação custo/benefício da proposta ou da promessa.

2. Alavancas de rejeição – Discurso voltado para o combate a coisas ruins (administrações passadas, por exemplo). Aqui, o candidato passa a combater as mazelas de seus adversários, os pontos fracos das administrações prévias, utilizando para tanto as denúncias dos meios de comunicação, que funcionam como elemento de comprovação do discurso.

3. Alavancas de autoridade – Abordagem em que o candidato usa a voz da experiência, do conhecimento, da autoridade para procurar convencer. Nessa abordagem, entram em questão os valores inerentes à personalidade do ator, suas qualidades pessoais. Quando se trata de figura de alta respeitabilidade, o discurso consegue muita eficácia.

4. Alavancas de "conformização" – Orientada para ganhar as massas, essa abordagem que usa, basicamente, os símbolos da unidade, do ideal coletivo, do apelo à solidariedade. É quando o político apela para o sentimento de integração das massas, a solidariedade grupal, o companheirismo, as demandas sociais homogêneas.

DEZ LINGUAGENS DE CAMPANHA

1. A linguagem da afirmação.
2. A linguagem da factibilidade/credibilidade.
3. A linguagem das pequenas coisas.
4. A linguagem da participação – o *nós* versus o *eu*.
5. A linguagem da verificação/exemplificação – como fazer.
6. A linguagem da coerência.
7. A linguagem da transparência.

8. A linguagem da simplificação.
9. A linguagem das causas sociais – os mapas cognitivos do eleitorado.
10. A linguagem da tempestividade – proximidade (adaptado do meu livro *Tratado de comunicação organizacional e política*).

LOGOMARCA, SLOGAN E MÚSICA

A logomarca é a vestimenta do candidato, que abriga a estética da campanha, com as cores básicas e o ideário do candidato, expresso em palavras-chave. Esse conjunto exige criatividade, harmonia e naturalidade. Se exagerar no artificialismo, será detectado pelo sistema cognitivo dos eleitores. As cores sairão da matriz cromática do partido do candidato. E o arremate será dado pela música, que funciona como o canal sonoro a levar o nome e os conceitos centrais que envolvem a candidatura.

MARKETING MECATRÔNICO

Como vimos, a política é um sistema complexo. Envolve pesquisas, discurso substantivo (propostas, ideários), comunicação, articulação com a sociedade, articulação política e mobilização (encontros, reuniões, contatos com multidões etc.). Trata-se de uma rede de sistemas. Esse é o domínio do marketing político. Que, em décadas recentes no país, passou a ser sinônimo de programas bem-feitos de TV. Os chamados "marqueteiros" saíram das pranchas criativas de agências de publicidade. Tem muita gente boa, mas há, por igual, diversos quadros sem qualificação. Não por acaso, esbarramos nas TVs com uma linguagem "mecatrônica", parente da metafísica, que metabólica nenhuma, nem mesmo a metalinguística, há de entender. Haja picaretagem!

MOMENTO DA ELEIÇÃO (CAMPANHA "NA RUA")

CICLOS

ORIENTAÇÃO PARA CANDIDATOS E assessores: estabelecer cronograma adequado dos ciclos da campanha. Esta, como se sabe, é composta de cinco ciclos:

1. Lançamento, por ocasião da Convenção.
2. Crescimento, entre quatro e cinco semanas após a Convenção.
3. Maturidade/consolidação, quando a campanha se firma no sistema cognitivo do eleitor, após ampla visibilidade.
4. Clímax, momento em que o candidato alcança seu maior índice de intenção de votos.
5. Declínio, quando o candidato tende a cair nas pesquisas de opinião.

Todo esforço se faz necessário para o clímax ocorrer na semana das eleições. A dosagem dos ciclos há de obedecer ao funil da comunicação – jogando-se mais água (volume de comunicação/visibilidade) na segunda quinzena de setembro. Candidato que começa a decair antes do tempo corre o perigo de morrer na praia.

ORGANOGRAMA DE CAMPANHA AO GOVERNO DO ESTADO

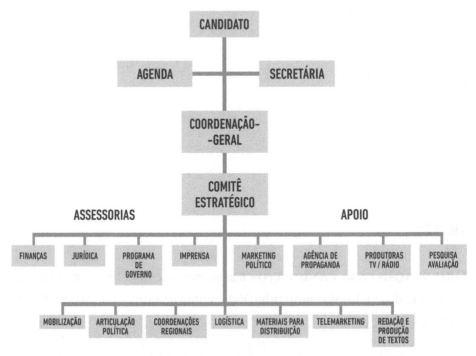

FIGURA 12 • ÁREAS BÁSICAS PARA DESENVOLVIMENTO DE UMA CAMPANHA AO GOVERNO DO ESTADO, PODENDO ESTAS SER ADAPTADAS ÀS CIRCUNSTÂNCIAS REGIONAIS. OBSERVAÇÃO: TELEMARKETING PASSOU A SER UMA ATIVIDADE PROIBIDA, DANDO LUGAR À ÁREA DE MÍDIAS ELETRÔNICAS (REDES SOCIAIS)

ADMINISTRAÇÃO DAS FASES DA CAMPANHA

As principais armas de um profissional de marketing político para ajudar uma campanha são: capacidade e sensibilidade para captar, com muita propriedade, as indicações das pesquisas; visão abrangente de todos os eixos de uma campanha, não se atendo apenas aos programas de TV, como muitas vezes ocorre com os publicitários engajados nas campanhas; poder de influência sobre o candidato, principalmente no que concerne ao foco do discurso; ter noção adequada do *timing* de campanha. Se o declínio ocorrer antes da semana da eleição, não haverá quem sustente a posição do candidato. Um candidato que se preocupa apenas com o primeiro turno poderá morrer antes de chegar à praia. É preciso saber ouvir o som do vento. Quando ele sopra numa direção, de crescimento, por exemplo, não há força que consiga deter seu rumo.

ESTRATÉGIAS E TÁTICAS

Candidatos de todos os partidos ganham mais força quando, portanto, planejam suas campanhas. Pequenos conselhos:

- Buscar o apoio de entidades organizadas da municipalidade – sindicatos, associações, federações, clubes, movimentos, núcleos.
- Montar sistema de aferição (pesquisa) a fim de mapear demandas e interesses dos bairros e regiões.
- Estabelecer um programa abrigando ações e projetos específicos para as áreas e elegendo como focos determinados setores da sociedade (mulheres, crianças, jovens etc.).
- Criar agenda de eventos – pequenos eventos, bem articulados, com grupos menores, para estabelecer forte interação entre os interlocutores; mais eventos pequenos funcionam melhor que eventos grandes.
- Criar forte identidade – eleger dois ou três grandes eixos que possam identificar rapidamente o candidato, gerando um diferencial em relação a outros.
- Escolher um grupo de conselheiros, entre os nomes mais respeitados da comunidade, que sirva de referência.
- Estabelecer um fluxo de comunicação para a campanha, obedecendo aos ciclos: lançamento do nome; crescimento da campanha; consolidação da visibilidade; maturidade; clímax da campanha e declínio. Deixar volumes maiores para as últimas fases.
- Compor uma ampla rede de apoiadores/cabos eleitorais de confiança, fazendo que cada eleitor seja, ele mesmo, um cabo eleitoral.
- Formar uma teia de divulgadores/trombetas de campanha, pessoas que começam a falar das virtudes e qualidades do candidato de modo natural, conquistando assim a simpatia dos ouvintes sem demonstrar arrogância.
- Planejar o dia D. Dia das Eleições. Logística, visibilidade/publicidade (controlada), sistemas de articulação/mobilização/apuração etc.

EIXOS DE FIXAÇÃO

A geografia do voto também é desenhada por outros eixos que figuram na planilha da política: proximidade entre o candidato e o eleitor; simpatia gerada pelo perfil; empatia, que liga ainda mais o candidato ao eleitor; boa apresentação pessoal – semântica (expressão) e estética (maneira de se vestir, falar, gesticular etc.); histórico do candidato e experiências anteriores com o eleitor; visibilidade; programas de ação, projetos, compromissos, principalmente os que envolvem a micropolítica (atos voltados para o cotidiano dos moradores das regiões e bairros etc.).

PARA A CIDADE INTEIRA

Volte sua atenção para a cidade inteira, todas as associações, todos os distritos e bairros. Se você atrair a amizade de seus líderes, facilmente vai ter nas mãos, graças a eles, a multidão restante (Cícero – *Manual do candidato às eleições*, 34 a.C.).

MOBILIZAÇÃO E ARTICULAÇÃO

Não adianta apenas saber fazer bons programas nas campanhas de TV. Eles são ferramentas essenciais, mas não exclusivas. Outros eixos são importantes: a mobilização, caracterizada pelos eventos, comícios, reuniões, encontros do candidato com as massas; e a articulação, que aparece na formação de alianças, nas parcerias com associações e sindicatos, enfim, com as entidades organizadas da sociedade civil. Sem a combinação desses eixos fundamentais, as campanhas ficarão capengas, tortas, frouxas. Muito cuidado para evitar campanhas que pendem mais para um lado que para o outro. Ao consultor cabe fazer uma completa análise dos pontos fortes e fracos dos candidatos, a fim de potencializar seus valores e qualidades e minimizar seus defeitos. Deve-se ter uma visão externa mais abrangente, de fora para dentro, evitando privilegiar certas áreas em detrimento de outras.

DEFESA E ATAQUE

"A invencibilidade está na defesa; a possibilidade de vitória, no ataque. Quem se defende mostra que sua força é inadequada; quem ataca, mostra que ela é abundante." (Sun Tzu)

O QUE É TÁTICA?

No futebol, quando o atacante joga a bola para trás, recuando-a para seu próprio campo de defesa, parece realizar um movimento covarde. Às vezes, é apupado. Muitos acham que a jogada não tem lógica. Mas essa bola recuada pode abrir espaços, deslocar o adversário, obrigá-lo a avançar de maneira descuidada e abrir a defesa. Pois bem, tal manobra pode gerar uma sequência de ações que culminarão com um gol. Essa é uma operação também chamada de OP. O gol é uma operação OP, de caráter terminal, sendo construído por jogadas intermediárias. A tática é ferramenta de vitória.

TÁTICAS DE GUERRA

"Prepare iscas para atrair o inimigo. Finja desorganização e esmague-o. Se ele está protegido em todos os pontos, esteja preparado para isso. Se ele tem forças superiores, evite-o. Se o seu adversário é de temperamento irascível, procure irritá-lo. Finja estar fraco e ele se tornará arrogante. Se ele estiver tranquilo, não lhe dê sossego. Se suas forças estão unidas, separe-as. Ataque-o onde ele se mostrar despreparado, apareça quando não estiver sendo esperado." (Sun Tzu)

MAIS LIÇÕES TÁTICAS

Sobre as lições de tática e as estratégias, extraídas dos clássicos da política e das guerras, lembremo-nos dos pequenos conselhos de Sun Tzu:

> Quando em região difícil, não acampe. Em regiões onde se cruzam boas estradas, una-se aos seus aliados. Não se demore em posições perigosamente isoladas. Em situação de cerco, deve recorrer a estratagemas. Numa posição desesperada, deve lutar. Há estradas que não devem ser percorridas e cidades que não devem ser sitiadas.
>
> Não marche, a não ser que veja alguma vantagem; não use suas tropas, a menos que haja alguma coisa a ser ganha; não lute, a menos que a posição seja crítica. Nenhum dirigente deve colocar tropas em campo apenas para satisfazer seu humor; nenhum general deve travar uma batalha apenas para se vangloriar. A ira pode, no devido tempo, transformar-se em alegria; o aborrecimento pode

ser seguido de contentamento. Porém, um reino que tenha sido destruído jamais poderá tornar a existir, nem os mortos podem ser ressuscitados.

PESQUISAS

As pesquisas são aguardadas com muita expectativa nos estados. Os institutos locais costumam dourar a pílula. Por conseguinte, as pesquisas dos institutos nacionais servem para deixar as coisas mais próximas da verdade. Há diferenças de até seis pontos entre pesquisas feitas por institutos locais (isso também acontece com institutos nacionais). A ferramenta pesquisa é usada pelo marketing para alavancar campanhas. Anima as bases dos candidatos e estimula grupos indecisos.

E OS ÍNDICES?

E os índices de intenção de voto não contam? Não servem para nada? Aqui vai a resposta: índice de intenção de voto é igual ao desenho do elefante visto nos céus. Dentro de pouco tempo, o que era elefante se esgarça e se transforma em gafanhoto; e o que era uma nesga de nuvem, parecendo um gafanhoto, se agiganta, mais parecendo o incrível Hulk. Durante uma exposição massiva, de 45 dias seguidos e intensos, qualquer desconhecido se transforma em astro, celebridade. As campanhas eleitorais fazem esse milagre.

DEBATES

Poucos eleitores se interessam por debates. A bateria de lenga-lenga tem funcionado mais como estratégia de alavancagem de marketing das empresas do que efetivo instrumento de avaliação e comparação de propostas de candidatos. Os debates têm oscilado entre índices de 4% a 5%. Pouca audiência. Até mesmo debates como os promovidos pela Rede Globo, de maior audiência, nas proximidades do final de campanha, não geram muito impacto. A saturação do verbo motiva os telespectadores a desligar os aparelhos de TV ou a mudar de canal.

RELAÇÕES COM A IMPRENSA

Novas dimensões, em suma, compõem a postura de relacionamento com a imprensa. Eis algumas delas:

MOMENTO DA ELEIÇÃO (CAMPANHA "NA RUA")

- Evitar cooptação da imprensa à base de fisiologismo. A imprensa quer informações. O bom assessor sabe muito bem que está ultrapassada a ideia de considerar a imprensa passível de tutela.
- Não usar abordagem personalista.
- Evitar angulações que procurem expressar uma imagem irreal ou demagógica do candidato.
- Fugir de comunicações inócuas – substituir o envio de informações inoportunas, desnecessárias e desinteressantes por informações socialmente significativas.
- Substituir a improvisação pelo profissionalismo.
- Trabalhar de modo mais profundo a identidade da campanha, do candidato.
- Reconhecer problemas e dificuldades.
- Substituir o monólogo pelo diálogo.
- Criar eficiente articulação com as pontes da imprensa, amparada nos valores da amizade, do respeito, da confiança e, em certos casos, da exclusividade noticiosa.

SINAL DE DERROTA

"O maior sinal da derrota é quando já não se crê na vitória." (Montecuccoli)

CANIBALIZAÇÃO

Entende-se por canibalização o esmaecimento de um perfil de baixa visibilidade perante outros, de alta visibilidade. Canibalizar – comer, devorar, superpor, ultrapassar, esmaecer. Esse é um princípio consagrado da comunicação. O mais forte massacra o menor. O sistema cognitivo do povão acaba substituindo nomes e perfis visíveis por outros muito mais visíveis, principalmente se houver um bom programa de TV e rádio. Campanha política, porém, abriga outros componentes: estruturas administrativas, peso das máquinas municipais, estaduais e federal. Tais estruturas comportam milhares de funcionários, muitos ligados a partidos e políticos.

SEGUNDO TURNO

Costuma-se dizer que o segundo turno é outra campanha. Não é bem assim. Na verdade, trata-se da continuidade da primeira, observando-se algumas características. O tempo de programa eleitoral será o mesmo, dando assim chances para uma comparação mais exaustiva e atenta entre perfis e programas. Os dez minutos que caberão aos dois candidatos serão suficientes para uma avaliação mais completa dos ideários. É bem verdade que a semântica, a mensagem oral, o plano das ideias deverão ser cobertos pela estética da TV – na estratégia do marketing de embalar os perfis com celofane mais colorido. Portanto, o marketing atuará como ator importante para "vender" os candidatos.

PERU NÃO MORRE DE VÉSPERA

A eleição de um candidato depende do momento, das circunstâncias, da temperatura social, dos versos e reversos da economia, do perfil dos adversários, dos debates e combates na arena eleitoral, dos climas regionais, da força da mídia eleitoral (significando tamanho dos programas eleitorais), dos *inputs* momentâneos (uma crise abrupta, um caso espetaculoso) – enfim, de uma escala de elementos ponderáveis e imponderáveis. Os fatores imprevisíveis abrem as possibilidades. Única verdade: peru não morre de véspera.

QUOCIENTES ELEITORAL E PARTIDÁRIO

Vamos fechar este capítulo com a recorrente pergunta de candidatos proporcionais, principalmente os que ingressam na arena partidária: tenho chances? A resposta implica uma análise da conjuntura política do estado e da região, abrangendo o potencial de votos dos atores, dos partidos e das coligações. Tudo isso implica avaliar os quocientes eleitoral e partidário. Tentemos ajudar com exemplos do próprio TSE (http://www.tre-rs.gov.br/index.php?nodo=339).

Quociente eleitoral

O cálculo obedece à seguinte fórmula:

Número de votos válidos (nominais e nas legendas) computados na eleição para deputado (federal ou estadual) divididos pelo número de vagas, desprezada a fração se igual ou inferior a meio, equivalente a 1 se superior (art. 106 do Código Eleitoral).

Exemplos:

a) Votos válidos = 1.145.500

Número de vagas = 55 (deputado estadual)

b) Votos válidos = 1.145.528

Número de vagas = 55 (deputado estadual)

Exemplo a) 1.145.500/55 = 20.827,27, resultando quociente eleitoral igual a 20.827.

Exemplo b) 1.145.528/55 = 20.827,78, resultando quociente eleitoral igual a 20.828.

Quociente partidário

Forma de cálculo: número de votos válidos (nominais e de legendas) dados a cada partido ou coligação e divididos pelo quociente eleitoral (arts. 107 e 108 do Código Eleitoral).

Tomando-se o exemplo a), em que o número de votos válidos é 1.145.500, resultando quociente eleitoral de 20.827 votos, e em que, por hipótese, o Partido "A" obteve 634.700 votos e a Coligação "B" 510.800 votos, computando-se os nominais e na legenda, o quociente partidário seria:

Partido "A" = 634.700/20.827 = 30 (trinta) vagas

Coligação "B" = 510.800/20.827 = 24 (vinte e quatro) vagas

Somadas as vagas distribuídas – 54 –, restaria uma vaga a ser preenchida pelo cálculo das sobras.

Sobras

Forma de cálculo: número de votos válidos (nominais e de legenda) dados a um partido ou coligação, divididos pelo número de candidatos a que tem direito + 1.

Tomando-se como exemplo a única vaga a ser preenchida pelo cálculo das sobras no exemplo a), bem como a votação supramencionada, a 55ª vaga pertencerá ao partido ou à coligação que obtiver a maior média.

Partido "A" = 634.700/(30 + 1) = 634.700/31 = 20.474

Coligação "B" = 510.800/(24 + 1) = 510.800/25 = 20.432

No exemplo acima, o Partido "A", por ter a maior média de votos, terá a 55ª vaga.

Nota: na eventualidade de existência de mais vagas a serem distribuídas pelas sobras, deve-se repetir o mesmo cálculo para o partido ou coligação que obteve a vaga anterior.

Exemplo: Partido "A" = 634.700/(31 + 1) = 634.700/32 = 19.834.

Conforme o exemplo acima, a próxima vaga seria da Coligação "B", uma vez que, refeito o cálculo do Partido "A", a média de votos obtida pela referida agremiação partidária seria inferior à da Coligação.

■ PÓS-CAMPANHA

A DESMORALIZAÇÃO DA CLASSE política propicia uma expressão debochada nos mais diferentes segmentos sociais. Vejam a peça a seguir. Trata-se do discurso da campanha e do pós-campanha. A verve traduz, de certa forma, o pensamento social sobre a política e os candidatos. Leiam do começo ao fim e, na sequência, comecem pelo final.

NA CAMPANHA

Nosso partido cumpre o que promete.

Só os tolos podem crer que

não lutaremos contra a corrupção.

Porque, se há algo certo para nós, é que

a honestidade e a transparência são fundamentais

para alcançar nossos ideais

Mostraremos que é grande estupidez crer que

as máfias continuarão no governo, como sempre.

Asseguramos sem dúvida que

a justiça social será o alvo de nossa ação.

Apesar disso, há idiotas que imaginam que

se possa governar com as manchas da velha política.

Quando assumirmos o poder, faremos tudo para que

se termine com os marajás e as negociatas.

não permitiremos de nenhum modo que
nossas crianças morram de fome.
Cumpriremos nossos propósitos mesmo que
os recursos econômicos do país se esgotem
Exerceremos o poder até que
Compreendam que
Somos a nova política.

DEPOIS DE ELEITO

Resta, por último, destacar o papel do marketing institucional no desenvolvimento dos poderes da República. Na esteira do ciclo da redemocratização do país, os poderes Executivo, Legislativo e Judiciário abriram comportas e instalaram sistemas de comunicação compatíveis com a modernidade social e política, permitindo maior acesso da sociedade aos mecanismos e processos decisórios. Apesar dos avanços, persistem problemas. Critica-se o abuso das estruturas de comunicação implantadas pelos poderes para a fixação de imagens públicas, sendo estas emolduradas pelo brilho do Estado-Espetáculo. Ocorre que a percepção que se tem sobre a imagem dos poderes resulta das falhas, estrangulamentos e desvios que ocorrem em suas estruturas.

Daí a necessidade de reforma na esfera dos poderes. O marketing institucional compõe um sistema meio. Não será capaz de aperfeiçoar estruturas falhas.

MARKETING POLÍTICO PARA AS INSTITUIÇÕES PÚBLICAS

O PODER EXECUTIVO

DISCORRER SOBRE O MARKETING político das instituições públicas pressupõe, a princípio, radiografar a crise de imagem que se projeta sobre os poderes constituídos. Como se sabe, a imagem dos três poderes constitucionais – Executivo, Legislativo e Judiciário – reflete a frágil institucionalização política do país. Quando se ouve uma crítica a processos comunicacionais, pondero que isso se deve às carências da administração pública. Por isso, os processos do marketing institucional devem levar em consideração a torrente de mazelas que solapam a estrutura do Estado brasileiro: o patrimonialismo, o caciquismo, o mandonismo, o familismo, o apadrinhamento, a burocracia, o poder invisível, a inação, a ineficiência, a improdutividade, o desleixo, a indisciplina, a ausência de planejamento, a falta de prioridades, a desarmonia das estruturas etc.

Essa é a razão pela qual a análise da identidade dos poderes deve prevalecer sobre o comportamento de sua comunicação. O que sua imagem reflete?

O Executivo se ressente da ausência de planejamento de longo prazo. As administrações, nas esferas federal, estaduais e municipais, trabalham por ciclos de quatro anos. Os administradores costumam se esforçar para limpar o espelho que reflete sua imagem e borrar o espelho de seus antecessores. Bilhões de reais são jogados no lixo em função da falta de continuidade da administração. Não se trabalha, no Brasil, com a perspectiva de 15, 20, 30 anos. Os governos não são cobrados a dar continuidade às gestões dos antecessores, sendo obras fundamentais postergadas ou paralisadas.

Um conjunto de esqueletos ocupa os espaços nacionais. Este se apresenta como um dos fatores da ineficiência dos governos e um dos eixos da precariedade dos serviços públicos. Os processos de marketing estão a serviço desse modo de agir. Veja-se, por exemplo, a articulação com o Poder Legislativo. Uma teia de tensões se estende sobre a rotina de ambas as instâncias. Em consequência, tanto a imagem do Executivo quanto a do Legislativo acabam sendo a projeção dos problemas vividos no dia a dia da política.

A isso se soma um conjunto de mazelas como burocracia, inadequação de estruturas, corporativismo funcional, feudos que se instalam nas máquinas públicas executivas, brigas internas. E o poder invisível de que já nos falava Norberto Bobbio em *O futuro da democracia*. A máfia que se instala em todas as esferas do Poder Executivo assume um poder mascarado – o da corrupção e da propina, origem da atual crise política. Sabemos que existe em todas as esferas esse poder invisível capaz de arquivar processos, de patrocinar causas, de privilegiar grupos. A mídia começa a flagrar as mazelas. E a imagem da administração pública afasta o Estado da sociedade política. O cidadão distancia-se da esfera pública.

A imagem do Executivo é, regra geral, de inoperância, de falta de controle, de desorganização interna. E mais: agrega a imagem autoritária, apesar da pressão social pela abertura e participação social. Os mandos prevalecem sobre a administração democrática e participativa. O conceito de descentralização se alastra no mundo desenvolvido. No Brasil, avança a passos lentos.

Eficaz ou ineficaz, enérgica ou fraca, ágil ou lerda: essa é a dualidade enfrentada pela administração pública. Outra dualidade diz respeito ao discurso e à ação. O país é verborrágico. Os cultores das imagens semeiam essa cultura. A administração pública é mais discursiva do que proativa.

Fascinados pelo próprio esplendor, embalados em seus sonhos de glória e reconhecimento, os dirigentes acabam fragmentando programas, fazendo experimentações, escudando-se no universo das imagens e das palavras.

O PODER LEGISLATIVO

No Poder Legislativo, a imagem institucional confunde-se com a de seus representantes. Parlamentares que se desviam de suas funções acabam projetando seus erros sobre a imagem do Parlamento. Multiplicam-se os casos de parlamentares flagrados em desvios éticos. A bateria contínua de denúncias, os flagrantes de parlamentares recebendo propina em gabinetes, os conluios, as verbas desviadas de convênios de ministérios entre organizações não governamentais, as imagens de políticos e burocratas presos compõem a moldura do descrédito no Parlamento. Os legislativos, nas esferas federal, estaduais e municipais, são intensamente movidos pelas ferramentas do Executivo. Ficam a reboque do poder da caneta presidencial. Há um forte sentido imperial, de força, nos executivos, a comandar os grupamentos partidários. Assim, a ideia de independência fica comprometida.

O sistema de pesos e contrapesos, imaginado pelo Barão de Montesquieu, entra em parafuso. Não funciona de maneira regular. Os princípios de autonomia, independência e integração entre os poderes ficam comprometidos.

Já os legislativos estaduais desenvolvem imagens coladas a decisões utilitárias como aumento de salários, vantagens, aposentadorias.

Há muita ignorância social a respeito do papel do Poder Legislativo, até em função da ausência de projetos consistentes de comunicação institucional. Entre 60% e 70% da população brasileira não sabe para que servem a Câmara dos Vereadores, a Assembleia Legislativa, a Câmara Federal ou Senado Federal. Urge atacar as causas que estão por trás desse desconhecimento. E, para arrematar as fissuras no espelho, a mídia massiva trabalha com a perspectiva da negação, dos erros, dos desvios. Quaisquer estratégias de marketing voltadas para a melhoria da imagem pública dos parlamentos (esferas federal, estadual e municipal) estão fadadas ao fracasso caso não se proceda a mudanças internas com foco na racionalidade, moralidade, comportamentos e atitudes éticas de seus componentes.

Observa-se uma contrafação. Os indivíduos, fulanos, sicranos e beltranos, têm prevalência sobre o ideal coletivo. Os projetos pessoais antecedem os projetos sociais. A visão regional prevalece sobre a visão nacional. A mídia divulga que um deputado só trabalha às terças, quartas e quintas-feiras quando, na verdade, ele também desenvolve uma ação nas bases políticas. O trabalho do parlamentar também abriga as comissões técnicas, mas a mídia cobra a produção de leis, muitas leis. Um país de instituições fortes possui poucas leis, como a Suíça. Mas a imagem do parlamentar que legisla em causa própria ganha mais força que a ação em favor da coletividade.

O PODER JUDICIÁRIO

O Poder Judiciário tem se esforçado bastante para se aproximar da sociedade. O Supremo Tribunal Federal, por exemplo, ganha visibilidade graças a decisões de caráter histórico assumidas pelo corpo de 11 ministros. Mas o Judiciário ainda é um poder fechado, distante, inacessível e mais próximo dos ricos. Um desafio e tanto para quem trabalha no marketing político da instituição. O Judiciário simboliza a administração e a distribuição da justiça, do direito, a obediência à norma, o respeito ao Estado democrático de direito. E a população o teme. Com a TV Justiça, esse poder escancarou as portas. Os juízes mostram a sua humanidade, o estilo próprio e o seu conhecimento jurídico. Uma questão que afeta a imagem do Judiciário diz respeito aos maus juízes. Há exemplos negativos em todas as instâncias. Quadros são flagrados em situações constrangedoras.

Portanto, as imagens dos poderes, inclusive o Judiciário, refletem as fissuras de cada espelho. Outro aspecto da cultura dos poderes aponta para o valor da exaltação, do autoenaltecimento, coisa que faz parte do caráter nacional. O brasileiro gosta de ser aplaudido, admirado. O dirigente público quer se perpetuar e engendra um discurso de autolouvor, fato que enfraquece o papel das instituições.

São evidentes as disputas entre alas nos tribunais. Há, por outro lado, forte suspeição sobre determinados magistrados e juízes que passam pelo crivo do Executivo. O próprio STF é alvo de críticas que apontam para ministros suspeitos de votar a favor de causas que interessam ao Executivo. Critica-se, ainda, o STF pelo que se designa de "judicialização da política", que ocorreria quando a mais alta Corte toma decisões que envolvem matéria política e, na ótica dos congressistas, dizem respeito ao Parlamento. O Supremo se defende alegando que, na ausência de leis específicas sobre questões pontuais e ante demandas que chegam à Corte, ele deve se pronunciar e interpretar a Constituição.

Além dos problemas que envolvem as relações entre os poderes, persistem situações complexas abarcando os processos de gestão, o padrão dos corpos diretivos, o entupimento de gavetas com milhares de processos etc. Urge mapear os conjuntos problemáticos e abrir as comportas do Judiciário ao exame social.

A DEMOCRACIA NA SOCIEDADE DIGITAL

Por fim, este *Manual* levanta a seguinte hipótese: o século XXI será profundamente marcado pela tecnologia a serviço da informação. As redes sociais abrirão imensas oportunidades ao mercado da política. Essa é a nova trilha que já começa a ser desvendada pelos nossos atores políticos. As campanhas tenderão a absorver a artilharia e a infantaria do arsenal tecnológico.

Vejamos o pano de fundo a acolher esta hipótese. O aplicativo Whats-App, usado para conversas instantâneas pela internet, por meio de aparelhos celulares ou *tablets*, registrou 64 bilhões de conversas em um único dia, no mundo todo (dados de abril de 2014). A cada minuto, centenas de milhares de novos internautas ingressam no circuito tecnológico da informação. Em princípios de 2013, 6 bilhões de pessoas, de um total mundial de 7 bilhões, tinham aparelhos celulares, segundo a ONU. O mundo está plugado.

O fenômeno suscita estudos, debates e análises nas frentes de pesquisas sobre comportamento social, mas um aspecto chama a atenção pela importância que passa a ter para o desenvolvimento político das nações. A questão pode ser posta desta maneira: a era da informação total, caracterizada pela interligação das comunidades mundiais por meio das infovias da web, contribuirá para o aperfeiçoamento da democracia? Ou, se quisermos puxar a questão para o território brasileiro, o que significa a existência no país de mais de 105 milhões de internautas (segundo o Ibope Media, 2013), número que lhe confere posição destacada no mapa mundial das redes? Poderemos contar com a melhoria dos padrões políticos na hipótese de que parcela acentuada do eleitorado comece a socar os primeiros tijolos de uma democracia participativa plugada na eletrônica?

O fato é que a crescente utilização das redes sociais na política contribui para o alargamento das pistas da política pela capacidade de gerar interação entre usuários e atores políticos e pelo acesso amplificado de milhões de consumidores à informação política – situação que, ao fim e ao cabo, expande os fluxos da democracia participativa. A tendência é que a sociedade digital seja uma forte alavanca para o revigoramento de padrões éticos na política.

BIBLIOGRAFIA

ALVES, Aluizio. *O que eu não esqueci: reminiscências políticas, 1933/2000*. Rio de Janeiro: Léo Christiano, 2001.

ARISTÓTELES. *A política*. São Paulo: Martin Claret, 2006.

BARREIRA, Irlys; PALMEIRA, Moacir. *Candidatos e candidaturas: enredos de campanha eleitoral no Brasil*. São Paulo: Annablume, 1998.

BASTOS, Oliveira (coord.). *Sarney: o outro lado da história*. Rio de Janeiro: Nova Fronteira, 2001.

BOBBIO, Norberto. *O futuro da democracia: uma defesa das regras do jogo*. Rio de Janeiro: Paz e Terra, 1986.

BRECHT, Bertold. "Cinco maneiras de dizer a verdade". *Margem esquerda*, São Paulo, n. 8, 2006, p. 193-206.

BUARQUE DE HOLANDA, Sérgio. *Visão do paraíso*. São Paulo: Brasiliense, 1999.

CALVINO, Ítalo. *Seis propostas para o próximo milênio: lições americanas*. São Paulo: Companhia das Letras, 2001.

CARVALHO, José Murilo de. *Cidadania no Brasil*. Rio de Janeiro: Civilização Brasileira, 2002.

CASTRO, José Viriato de. *O fenômeno Jânio Quadros*. São Paulo: edição do autor, 1956.

CAVALCANTI FILHO, José Paulo (org.). *Informação e poder*. Prefácio de Janio de Freitas. Rio de Janeiro: Record; Recife: Fundação de Cultura Cidade do Recife, 1994.

CLAUSEWITZ, Carl von. *Da guerra*. Tradução de Inês Busse. Lisboa: Europa-América, 1832.

BIBLIOGRAFIA

COMTE-SPONVILLE, André. *Pequeno tratado das grandes virtudes*. São Paulo: Martins Fontes, 1995.

DA MATTA, Roberto. *O que faz o Brasil, Brasil?* Rio de Janeiro: Rocco, 1992.

_____. *Carnavais, malandros e heróis*. Rio de Janeiro: Rocco, 1998.

DOMENACH, Jean-Marie. *La propagande politique*. Paris: PUF, 1950 (Série "Que sais-je?", n. 448).

DUVERGER, Maurice. *Modernas tecnodemocracias: poder econômico e poder político*. Rio de Janeiro: Paz e Terra, 1975.

ETZIONI, Amitai. *Análise comparativa de organizações complexas: sobre o poder, o engajamento e seus correlatos*. Tradução de José Antônio Parente Cavalcante e Caetana Myriam P. Cavalcante. Rio de Janeiro: Zahar, 1974.

_____. *Organizações complexas: um estudo das organizações em face dos problemas sociais*. Tradução de João Antônio de Castro Medeiros. São Paulo: Atlas, 1978.

EYMERICH, Nicolau. *Manual dos inquisidores*. 2. ed. Comentários de Francisco Peña; tradução de Maria José Lopes da Silva. Rio de Janeiro: Rosa dos Tempos; Brasília: Fundação Universidade de Brasília, 1993.

FIGUEIREDO, Rubens (org.). *Marketing político e persuasão eleitoral*. São Paulo: Fundação Konrad Adenauer, 2000.

HUNTINGTON, Samuel P. *O choque das civilizações*. Rio de Janeiro: Objetiva, 1998.

INGENIEROS, José. *O homem medíocre*. Rio de Janeiro: Getúlio Costa, 1942.

KOTLER, Philip. *Marketing para organizações que não visam o lucro*. São Paulo: Atlas, 1984.

_____. *Marketing*. Tradução de H. de Barros; revisão técnica de Dilson Gabriel dos Santos e Marcos Cortez Campomar – ed. compacta. São Paulo: Atlas, 1996.

LASSWELL, Harold D. *A linguagem da política*. Tradução de Lúcia Dauster Vivacqua e Silva e Sônia de Castro Neves. Brasília: Editora da UnB, 1979.

LEAL, Victor Nunes. *Coronelismo, enxada e voto: o município e o regime representativo no Brasil*. 2. ed. Nota do professor Basílio de Magalhães; prefácio de Barbosa LIMA SOBRINHO. São Paulo: Alfa-Ômega, 1975.

LIPPMANN, Walter. *Public opinion*. Nova York: Harcourt, Brace and Co., 1922.

LUSTOSA, Isabel. *Histórias de presidentes: a República no Catete*. Introdução de Homero Senna. Petrópolis: Vozes; Rio de Janeiro: Fundação Casa de Rui Barbosa, 1989.

MANHANELLI, Carlos Augusto. *Estratégias eleitorais – Marketing Político*. São Paulo: Summus, 1988.

_____. *Marketing eleitoral – O passo a passo do nascimento de um candidato*. São Paulo: Geração, 2010.

MAQUIAVEL, Nicolau. *O príncipe*. 2. ed. Tradução de Maria Júlia Goldwasser. São Paulo: Martins Fontes, 1996.

MARSHALL, Thomas. *Cidadania, classe social e status*. Rio de Janeiro: Jorge Zahar, 1967.

MARTINS, José da Silva. *Coletânea de pensamentos*. São Paulo: Martin Claret, 1982.

MATUS, Carlos. *Estratégias políticas: chimpanzé, Maquiavel e Gandhi*. Tradução de Giselda Barroso Saouveur. São Paulo: Fundap, 1996.

MAZARINO, Cardeal. *Breviário dos políticos*. Tradução e apresentação de Roberto Aurélio Lustosa Costa. Brasília: Alhambra, 1984.

MEYNAUD, Jean. *Os grupos de pressão*. Lisboa: Europa-América, 1966.

MICHELET, Jules. *O povo*. Prefácio e notas de Paul Viallaneix; tradução de Gilson Cesar Cardoso de Souza. São Paulo: Martins Fontes, 1988.

MORIN, Edgar. *Cultura de massas no século XX – O espírito do tempo*. 2. ed. Tradução de Maura Ribeiro Sardinha. Rio de Janeiro/São Paulo: Forense, 1969.

MORRIS, Dick. *Jogos de poder*. Rio de Janeiro: Record, 2004.

MUSASHI, Miyamoto. *Um livro de cinco anéis: o guia clássico de estratégia japonesa para as artes marciais e os negócios*. Tradução de Fernando B. Ximenes. Rio de Janeiro: Ediouro, 1984.

NIETZSCHE, Friedrich. *Assim falou Zaratustra: um livro para todos e para ninguém*. Tradução de Mário da Silva. Rio de Janeiro: Civilização Brasileira, 1986.

ORTEGA Y GASSET, José. *A rebelião das massas*. São Paulo: Martins Fontes, 1987.

PAVLOV, Ivan. P. *Les réflexes conditionnels*. Paris: Félix Alcan, 1932.

PENNA, José Osvaldo de Meira. *Em berço esplêndido – Ensaios de psicologia coletiva brasileira*. São Paulo: Topbooks, 1999.

PORTO, Walter Costa. *Dicionário do voto*. São Paulo: Giordano, 1995.

QUEIROZ, Adolpho (org.). *Na arena do marketing político*. São Paulo: Summus, 2006.

RAMOS, Saulo. *Código da vida*. São Paulo: Planeta, 2007.

RIBEIRO, Darcy. *O povo brasileiro*. São Paulo: Companhia das Letras, 1995.

RIEDINGER, Edward Anthony. *Como se faz um presidente: a campanha de JK*. Tradução de Roberto Raposo. Rio de Janeiro: Nova Fronteira, 1988.

RUSSELL, Bertrand. *O poder*. Rio de Janeiro: Zahar, 1979.

SCHWARTZENBERG, Roger-Gérard. *O Estado espetáculo*. Tradução de Heloysa de Lima Dantas. São Paulo/Rio de Janeiro: Difel, 1978.

_____. *Sociologia política: elementos de ciência política*. Tradução de Domingos Mascarenhas. São Paulo/Rio de Janeiro: Difel, 1979.

SÊNECA. *Sobre a brevidade da vida*. Tradução, introdução e notas de William Li. São Paulo: Nova Alexandria, 1993.

BIBLIOGRAFIA

STAROBINSKI, Jean. *Montesquieu.* Tradução de Tomás Rosa Bueno. São Paulo: Companhia das Letras, 1990.

TCHAKHOTINE, Serge. *A mistificação das massas pela propaganda política.* Tradução de Miguel Arraes. Rio de Janeiro: Civilização Brasileira, 1967.

TOCQUEVILLE, Alexis de. *A democracia na América.* 2. ed. Tradução, prefácio e notas de Neil Ribeiro da Silva. Belo Horizonte: Itatiaia; São Paulo: Edusp, 1977.

TORQUATO, Gaudêncio. *Marketing político e governamental. Um roteiro para campanhas políticas e estratégias de comunicação.* São Paulo: Summus, 1985.

_____. *Cultura – Poder – Comunicação e imagem: fundamentos da nova empresa.* São Paulo: Pioneira, 1991.

_____. "O político e a sociedade brasileira". Ciclo de palestras: O Senado e a Opinião Pública, v. II. Brasília, Senado Federal: Comissão de Educação e Secretaria de Comunicação Social, 1995.

_____. "A guerra do voto". *Comunicação Empresarial,* n. 8, v. 26, 1. trimestre de 1998.

_____. *A velha era do novo – Visão sociopolítica do Brasil.* São Paulo: GT Marketing e Comunicação, 2002.

TORQUATO DO REGO, Francisco Gaudêncio. *Comunicação empresarial e comunicação institucional – Conceitos, estratégias, sistemas, estrutura, planejamento e técnicas.* São Paulo: Summus, 1986.

_____. *Jornalismo empresarial – Teoria e prática.* São Paulo: Summus, 1987.

_____. *Tratado de comunicação organizacional e política.* 2. ed. rev. ampl. São Paulo: Cengage-Learning, 2011.

_____. Conjunto de palestras sobre marketing político e comunicação organizacional e política. Escritório GT Marketing e Comunicação. São Paulo. Documentos do Arquivo Pessoal. 1986/2014.

TZU, Sun. *A arte da guerra.* Adaptação e prefácio de James Clavell. Tradução de José Sanz. Rio de Janeiro: Record, 1983.

VALENTE, Nelson. *Luz, câmera, Jânio Quadros em ação: o avesso da comunicação.* São Paulo: Panorama, 1998.

WEBER, Max. *Ciência e política: duas vocações.* Tradução de Leonidas Hegenberg e Octany Silveira da Mota. Prefácio de Manoel T. Berlinck. São Paulo: Cultrix, 1996.